FORUM LITERATURWISSENSCHAFTEN 7

Christine Michel

Malaise dans l'érotisme

Darstellungen sexueller Praktiken und Formen in der französischsprachigen Literatur der Gegenwart

Martin Meidenbauer Verlagsbuchhandlung

Bibliografische Information der Deutschen Nationalbibliothek

Die Deutsche Nationalbibliothek verzeichnet diese Publikation in der Deutschen Nationalbibliografie; detaillierte bibliografische Daten sind im Internet über http://dnb.d-nb.de abrufbar.

© 2010 Martin Meidenbauer
Verlagsbuchhandlung, München

Umschlagabbildung: Courbet, Gustave (1819–1877). « L'Origine du Monde » (Der Ursprung der Welt), 1866. Öl auf Leinwand, 46 x 55 cm. R. F. 1995–10. Paris, Musee d'Orsay. Foto: akg-images / Erich Lessing.

Alle Rechte vorbehalten. Dieses Werk einschließlich aller seiner Teile ist urheberrechtlich geschützt. Jede Verwertung außerhalb der Grenzen des Urhebergesetzes ohne schriftliche Zustimmung des Verlages ist unzulässig und strafbar. Das gilt insbesondere für Nachdruck, auch auszugsweise, Reproduktion, Vervielfältigung, Übersetzung, Mikroverfilmung sowie Digitalisierung oder Einspeicherung und Verarbeitung auf Tonträgern und in elektronischen Systemen aller Art.

Printed in Germany

Gedruckt auf
chlorfrei gebleichtem, säurefreiem und alterungsbeständigem Papier (ISO 9706)

m-press ist ein Imprint der
Martin Meidenbauer Verlagsbuchhandlung

ISBN 978-3-89975-714-9

Verlagsverzeichnis schickt gern:
Martin Meidenbauer Verlagsbuchhandlung
Erhardtstr. 8
D-80469 München

www.m-verlag.net

Inhaltsverzeichnis

I. Vorwort	9
II. Definition des Problemfeldes Pornographie	17
II.1. Historische und etymologische Grundlagen des Begriffes Pornographie und ihr Verhältnis zur erotischen Literatur	17
II.2. Prämissen der Einordnung der aktuellen Publikationen	22
II.3. Juristische Grundlagen: Umgang mit Pornographie in Deutschland/Frankreich	34
II.3.1. Darstellung des Konfliktpotentials	34
II.3.1.1. Der § 184 des Strafgesetzbuches	34
II.3.1.2. Das „Gesetz über die Verbreitung jugendgefährdender Schriften" (GjS)	37
II.3.1.3. Kunst und Pornographie	39
II.3.1.4. Der Fall Josephine Mutzenbacher	43
II.3.2. Die strafrechtliche Situation in Frankreich	48
II.3.2.1. Geschichtliche Grundlagen	50
II.3.2.2. Kritische Reflexion	54
II.4. Zur Geschichte der Verfolgung von erotischer Literatur in Frankreich: Darstellung an ausgewählten Beispielen	57
II.4.1. Von Rabelais bis Houellebecq	57
II.4.2. Perspektiven	64
III. Untersuchung aktueller Publikationen: Einführung in die Emotionalisierungsstrategien erotischer Werke	67
III.1. Nicolas Jones-Gorlin: *Rose Bonbon* (2002)	71
III.1.1. Medizinische Definition des Begriffes Pädophilie: Krankheit oder Neigung?	71
III.1.2. Publikationsskandal	73
III.1.3. Motive des Romans: Zur Opferrolle des Protagonisten	77
III.1.4. Zur Emotionalisierungstechnik Jones-Gorlins	79
III.2. Nelly Arcan: *Putain* (2001)	85
III.2.1. Darstellung von Prostitution in der Geschichte und soziologische Einordnung	86
III.2.2.1. Préface: Zur realistischen Darstellung der Prostitution im Kontext der Erfahrungswelt der Autorin	96

III.2.2.2. Innenwelt einer Prostituierten durch die Protagonistin 100
III.2.2.3. Verzerrtes Frauenbild: Von Larven, Schlumpfinen,
    Huren und Puppen 102
III.2.2.3.1. Die Mutter als Larve 103
III.2.2.3.2. Die Tochter als Hure 105
III.2.2.3.3. Frauen als Schlumpfinen und Puppen 108
III.2.2.4. Zur Emotionalisierungstechnik Arcans 110

III.3. Virginie Despentes: *Baise-moi* (1994) 116
III.3.1. Analyse Teil 1 (p.5-86):
    Über die Negation der romantischen Liebe 117
III.3.2. Rencontrer sa pareille: Analyse Teil 2 (p.87-239): 122
III.3.3. Fiktion und Wirklichkeit 125
III.3.4. « Mis à disposition des mineurs et publicité interdites
    selon arrêté du ministre de l'Intérieur du 26 mars 2001 »
    – Die Verfilmung 127
III.3.5. Zur Emotionalisierungstechnik Despentes′ 131

III.4. Catherine Millet: *La vie sexuelle de Catherine M.* (2001) 132
III.4.1. Publikationsskandal 132
III.4.2. Literaturanalyse 134
III.4.2.1. Die Darstellung von Gruppensex- und Fellationsszenen
    als Bestandteil der sexuellen Entwicklung
    und Selbstdefinition 134
III.4.2.2. Zur Emotionalisierungstechnik Millets 138
III.4.2.3. Zur Methodik der Mechanisierung 140
III.4.3. Vorläufiges Fazit der Emotionalisierungsstrategien 144

III.5. Michel Houellebecq: *Plateforme* (2001) und
    La possibilité d'une île (2005) 148
III.5.1. Der Wandel um das Phänomen Michel Houellebecq
    und seiner literarischen Motive 148
III.5.2. Literaturanalyse 157
III.5.2.1. Aspekt der Darstellung der Masturbation
    im Werk *Plateforme* 157
III.5.2.2. Aspekt der Darstellung der Fellation im Werk
    La possibilité d'une île 162

IV. Zusammenfassung der Emotionalisierungsstrategien 171

V. Bibliographie 181

Danksagung

Ein besonderer Dank gebührt an dieser Stelle Herrn Prof. Dr. Hermann Hofer, Chevalier de la légion d'honneur, der mich trotz aller Widrigkeiten immer wieder in meinem Vorhaben unterstützte, immer ein offenes Ohr hatte, mir durch seinen wissenschaftlichen Rat wichtige Impulse gab und mir letztlich so immer ein guter Freund war und ist.

Meinem Ehemann Peter Michel danke ich für seine Liebe, seine Geduld und seine große Gelassenheit, die mir viel Kraft gab.

Ebenso danke ich herzlichst Frau Prof. Dr. Rita Schober in Berlin, die mir innerhalb der Betrachtung des Werkes von Michel Houellebecq wichtige Anregungen mit auf den Weg gab, sowie Frau Sandra Stummer für ihre Hilfe in der Not.

In Memoriam

Marieanne Plaß
(1919-1999)

« Une voie reste possible entre la complaisance qui s'attarde et la politique de l'autruche qui ignore, entre la fascination trouble et le refus de connaître. Il faut savoir lire comme il faut apprendre à regarder. »[1]

---

[1] Delon, Michel : *Du danger de la littérature, in : « Sade, le grand guignol »,* Europe, 76ᵉ année, No.835-836, Novembre/Décembre 1998, Europe : Paris 1998.

« Il traîne comme ça dans l'air l'idée qu'il se passerait quelque chose de neuf dans les lettres françaises. »[2]

I. Vorwort

« La censure ne resout rien. Elle attise, au contraire. Elle déclenche la curiosité. C'est la censure qui rend le crime attrayant, la prohibition qui encourage le trafic, sans le tarir. Un citoyen honnête doit être reconnaissant à un auteur de prendre sa part dans l'exorcisme des démons de tous. »[3]

Literatur war und ist immer Symptom einer Gesellschaft. Was publiziert wird, spiegelt immer auch das wider, was innerhalb einer Kultur inhaltlich als relevant und tradierungswürdig angesehen wird. Dies gilt im Besonderen für den Bereich der Sexualität, im Speziellen gilt und galt dies für Frankreich[4]. « Partout, on est libertin par temperament; à Paris, on l'est par principe »[5]: Diese Formel galt nicht nur im 18. Jahrhundert. Sexuell konnotierte Themenbereiche, sprachlich detailliert beschriebene physische wie psychische Nacktheit sind hierbei aktuellen Normen der Ästhetik ebenso unterworfen wie die weitaus populäreren Formen der Erotik innerhalb der Bereiche Film, Fotografie oder Werbung. Bei einem beliebigen Gang durch eine Buchhandlung, sei es beispielsweise eine Filiale der französischen Medienkette FNAC, wird uns heute die Omnipräsenz sexueller Tabuthemen deutlich: Sadomasochismus, Zoophilie, Pädophilie, Swingerclubs – jede literarische „rentrée" ist von mindestens einem dieser Themen gekennzeichnet, die in der Malerei, aber auch in Film und Fotografie seit langem präsent sind. Der bereits in Werbung, Funk und Fernsehen allmächtige „Übergott Sex" ist da, in der etablierten Literaturszene endgültig angekommen. Und er drängt sich geradezu jedem auf, der sich unvorsichtigerweise in die *coins érotiques*, die speziell eingerichteten erotischen Eckchen

---

[2] Weitzmann, Marc ; Bourmeau, Sylvain (Hrsg.) : *Dix – Virginie Despentes, Lorette Nobécourt, Michel Houellebecq, Caroline Mamarche, Eric Faye, Marie Ndiaye, Lydie Salvayre, Stéphanie Zagdanski, Dominique Meens, Marie Darieussecq*, Bernard Grasset/Les Inrockuptiles : Paris 1997, p.5.
[3] Bradeau, Michel : *„Rose Bonbon", la fiction au pilori*, in : Libération, 5.09.2002, p.7
[4] Die starke Verbundenheit von anspruchsvoller Literatur und Erotik in Frankreich zeigt sich unter anderem auch im Verlagswesen. Sind rein pornographische DVDs, Comics oder Zeitschriften in Deutschland meist nur und dann ausschließlich in speziellen Läden, z.B. *Beate Uhse*, erhältlich, so existieren in Frankreich Verlage wie *La Musardine*, die sowohl diesen Markt als auch Autoren wie Henry Miller, Anaïs Nin oder auch anspruchsvolle Fotobände umfassen (www.lamusardine.com).
[5] Sollers, Philippe : *L'érotisme français*, in : Le Monde des livres, 2.04.2004, p.1.

der Buchläden, zwängte: Was Sie schon immer über Sex wissen wollten, aber als „Intellektueller" nie zu lesen wagten, wird nun auch für Sie greifbar! Ganz ohne Scham! Denn „sex sells", und so begnügt sich der Markt schon lange nicht mehr mit Reprints von Ovid, Sade oder Bukowski: Der aktuelle französische Markt läuft geradezu orgiastisch im Bereich erotischer Literatur über. Und interessanterweise sind es gerade diese Werke, die in den letzten Jahren aus Frankreich in Deutschland die größten Erfolge feiern konnten[6]. Gerade in Deutschland stößt die Neudefinition auf großes Interesse, gilt es doch, „unser Bild von Paris als Hort des Humanismus, der Lebenskunst und ästhetischen Glückserfüllung zu überprüfen."[7]

Jedoch handelt es sich hierbei nicht allein um „simple" erotische Darstellungen. Sexualität erfährt eine Mythologisierung neuen Ausmaßes – die „Berichterstatter" (halb Figur des Autors, halb der Autor selbst, sich gar als Erben de Sades definierend, die nicht nur durch ihr Werk, sondern auch durch ihre Person faszinieren wollen) in diesen Werken geben vor, die Realität zu reflektieren, indem sie Grenzen erweitern, ohne sie zu nivellieren: « [...], nous assistons à la rédéfinition des frontières entre le dit et le non-dit dans la presse écrite ou dans les conversations, tandis que la littérature connaît une vogue très intimiste-obscène. »[8] Es handelt sich um eine regelrechte Epidemie, die, laut Maxime Benoit-Jeannin, « s´installe et se répand »[9]. Inzwischen hat sich das Genre am Markt fest eingefunden. Dennoch bleibt ein fader Beigeschmack. Spätestens seit Michel Houellebeqcs *Les Particules élémentaires* (1998)[10] drängen sich Beschreibungen über

---

[6] Dies wird beispielsweise von Jürg Altwegg thematisiert: „Selbst zeitgenössische Klassiker wie Patrick Mondiano und Jean-Marie Le Clézio erreichen hierzulande nur geringe Auflagen. [...] In Frankreich sind dies neben Houellebecq vor allem Marie Darrieussecq und Frédéric Beigbéder, die am besten ins Ausland verkauft werden." In: Altwegg, Jürg: *Romane zu Thesen lesen*, in: Frankfurter Allgemeine Zeitung, 27.10.2001, Nr.250, p.43.

[7] Krause, Tilman: *Der Dreckspatz in Paris – eine Begegnung mit Michel Houellebecq, dem Dark Star der französischen Gegenwartsliteratur*, in: Die Welt, 25.9.1999, zit. aus Steinfeld, Thomas(Hg.): Das Phänomen Houellebecq, Dumont: Köln 2001.

[8] Deleu, Xavier : *Le consensus pornographique*, Éditions Mango Document : Paris 2002, p.8.

[9] Benoit-Jeannin, Maxime : *La corruption sentimentale – Les Rentrées Littéraires*, Le Cri Édition : Bruxelles 2001, p.122.

[10] Nach Karen Struve (Struve, Karen: *Les artistes de l'intime – Erotische Körper im Spannungsfeld zwischen Intimität und Öffentlichkeit bei Christine Angot, Catherine Millet und Annie Arnaux*; Forum Literaturen Europas 2, Lit Verlag: Münster 2005) ist das Phänomen ab 1997 greifbar, sie ordnet es jedoch lediglich innerhalb der „*écriture féminine*" ein und definiert es folglich vornehmlich weiblich, eine

Masturbationen einsamer Suizidgefährdeter, Gruppensexzelebrationen, satanistische Sado-Maso-Praktiken und Gang-bang-Beschreibungen zwölfjähriger Mädchen in die Bestsellerlisten und wir Kunden scheinen begierig, dies zu lesen, was uns da eifrig anempfohlen wird. Ja, wir nehmen in freudiger Erwartung auch noch eine weitere Novelle der Porno-Regisseurin Virginie Despentes oder den letzten Skandalroman einer muslimischen Autorin mit in unser Heim, im Bewusstsein, dies alles sei ja nun die *„neue erotische Literatur"*, noch dazu verlegt von namhaften Verlagshäusern wie *Le Seuil*...

Was geschieht aber wirklich auf dem französischen Buchmarkt, und wie sind die Skandale und Teilindizierungen, wie beispielsweise bei Nelly Arcan und Nicholas Jones-Gorlin zu deuten? Verliert sich literarisches Niveau in einer *civilisation du cul* im Sinne Godards[11]? Hier wird die soziologische Dimension des Problems deutlich: Obwohl ständig Tabus gebrochen werden (wobei es sich kaum noch um echte Tabuisierungen handeln kann) und sich durch die wachsende Mediatisierung der Sexualität die Gesellschaft damit brüstet, Erotik heute unbefangener denn je zu begegnen, stellen Soziologen immer wieder fest, dass sich die Franzosen in ihrer tatsächlichen sexuellen Aktivität mehr vom Visuellen weg hin zu haptischen Präferenzen entwickeln: « Le sens le plus important mis en jeu est le toucher (93%), devant la vue (50%). »[12] Fühlen, etwas langsam entdecken steht viel mehr im Vordergrund als die simple Betrachtung eines nackten Körpers. Interessant hierbei ist, dass sich, wie die gleiche Studie ergab, dennoch Männer ungleich stärker zu visuellen Impulsen hingezogen fühlen (61%), gegenüber nur 39 % Frauen. Welche Rolle spielt nun die Literatur in diesen Zusammenhängen?

Man kann feststellen, dass Frauen etwas häufiger in diesem literarischen Bereich veröffentlichen – es gilt sich also auch mit der Frage zu beschäftigen, inwieweit es sich um ein weibliches Phänomen handelt. Als Grundlage für die folgenden Überlegungen gehe ich davon aus, dass sich durch die direkte und indirekte Omnipräsenz der Sexualität in den Gedankenwelten das Begehren langsam reduziert und es banalisiert (Mermet,

---

Feststellung, der ich nicht uneingeschränkt zustimmen kann, da beide Geschlechter mit ähnlichen Motiven spielen. Struves grundsätzlichen Ansatz, Sujet und Darstellungsweise seien Ausdruck zivilisatorischer Prozesse, teile ich jedoch.

[11] Godard, Jean-Luc : *Deux ou trois choses que je sais d'elle*, aus : Dufraisse, Anthony : *Les écrans du désir*, aufgerufen am 27.7.04 unter www.fluctuat.net/livres/chroniques/ecrandesir.htm.

[12] Mermet, Gérard : *Francoscopie 2007- Pour comprendre les français*, Larousse: Paris 2006, p.118.

p.119). Kunst und Realität vermischen sich durch eine konstante Erinnerung in den Medien an Swingerclubs oder durch das Auftreten von Pornodarstellern in der Öffentlichkeit, die oft nur auf diese Funktion in ihrer Persönlichkeit reduziert werden.

In dieser Arbeit soll der Versuch unternommen werden, diese neuartige literarische Strömung in die französischsprachige Literaturlandschaft einzuordnen, sie zu klassifizieren und ins Verhältnis zur Jurisprudenz Frankreichs und Deutschlands zu setzen. Hierbei soll die Frage beantwortet werden, ob sich der Begriff der traditionellen französischsprachigen erotischen Literatur ändert, inwiefern die Rechtssprechung darauf reagieren kann/muss und ob wir, auch wenn diese Frage heute noch nicht zu beantworten ist, in diesem Zusammenhang Zeugen einer Krise der abendländischen Sexualität sind. Daher soll hierbei, zumindest in einem kleinen definierten Bereich der Emotionalisierungsstrategien dieser Texte, die literaturtheoretische Frage geklärt werden, ob es sich bei den exemplarisch vorgestellten Werken um Pornographie oder um erotische Literatur handelt[13]. Denn laut Thomas Hettche ist erotische Literatur an ihr Ende angelangt; nicht mehr Verführung, sondern Wahrheit ist nunmehr ihr Ziel:

„Christine Angot sieht ihr Buch als eine Beichte, in der sie sich selbst als „riesiges Stück Scheiße" präsentiert. Und das ehemalige Callgirl Nelly Arcan, das mit dem Roman ´Hure` zur Bestsellerautorin wurde, gesteht, sie könne es kaum ertragen, aus ihrem Buch öffentlich vorzulesen, weil der Text „so abstoßend" sei... Und weil diese Abwendung eine von der Verführungskraft des Textes selbst ist, hat sie – trotz der Skandalerfolge, die diese Bücher einreihen in die Geschichte der Pornographie – etwas Endgültiges, denn sie markiert einen Bruch mit der Form des Romas selbst."[14]

Es werden im Folgenden bewusst nur sechs Werke analysiert, deren Auswahl zum größten Teil aufgrund der Prämisse der Vollständigkeit in Bezug auf einige wichtige Bereiche sexueller Formen und Praktiken (Pädophilie, Prostitution, Vergewaltigung, Gruppen- und Homosexualität, Onanie) erfolgt. Es handelt sich hierbei um *Rose Bonbon* (2002) von Nicholas Jones-Gorlin; *Putain* (2001) der Franko-Kanadierin Nelly Arcan, *Baise-moi* (1994) von Virginie Despentes, *La vie sexuelle de Catherine M.* (2001) von Catherine Millet und *Plateforme* (2001) und *La possibilité d'une île* (2005)

---

[13] Im Gegensatz zur Arbeit von Karen Struve sollen jedoch auch hier das Sujet und die Darstellungsweise dennoch als Ausdruck zivilisatorischer Prozesse begriffen werden, allerdings muss aufgrund der starken Häufung der Oeuvres meiner Meinung nach davon ausgegangen werden, dass es sich um ein Genre handelt, welches an sich charakterisiert werden muss.

[14] Vgl. Hettche, Thomas, FAZ, 21.01.2003.

von Michel Houellebecq. Diese Romane sollen, gerade durch ihre Unterschiedlichkeit, als Auswahl zur Entscheidungsfindung über die Klassifizierung zur Pornographie oder zur erotischen Literatur dienen; dies soll schließlich die Möglichkeit zur spezifischen Beurteilung dieser innerhalb des offenen Büchermarktes (bis hin zu den zu beobachtenden aktuellen Moralvorstellungen in Frankreich und Deutschland) geben. Eine vollständige Analyse des gesamten Marktes erscheint unmöglich, daher sind auch bewusst unbekanntere Autoren und Autorinnen ausgeblendet, wenngleich ihre Präsenz ebenso wichtig für diese Strömung ist und der Bekanntheitsgrad der Autoren nicht unbedingt zur literarischen Qualität (wenn es diesen Begriff gibt) beiträgt. Die entsprechenden Autoren profitieren in marktwissenschaftlicher Hinsicht sicher von ihrer vorherigen Prominenz; andere, gerade junge Schriftsteller publizieren weniger, jedoch oft komplexere, qualitativ wertvollere Texte – es sei an dieser Stelle exemplarisch auf Yann Moix[15] oder Karin Bernfeld[16] verwiesen, die im Sinne einer französischen Popliteratur auch innerhalb des Bereichs erotischer Literatur eingeordnet werden könnten. Hierbei gilt es festzuhalten, dass die Betrachtung erotischer Literatur sich bis heute in einem Zwischenraum der Wissenschaft abspielt: Präsent in allen Bereichen, von Mythologie bis zur modernen Lyrik, ist dennoch eine große Stille zu bemerken. Franck Évrard spricht diese in seinem Werk *De la fellation dans la littérature* deutlich an. So schickt sich der öffentlichen Meinung nach beispielsweise das Thema der Fellation nicht für eine literaturwissenschaftliche Untersuchung, man gehe seiner Meinung nach soweit, « à lui refuser son statut de thème littéraire en l´expulsant du champ de la littérature vers le ghetto d´une sous – littérature érotique ».

Dabei gab es Pornographie und erotische Literatur schon immer, es handelte sich seit jeher um eine kontemporäre Diskussion im ästhetischethischen Bereich der jeweiligen Epoche. Hier gilt es zu bemerken, dass beinahe jeder uns heute als groß geltende Autor, der etwas auf sich hielt, erotische Traktate verfasst hat, sei es zum Austausch mit Freunden, sei es zur persönlichen Belustigung. Heute wissen wir davon, doch hütete man sich in der Vergangenheit davor, diese Vorliebe publik zu machen, wurden

---

[15] Yann Moix publizierte beispielsweise 2004 bei Grasset *Partouz*, es handelt sich hierbei um eine Verschmelzung politischer und sexueller Aspekte; die Figur des Autors ist auch hier direkt präsent.

[16] Karin Bernfeld thematisiert u.a. im Stil Marie Despentes die sexuelle und psychische Einsamkeit junger Frauen, z.B. in *Alice au pays des femelles* (Éditions Balland, 2001), wobei dort die Protagonistin ihren Umgang mit entmenschtlichter Sexualität über den Minitel Rose erfährt.

diese Werke doch in diesem Fall zügig konfisziert. Interessant jedoch ist hierbei die Tatsache, dass die beschlagnahmten Werke im Anschluss keineswegs immer vernichtet wurden:

« J'avais constaté, entre autres abus établis, ce qui se passait pour les livres obscènes: saisies par l'autorité préfectorale, on ne les détruisait jamais, et on se contentait de les tenir enfermés dans un dépôt situé au deuxième étage de l'hôtel. L'inspecteur général, M. Veyrat, et peut-être d'autres encore avaient la clef de ce dépôt et ne se gênaient pas pour en faire des présents à leurs amis. »[17]

Qualität wurde demnach als solche erkannt; die erregende Funktion der erotischen Literatur als Kunstform geschätzt. Doch eine öffentliche Diskussion war undenkbar. Unabhängig von der heutigen offenen Einstellung zur Sexualität ist man allerdings heute immer noch geneigt, in ihr eine wertlose „Unterliteratur" zu sehen. Nicht ohne Grund platzieren französische Buchläden ihre erotischen Werke eher unauffällig in einer Art offenen Kommode, unterhalb der „ernsthaften" Literatur; die Masse der Werke und die Dekoration der Tische und Schränke lassen aber keinen Irrtum zu, dass diese Ecken des Geschäfts, ähnlich der Rubrik Reiseliteratur, allein diesem Thema gewidmet sind. Häufig ist hierbei auch zu beobachten, dass eher homoerotische Werke ausgestellt, sadomasochistische Romane eher versteckt werden. Der Verlag *La Musardine* in Paris spiegelt dieses seltsame Schwellenspiel wider: So werden dort zum einen etablierte Erotika, Sade oder hervorragend gezeichnete Comis, und zum anderen qualitativ minderwertige DVDs im Stil der deutschen „Schulmädchenreports" verkauft. Bestellt man ein Produkt, so wird es jedoch, wie beim deutschen Konzern *Beate Uhse*, in einem anonymen Umschlag verschickt, der „Schmuddelcharakter" wird nicht differenziert: Denn ins Bewusstsein des Umfelds der Empfänger soll diese Bestellung nun doch nicht gelangen. Diese ambivalent und negativ beladene Einordnung soll in dieser Arbeit vermieden werden, ganz im Sinne Baudelaires, nach dem jedes Buch für sich stehen sollte und auch nur dahingehend beurteilt werden kann:

« Il y a plusieurs morales. Il y a la morale positive et pratique à laquelle tout le monde doit obéir. Mais il y a la morale des arts. Celle-ci est tout autre, et depuis le commencement du monde, les arts l'ont bien prouvé. (…)

---

[17] Pasquier, Etienne-Denis: *Mémoires*, Bd.I, 1893, p.451, in: Beilharz, Alexandra: *Die Décadence und Sade – Untersuchungen zu erzählenden Texten des französischen Fin de Siècle*, M&P, Metzler 1997.

Il y a aussi plusieurs sortes de *liberté*. Il y a la liberté pour le Génie, et il y a une liberté très restreinte pour les polissons. (…). Je répète qu'un livre doit être jugé dans son ensemble. (…) »[18]

Bevor die einzelnen Werke diesem Sinne gemäß analysiert werden können, muss zunächst die Zwiespältigkeit der Begrifflichkeiten Pornographie und Erotik erläutert werden. Diese Definitionen sollen im Folgenden als Grundlage zur begrifflichen, aber auch rechtlichen Analyse dienen. Dies ist besonders im Hinblick auf die libertine Tradition Frankreichs sinnvoll, da viele Aspekte der kontemporären Literatur ohne dieses Wissen nicht richtig verortet werden können. Die Darstellung kann im Kontext dieser Arbeit nicht umfassend sein, sie soll vielmehr als Hinweis auf den Rahmen dienen, in dem sich diese Arbeit bewegt. Einen wichtigen Impuls möchte ich jedoch dieser Arbeit noch voranstellen: Abseits des literaturtheoretischen Versuchs, der hier unternommen werden soll, handelt es sich bei der Betrachtung des Phänomens immer um Stimmung, die gelesen wird, da es sich vordergründig um „nichtprofessionelle" Leser handelt, die den Großteil der Käufer ausmachen. Stimmung möchte ich im Sinne Hans Ulrich Gumbrechts verstanden wissen; es handelt sich hierbei m.E. um eine Möglichkeit, sich dem Sujet unbefangener zu nähern, wobei ich in meiner Arbeit natürlich die Tradition erotischer Literatur mit einbeziehen möchte. Doch formuliert Gumbrecht folgenden interessanten Zusammenhang:

„Ist es nicht plausibler anzunehmen, dass diese sich zunächst von der Handlung führen lassen, dann aber immer stärker durch andere Ebenen der Imagination und der affektiven Teilhabe angezogen werden? Diese andere Dimension ist wohl vor allem das Gefühl, in exotische, verlorene oder auch vertraute Welten des Konkreten einzutauchen [...]. Freilich reicht es nicht aus, solche Welten nach ihrem sozialhistorischen Index aufzufassen. Vor allem erscheinen sie als Konfigurationen von Farben, Gerüchen, Formen, Klängen. Erst wenn man diese Schicht konkreter Sinnlichkeit wahrnimmt, wird deutlich, dass Literatur uns immer wieder das Gefühl gibt, eingehüllt und beinahe physisch angerührt zu sein von der in der Fiktion evozierten Materialität. Diesen Effekt Stimmung zu nennen folgt einer Tradition des deutschen Idealismus, der mit dem Begriff eine Vermittlung zwischen Verstand und Sinnlichkeit in den Blick bringen wollte."[19]

Innerhalb der Literaturwissenschaft ist eine solche Schwerpunktlegung neu, Gumbrecht führt hierzu weiter aus, dass die Gründe für eine zunehmende

---

[18] Baudelaire. Charles : *Notes et documents pour mon avocat*, in : Baudelaire, Charles : *Les fleurs du mal*, Librairie Générale Francaise : Paris 1972, pp.230-31.

[19] Gumbrecht, Hans Ulrich: *Strom ohne Ursprung. Stimmung lesen - die Zukunft der Literaturwissenschaft?*, FAZ, 27.06.2007, p. N3.

Emotionalisierung in der Reaktion auf die zunehmende Entsinnlichung des Alltags zu suchen sind, die inzwischen einen extremen Grad erreicht hat. Er stellt ferner die These auf, dass der Interpret eigentlich nur aus der Erfahrung seiner eigenen Lektüre auf das Stimmungspotential der Texte verweisen kann. Dies stellt letztlich auch meinen persönlichen Ansatz dar: Im Folgenden werden rechtliche, literaturhistorische sowie soziale Faktoren genannt, welche die sich daran anschließende Analyse umrahmen. Meine Untersuchung und der Versuch der Einordnung kann jedoch auch nur Teil meiner Subjektivität bleiben, innerhalb der Grenzen der Stimmung, die ich selbst bei der Lektüre empfunden habe. Eine umfassende Analyse im Sinne der Emotionalisierungsforschung, diese These möchte ich aufzeigen und belegen, kann für diesen Bereich der Literatur nicht zufriedenstellend erfolgen. Dieses Genre polarisiert mehr als jedes andere, es gibt keinen Weg, den alle Leser gehen können, ja es kann nicht einmal davon ausgegangen werden, dass sie ihn alle auch nur ansatzweise nachvollziehen können. Denn allgemeine Gültigkeit können Analysen in diesem Kontext nicht erlangen, kein Thema vernetzt Emotion und Kognition intensiver, da es dazu, abseits von anderen Sparten der Literatur, auf die Körperlichkeit des Lesers abzielt. Allein die Hirnforschung könnte dies in intensiven Studien offen legen. Diese Exklusivität der Emotionalisierungsstrategien erotischer Literatur wird in Kapitel III wie auch im Anschluss an jede einzelne Analyse der Romane näher betrachtet werden. Doch nun zunächst zur Definition der Begrifflichkeiten, die hierzu genutzt werden.

II. Definition des Problemfeldes Pornographie

« L'interdire serait non seulement impossible mais surtout inutile. Cela suppose qu'on puisse sans conteste situer absolument où s'arrête l'érotisme et où commence la pornographie. »[20]

II.1. Historische und etymologische Grundlagen des Begriffes Pornographie und ihr Verhältnis zur erotischen Literatur

Was ist Pornographie? Und was ist erotische Literatur? Oder, mit Ludwig Marcuse gefragt: „(...) wo hört die Pornographie auf – und wo beginnt die nicht einwandfreie, aber dennoch angesehene erotische Literatur?"[21]

Versucht man, sich beiden Begriffen in ihrem Zusammenhang zu nähern, stößt man durchweg auf ambivalente Deutungsvorstellungen. Der Begriff Pornographie an sich umfasst in seiner Bedeutung eine „umstrittene Bezeichnung einer spezifischen Form der erotischen Literatur"[22], welche ihren Ursprung in der Darstellung der Prostitution hat. Laut Duden pauschalisierend als „einseitig das Sexuelle darstellende Schriften oder Bilder"[23] definiert, hat er seine etymologischen Wurzeln im Griechischen; setzt sich demnach aus *pornos/porne* (Hurer, Dirne) und *graphein* (schreiben, betrachten) zusammen. Dies ergibt laut Victoria Bahle[24] wörtlich übersetzt „eine Dirne betrachten/beschreiben". Pornographie war demnach zunächst eindeutig auf Beschreibungen des Prostituiertenmilieus beschränkt. Aus diesem Grund möchte ich in meiner Analyse auch bei einem Werk diesen Aspekt in den Vordergrund stellen.

Im Hinblick auf das zu behandelnde Thema muss klar zwischen Pornographie und sogenannter *erotischer Literatur* unterschieden werden, wobei natürlich die Betonung der sinnlich-körperhaften Liebe immer subjektiv beurteilt wird. Was für den einen klar pornographisch, kann für einen

---

[20] Dubost, Mathieu : *La tentation pornographique*, Ellipses : Paris 2006.
[21] Marcuse, Ludwig: *Obszön – Geschichte einer Entrüstung*, Diogenes: Zürich 1984, p.32.
[22] Schweikle, Günther und Irmgard (Hrsg.): *Metzler Literatur Lexikon – Begriffe und Definitionen*, 2. überarb. Aufl., J.B. Metzlersche Verlagsbuchhandlung: Stuttgart 1990, p.359 (i.F. abgekürzt unter Metzler).
[23] *Duden – Die deutsche Rechtschreibung*; 22. völlig neu bearb. u. erw. Auflage, Bd.1, Dudenverlag: Mannheim 2000.
[24] Bahle, Victoria: *Zensur in der Literatur*, aufgerufen am 24.2.2003 unter www.censuriana.de/texte/literatur.htm.

anderen durchaus noch eine akzeptable, erotische Darstellung sein[25]. Insofern ist Pornographie immer auch der *érotisme des autres* im Sinne Robbe-Grillets. Hüten muss man sich an dieser Stelle vor Wertungen: « Que l´objet de cette réflexion ne possède en soi aucune noblesse ne justifie pas à nos yeux une démission à priori de la raison. » (Dubost, p.6) Auch Pornographie unterliegt strengen Regeln und verfolgt eine interne Logik, die befolgt werden muss. Doch scheint zunächst die historische Dimension zum besseren Verständnis nötig[26].

Im Laufe der Jahrhunderte wandelte sich die Rezeption und die Jurisprudenz der Verschriftlichung der sexuellen Komponente der Liebe. Im liberal denkenden Antiken Griechenland, der Wiege erotischer Literatur im Abendland[27], gab es eine Zensur erotischer Dichtungen faktisch nicht. Doch bereits der griechische Philosoph Platon fasste den Gedanken, die Dichtungen Homers zu verbieten und die Tragiker Aischylos und Euripides aus Athen zu verbannen[28]. Das Antike Rom dachte in Bezug auf dieses Thema zunächst recht frei; dennoch macht Horst Albert Glaser am Beispiel Ovids einen späteren Wandel deutlich: Dieser Autor wurde verbannt und musste den Rest seines Lebens am Schwarzen Meer verbringen, da sowohl seine erotischen Dichtungen (*Ars amatoria*) als auch sein Lebenswandel Augustus zur Rückkehr zu Werten der *pudicitia* veranlassten – einer der ersten Skandale der Literaturgeschichte, der auf einen Verstoß gegen die „guten Sitten" beruhte. Laut Curt Riess[29] sah Augustus in Ovid einen Expo-

---

[25] Vgl. Englisch, Paul: *Geschichte der erotischen Literatur*, Julius Püttmann: Stuttgart 1927, p.488: „Von jeher war die Einschätzung des Erotischen verschieden. Was der eine für erlaubt hielt als Ausdruck kräftigster Sinnenfreude, (...), erschein dem anderem als frechste Verhöhnung geheiligter Sitten, als Blasphemie, als verdammungswerter Frevel an der herrschenden Moral."

[26] An dieser Stelle, wie auch in der späteren Darstellung der literarischen Tradition französischsprachiger Erotika, kann nur ein kleiner Ausschnitt der Entwicklung gegeben werden. Erwähnt werden gerade die Fakten bzw. Autoren, die für die spätere Untersuchung von unmittelbarer Bedeutung sind. So sind bspw. Barthes, Beigbeder, Duras, Modiano oder Robbe-Grillet auch Publikatoren erotischer Literatur, jedoch kann im Rahmen nicht auf jeden einzelnen Autor oder auf jede literarische Strömung/Entwicklung eingegangen werden.

[27] Pauvert, Jean-Jacques : *La littérature érotique*, Flammarion : Paris 2000, p.24 (« En fait, c´est à partir de la culture grecque que l´on peut commencer à percevoir l´existence d´une littérature érotique »).

[28] Glaser, Horst Albert: *Die Unterdrückung der Pornographie in der Bundesrepublik – der sogenannte Mutzenbacher-Prozeß*, in: Brockmeier/Kaiser: *Zensur und Selbstzensur in der Literatur*, Königshausen und Neumann: Würzburg 1996, p.286.

[29] Riess, Curt: *Erotica! Erotica! – Das Buch der verbotenen Bücher*, Hoffmann und Campe Verlag: Hamburg: 1967, p.25.

nenten einer immer freizügigeren Gesellschaft, die es einzuschränken galt. Ovid wehrte sich interessanterweise mit einem ähnlichen Argument wie später, im 19. Jahrhundert, Baudelaire:

„Unermüdlich führte er aus, erotische Dichtungen seien bisher weder in Griechenland noch in Rom bestraft worden. Aus einem literarischen Werk dürfe man keine Schlüsse auf Lebenswandel und Gesinnung des Autors ziehen. Seine „ars amatoria" sei schließlich ein Lehrbuch für Lebejünglinge und Kurtisanen, richte sich also an einem begrenzten Leserkreis." (Riess, p.26)

Es sind von jeher vor allem die „Ungebildeten und die Jugend" (Glaser, p.288) gewesen, die vor den unberechenbaren Wirkungen der Literatur geschützt werden sollten. Der Terminus „Pornographie" wurde im klassischen Altertum jedoch noch nicht genutzt[30]; dieser ist eine „Erfindung" des 19. Jahrhunderts. „Obwohl die Fantasien, die in P. erscheinen, überwiegend zeitloser Natur sind, gewann P. als sexuelles Phänomen und soziales Problem erst im Kontext der modernen, westlichen Gesellschaft Bedeutung."[31] Über das Instrument der Inquisition kontrollierte die Kirche unliebsame Schriften; von Bedeutung war hier die „Überwachungsbulle" Sixtus´ IX (Riess, p.11). Als Beispiel zu nennen ist ebenso das *Decamerone* Boccaccios, welches 1564 auch unter den *Index librorum prohibitorum*[32] des Konzils von Trient fiel (Glaser, p.288) und noch im 20. Jahrhundert in Deutschland verboten war (Riess, p.13). Doch Ludwig Marcuse bemerkte in diesem Zusammenhang, dass der Katholizismus deutlich generöser mit erotischen Schriften umging als die „nachkirchliche" Gesellschaft. „Boccaccio wurde scharf zensuriert, wo er Klosterbrüder hernahm; und dann enthielten die gereinigten Ausgaben alle Zoten, welche der kirchlichen Administration nicht wehtaten." (Marcuse, p.22). Es ist zu bemerken, dass bis ins 17. Jahrhundert eine gewisse Freiheit in Bezug auf erotische Literatur herrschte; dennoch waren es einige Werke, die (zumindest zeitweilig) indiziert wurden und die heute zur Weltliteratur zählen. Die Epoche des Barocks wird von „derben" Werken wie François Rabelais´ *Gargantua et Pantagruel* sowie Grimmelshausens *Simplizissimus*

---

[30] Goulemot, Jean-Marie : *Ces livres qu´on ne lit que d´une main – Lecture et lecteurs de livres pornographiques au XVIIIe siècle*, Éditions ALIENA : Aix-en-Provence 1991, p.14.

[31] Brockhaus, *Die Enzyklopädie in vierundzwanzig Bänden*. Zwanzigste, überarbeitete und aktualisierte Auflage. Siebzehnter Band, F.A. Brockhaus: Leipzig, Mannheim 1998, p.358.

[32] der ILP wurde erst im Juni 1966 gelockert und der individuellen Moralverpflichtung anempfohlen.

oder der *Landstörzerin Courasche* geprägt. Ebenso überwiegen bis ins 18. Jahrhundert ästhetische Bedenken gegenüber den moralischen (Riess, p.12), Obszönes wird größtenteils als geschmacklos beschimpft. Es sei an dieser Stelle auf die *Memoiren* des Gian Giacomo Geronimo Casanova verwiesen; sowie auf die *Liasions dangereuses* des Choderlos de Laclos aus der Epoche der Aufklärung. Paradoxerweise ist es gerade diese Epoche, „[...] welche die Epoche der deftigen sexuellen Literatur des 16. und 17. Jahrhunderts beendete." (Marcuse, p.48). In Wien wird 1754 der *Catalogus Librorum rejectorum* des Römischen Reiches Deutscher Nation publiziert, welcher halb geistlichen, halb staatlichen Charakter hatte. Bereits damals musste den Verfassern jedoch klar sein, dass Indizes immer die „wirksamste Reklame" (Marcuse, p.108) darstellen. Laut Marcuse musste das Werk aufgrund der hohen Nachfrage gleich zweimal neu aufgelegt werden. Das für Erotika bedeutende 18. Jahrhundert in Frankreich wird in einem späteren Kapitel näher behandelt werden, die sogenannte *Décadence* führte zu einer starken Ästhetisierung; gezeigt wurde ein radikaler Immoralismus. Erotische Dichtungen aus anderen Kulturräumen finden in Europa ebenso immer größere Beachtung, wie das *Kama Sutram* des indischen Autors Vatsyayana und das *Alf-Laila-`Wa-Laila* mehrerer unbekannter arabischer Autoren. Ab 1820 setzt eine größere Verbotswelle von Pornographie ein. Laut Brockmeier/Kaiser wurde im 19. Jahrhundert Verbotenes unter dem Schirm des Auserlesenen veröffentlicht; Pornographie blieb allein zahlungskräftigen Kunden überlassen[33]. Charles Baudelaire stellte dies gegenüber seinem Anwalt um die Affäre seines Gedichtbandes *Les fleurs du mal* deutlich heraus: « Le volume est, relativement à l´abaissement général des prix en librairie, d´un prix élevé. C´est déjà une garantie importante. Je ne m´adresse donc pas à la foule. »[34]. Dies verhinderte jedoch nicht, dass mehrere Gedichte aus dem Band entfernt werden mussten, welche laut der Obrigkeit „anrüchigen" Charakter hatten. Die Problematik, die Baudelaire hier nennt, war durchaus Praxis: „Der Standpunkt, daß 'solche Bücher nur von gebildeten Ständen gelesen würden' – für die große Masse waren sie auch zu teuer –, verschaffte vielen umstrittenen Büchern Freibriefe"(Riess, p.12). Reichtum war somit Grundvoraussetzung, an „bedenkliche" Texte zu gelangen, er legitimierte die Lektüre, da gleichzeitig ein höheres Maß an Intelligenz impliziert wurde. Die Rezeption erotischer Literatur im 20. Jahrhundert war stark von den gesellschaftlichen Umbrüchen geprägt. 1936

---

[33] Brockmeier, Peter/Kaiser, Gerhard R.(Hrsg.): *Zensur und Selbstzensur in der Literatur*, Königshausen und Neumann: Würzburg 1996, p.3.

[34] Baudelaire, Charles : *Notes et documents pour mon avocat*, in: Baudelaire, Charles: *Les fleurs du mal*, Librairie Générale Francaise: Paris 1972, p.230.

wurde eine Bibliographie der „hohen" Pornographie zusammengestellt, das *Registrum Librorum Eroticorum*, welches 5000 englische, französische, deutsche und italienische Titel verzeichnete (Marcuse, p.30). Diese Publikationen konnten u.a. in der *Bibliothèque Nationale* besucht werden, die ihre Kollektion *L'Enfer* nannte. In Hitler-Deutschland wurde Zensur erotischer Texte auch zu Propagandazwecken benutzt: Nicht-Zensur reiner Pornographie aus der nationalsozialistischen Zeitschrift *„Der Stürmer"* beispielsweise sollte die Brandmarkung „jüdischer Dekadenz" zur Folge haben (Riess, p.13). Nach dem II. Weltkrieg kam es zwangsläufig zu einer Umorientierung im Bereich der Zensur. Dennoch hatten in Frankreich Verleger erotischer Literatur, auch unter Charles de Gaulle, ernste Schwierigkeiten (Riess, p.13). Doch was früher als Pornographie geahndet wurde, wird heute im Literaturunterricht der gymnasialen Oberstufen mit Begeisterung als *erotische Literatur* zelebriert: «Dix ans ou cent ans ont suffi pour que Flaubert, Miller, Pauline Réage ou Emmanuelle Arsan cessent d'être obscènes ou pornographique pour gagner d'autres labels: classiques ou érotiques»[35]. Der Begriff scheint sich gewandelt zu haben, die Modi jedoch bleiben. Heute ist zu bemerken, dass pornographische Literatur, welche Sexualität unter anderem auch mit Gewalt in Zusammenhang bringt, hauptverantwortlich für den fließenden Übergang zu sogenannter „Schundliteratur" ist, welche laut § 1 des Gesetzes über die Verbreitung jugendgefährdender Schriften (GJS)[36] in eine „Liste" aufzunehmen ist, da sie geeignet sei, „Kinder und Jugendliche sittlich zu gefährden" (GJS). Diese juristischen Zusammenhänge sollen später genauer analysiert werden. Uns sollen hier vor allem die Kriterien der Ästhetik und der psychosozialen Zusammenhänge interessieren, welche beide Begriffe voneinander trennen:

---

[35] Lahaie, Brigitte: *Le cinéma pornographique*, aufgerufen am 12.03.2003 unter www.ifrance.com/shortmovies/porno.retour29.htm.

[36] GJS: Gesetz über die Verbreitung jugendgefährdender Schriften, aufgerufen am 20.08.2007 unter http://www.jugend.rlp.de/fileadmin/downloads/recht/jugendgef%E4hrdendeSchriften.pdf;
Dieses Gesetz wurde am 1.April 2003 durch das Neue Jugendschutzgesetz (JuSchG) ersetzt. Das Gesetz fasst das bisherige Gesetz zum Schutz der Jugend in der Öffentlichkeit (JÖSchG) und das Gesetz über die Verbreitung jugendgefährdender Schriften und Medieninhalte (GjSM) in einem gemeinsamen Regelwerk zusammen, wobei sich die Neuerungen hauptsächlich auf den Film- und Internetbereich oder auch Regelungen zum Alkoholkonsum Jugendlicher beziehen. (zitiert laut http://www.straubing.de/wmnews/wmview.php?ArtID=155, aufgerufen am 20.08.2007).

„*Im allgemeinen Sprachgebrauch* (auch in der Rechtssprechung) wird pornographische Literatur [...] heute einer sogenannten Schmutz- und Schundliteratur zugerechnet als literarische unqualifizierte Darstellung des Geschlechtlichen, speziell des Geschlechtsaktes in der monotonen Addition seiner möglichen Positionen und Perversionen zum ausschließlichen Zweck sexueller Stimulation." (Metzler, p.359)

II.2. Prämissen der Einordnung der aktuellen Publikationen

Durch die etymologische Definition wird deutlich, dass der Begriff Pornographie allgemein eher negativ besetzt ist, denn „durch die Bezeichnung ́pornographisch` wird eine sexuelle Stimulation antizipiert; die Phantasie befasst sich mit den möglichen Inhalten, eventuell auch mit den vermeintlichen sexuellen Verhaltensweisen derer, die sie herstellen."[37] Darüber hinaus wird der Leser durch Literatur in die Lage versetzt, Parallelen vom eigenen sexuellen Verhalten zu dem des Autors zu ziehen; dies trifft in besonderer Weise auf die zu untersuchenden französischen Literaturbeispiele zu, welche sich gerade durch das gezielte Abweichen von narrativen Normen charakterisieren lassen. Die vielbeschworene „Anstößigkeit" erotischer Texte hat ihren Ursprung im Verbotenem: „Pornographie ist nicht nur deshalb pornographisch, weil sie unumwunden von Sexualität handelt, sondern weil sie von unerlaubter Sexualität handelt." (Simon/Gagnon, p.116).

Psychologisch liegt der Reiz der literarischen Beschreibung von Sexualität in der Möglichkeit, sich mittels der Phantasie in sexuelle Welten zu begeben, welche real nicht ausführbar sind oder es zu sein scheinen. Erotik ist nie nur auf Bereiche begrenzt, welche allgemein als opportun gelten oder im Bereich des Gesetzmäßigem liegen. Die Schockwirkung von erotischen Darstellungen, die in den Bereich der Pornographie gehen, und die damit einhergehenden Verbots- und Zensurgedanken haben genau hierin ihren Ursprung:

„Genauso, wie die Menschen selten Inzest verüben, ist es auch äußerst schwierig für sie, sich vorzustellen, sie nähmen an einer inzestuösen Handlung teil. In einem literarischen Werk aber kann zum Beispiel eine Identifikationsmöglichkeit mit einer der handelnden Personen, die gerade eine inzestuöse Handlung begehen will, angeboten werden. Diese Identifikation zu vollziehen, fällt dem Leser jedoch schwer, denn sie würde Angst auslösen. Eine lähmende Ambivalenz würde die sexuelle Erregung blockieren und die Vorstellung einer Teilnahme am inzestuösen Akt verhindern, es sei denn, die Ordnung der

---

[37] Simon, W./Gagnon, J.H.: *Sexuelle Außenseiter – Kollektive Formen sexueller Abweichungen*, Rowohlt: Hamburg 1970, p. 114.

Welt, in der die imaginierte Handlung stattfindet, kann wieder hergestellt werden."
(Simon/Gagnon, p.116)

Wellershoff sieht in diesem Phänomen bereits eine Sucherscheinung: „Die Wünsche wuchern, weil sie sich nicht lösen können, und je größer die Kluft zwischen Phantasie und Praxis wird, desto suchtartiger wird das Bedürfnis nach ihrer illusionären Überbrückung."[38] Doch wie ist nun Pornographie zu definieren – wann spricht man von Pornographie, wann von erotischer Literatur? Ist « l'art de dévoiler les dessous et dessus du corps »[39] nicht abhängig von dem, was der Einzelne als intim definiert, was er als Nacktheit empfindet? Diese Frage bleibt problematisch und ist nur rein subjektiv zu beantworten. Allein an der Betrachtung der von Simon/ Gagnon aufgestellten These wird dies deutlich, denn:

„Die Landschaft der Pornographie (...) umfasst vor allem Prostitution, Homosexualität, Vergewaltigung, Inzest, Sadomasochismus, „Ehebruch", Gruppensex usw. Pornographie beschäftigt sich nahezu ausschließlich mit sozial oder sexuell deviantem Verhalten."(Évrard, p.116)

Und diese Bereiche gelten als schmutzig, fern der eigentlichen praktizierten Sexualität und geraten so an den Rand der Wahrnehmungen. Natürlich ist der Kernbereich der Pornographie das Aufzeigen von Grenzen, von nichtalltäglichen Praktiken, doch beschäftigt sie sich im Kern meist mit der banalen Penetration (Penis-Vagina). Devianz[40] ergab sich bis zu Anfang der

---

[38] Wellershoff, Dieter: *Fesselung und Entfesselung – Über Liebesroman und Pornographie*, in: (Ders.): Literatur und Lustprinzip – Essays, Kiepenheuer und Witsch: Hamburg 1973, p.27.

[39] Évrard, Franck : *Quels habits neufs pour l'érotisme ?*, in: Dadoun, Roger : *Sexyvilisation – Figures sexuelles du temps présent*, Punctum Éditions : Paris 2007, p.71-90; cit. p.71.

[40] Definition Devianz lt. Pyschrembel: (psychol.)Bezeichnung für ein Verhalten, das sich in bedeutsamer Weise von gesellschaftlichen Verhaltensneserwartungen unterscheidet;i.w.S. zählen hierzu nicht nur abweichendes Verhalten, sondern z.B. auch Eigenschaften wie Behinderung, Krankheit u. Abhängigkeit. Gegenstand der Forschung sind nicht nur die als „deviant" betrachteten Individuen selbst, sondern v.a. die sozialen Mechanismen, „nach denen Devianz durch eine (sich als nicht-deviant empfindende Mehrheit nach wechselnden Kriterien definiert wird (...) (sexol.) bezeichnet der Begriff in ähnlicher Weise ein von den Erwartungen abweichendes Sexualverhalten, ohne dass einheitlich definiert wird, welche Art Erwartungen (gesellschaftlich od. seitens der Partner) gemeint sind; z.T. wird deviantes (gegenüber perversem) Sexualverhalten dadurch abgegrenzt, dass nicht die Handlung auffällig ist, sondern bei ihrer Durchführung Regelverstöße stattfinden. (vgl. Pschyrembel Sexualität p. 83).

20. Jahrhunderts auch durch strafrechtlich verfolgbare Aktivitäten – hier muss natürlich darauf verwiesen werden, dass einige dieser Bereiche (wie Homosexualität und Ehebruch) heute nicht mehr strafbar sind. „Abweichendes Verhalten" jedoch wird immer individuell beurteilt; es hängt von persönlichen Erfahrungen, Prägungen, Präferenzen etc. ab. Ist aber Literatur, nur weil sie „Devianzen", also subjektive Eindrücke von sexuellen Auffälligkeiten beschreibt, automatisch gleich Pornographie oder auch „nur" erotische Literatur? Sicher nicht, sonst müsste man über die Hälfte aller Schriften von vornherein in diesen Bereich einordnen. Es geht vielmehr um die angewandte Technik, welche erotische Werke kennzeichnet. Der Marburger Literaturwissenschaftler Thomas Anz beschreibt in seinem Werk *Literatur und Lust* (1998) durch ein Zitat des Marquis de Sade meiner Ansicht nach sehr treffend, wie erotische Schilderungen auf den Einzelnen wirken und wie der psychoanalytische Bogen von erotischer Literatur zur Pornographie gespannt werden sollte:

„Lesen und körperliche Lust mögen unvereinbar sein, aber erzählte Lust kann die der realen Körper in Bewegung setzen. Marquis de Sade hatte dies in der ihm eigenen Deutlichkeit den männlichen Lesern seines Romanfragments *Die hundertzwanzig Tage von Sodom* als Wirkung versprochen: „ Ohne Zweifel werden dir viele der Abirrungen, die du beschrieben finden wirst, mißfallen – das weiß ich; es werden sich jedoch welche finden, die dich so erhitzen, dass sie dich Samen kosten; und das ist alles, was wir beabsichtigen."[41]

So versetzt erotische Literatur den Leser bewusst in geistige und so möglicherweise auch in körperliche Erregung; plumpere, qualitätsärmere Pornographie könnte diesen vom Marquis de Sade erzeugten hohen Lustgrad nicht erzeugen, welcher natürlich auch den negativen Charakter einer einsamen Masturbationsszene mit sich bringt. Erotik beschäftigt sich folglich mit der Konditionierung des kognitiven und des physischen Bereichs. Begierden, Ideen, Sehnsüchte bauen sich in höherer Intensität auf, da sich der Leser in einem individuellem Tempo auf eine Verschmelzung mehrerer Sinnesebenen einlassen kann. Sie baut demnach, ebenso wie Pornographie, zwar auf die körperliche Reaktion des Lesers; der feine Unterschied besteht allerdings darin, dass Pornographie sich in „grob aufdringlicher, anreißerischer Weise"[42] in den Vordergrund stellt; erotische Literatur aber Stim-

---

[41] Anz, Thomas: *Literatur und Lust – Glück und Unglück beim Lesen*, Beck: München 1998, pp.12/13.
[42] Liesching, Marc/von Münch, Maximilian: *Die Kunstfreiheit als Rechtfertigung für die Verbreitung pornographischer Schriften*, in: Archiv für Presserecht, Jahresverzeichnis 1999, 30. Jahrgang: Düsseldorf 1999, p.38.

mungen gezielt, teilweise sogar angekündigt, und oft langsam aufbaut, wobei diese an persönliche Erfahrungen des Lesers anknüpfen. Emotion ist demnach subjektiv, nicht messbar, temporär und maßgeblich von der Kognition, nicht von körperlichen Gelüsten abhängig. Durch die Lektüre erotischer Schriften muss sich auch kein unmittelbarer Zusammenhang zur Körperlichkeit ergeben, auch der Weg bis zum Orgasmus muss nicht, wie bei der Pornographie intendiert, ausgeschöpft werden. Hierbei muss aber deutlich gemacht werden, dass diese Definition subjektiv ist. Nicht jeder teilt beispielsweise eine ähnlich einseitige Bestimmung in Hinblick auf die Bedeutung der Sprache in der Erotik, wie Alexandra Beilharz sie liefert:

„Was aber ist Erotik? Nichts anderes als ein Sprechen, denn ihre Praktiken können nur codiert werden, wenn sie bekannt, d.h. ausgesprochen sind; unsere Gesellschaft aber artikuliert nie irgendeine erotische Praxis, sondern nur Begierden, Vorspiele, Zusammenhänge, Anregungen, zweideutige Sublimierungen, so daß für uns Erotik einzig durch ein stets nur andeutendes Sprechen definiert werden kann"[43]

Auch direktere Schilderungen, klar ausformulierte Akte können erregend wirken und erotisch sein; eine zu offene, plumpe Bezeichnung nimmt ihr allerdings, darin ist Beilharz zuzustimmen, den Reiz. Bezeichnenderweise wird Pornographie oft männlich dominiert, da Männer in ihrer Sexualität gemeinhin von visuellen Reizen stärker abhängig sind (Mermet, p. 118). Doch im Rückschluss zu behaupten, erotische, andeutende Literatur sei weiblich orientiert, quasi das nötige Vorspiel zum weiblichen Orgasmus, wäre fatal: Sie erfüllen beide einen unterschiedlichen Zweck, sind jeweils weder edel noch verabscheuungswürdig. Die feministische Sichtweise auf Pornographie geht häufig davon aus, dass die Ausschließlichkeit der Körperlichkeit in direkter Verbindung zu Gewalt an Frauen steht – auch, wenn das für manche Teile der Pornoindustrie zutrifft, sind dies Pauschalurteile, wie sie unter anderem die Feministin Alice Schwarzer[44] formuliert, sicherlich unnötig. So äußerte sie unlängst in ihrem Werk „Die Antwort":

---

[43] Beilharz, Alexandra: *Die Décadence und Sade – Untersuchungen zu erzählenden Texten des französischen Fin de Siècle*, M&P, Metzler: 1997, p.33.

[44] Schwarzer formuliert in ihrem letzten Werk ebenfalls Kritik an der Werbung der Firma *Dolce &Gabbana*, die sie in ihrer sadomasochistischen Anlehnung als bedrohlich empfindet, analog zu ihrer früheren Kritik an Helmut Newton. Hierzu möchte ich bemerken, dass Werbung nur mit der Aufmerksamkeit für pornographische Elemente spielt und durch Empörungen wie der Alice Schwarzers reüssiert. Diese Aufmerksamkeit sollte allerdings eher wirkliche (frauen- und!) menschenfeindlichen Pornographieprodukten gelten. Zu nennen ist hier die sogenannte Gonzo-Pornographie, die mit dem massiven Schlucken von Sperma, Fäkalien etc. arbeitet. Dieser wirklich frauenfeindliche Bereich sollte eher als harmlose

„Woran erkennen wir, dass ein Bild oder ein Text pornographisch ist? An der Menge der Haut, die zu sehen ist? Nein, Daran, dass es um Sex geht? Nein. Am Grad der Erotik? Schon gar nicht, im Gegenteil. Wir erkennen Pornographie an der Verknüpfung von sexueller Lust mit der Lust an Erniedrigung und Gewalt – und zwar für Täter wie für Opfer. Was das Gegenteil von Erotik ist, bei der es keine Hierarchie gibt, nichts festgelegt ist, sondern alles offen."[45]

Diese Sichtweise negiert das Recht des Einzelnen zu seiner persönlichen Erotik, gibt vor, dass alle beteiligten Frauen (warum eigentlich nur die?) Opfer seien. Die Lust an Pornographie macht einen nicht zu einem schlechteren Menschen oder zu einem Verfechter eines patriarchialischen Systems. Pornographie beschreibt lediglich eine verzerrte Realität, in der Sexualität den Mittelpunkt bildet – andere Handlungen finden praktisch nicht statt, die Protagonisten befinden sich im Umtriebe des Körperlichen, welches stark entfremdet (zum Beispiel durch Beschreibungen von stundenlangen Erektionen, des Nichtverlöschens der Lust, der Präsenz unnatürlicher Mengen an Körperflüssigkeiten beim Verkehr) einen surrealen Charakter erhält:

« Quant à la nudité fragmentée et morcelée de l´imagerie pornographique, elle pose le problème des limites de l´obscène en exhibant avec un éclairage totalitaire les gros plans gynécologiques d´organes sexuels, en saturant l´espace de postures et d´actions, en se focalisant jusqu´à l´obsession sur les preuves visuelles de la jouissance masculine. » (Évrard, bei Dadoun, p.73)

Es gibt quasi keinen Alltag; die Protagonisten arbeiten nicht, erziehen keine Kinder, erhalten keinen Verwandtschaftsbesuch, sie haben keine Schulden und sind immer in sexueller Stimmung. Alles, was die Lust stört, wird systematisch eliminiert. Diese Merkmale der Pornographie finden sich auch bei den Autoren Mertner/Mainusch:

---

[45] Anzeigen Schwarzers Interesse wecken: „In den Filmen werden zumeist zwei Frauen etwa anderthalb Stunden lang von einer Horde Männern malträtiert. Sie werden angespuckt, trinken Urin oder man spritzt ihnen aus dem Anus der Männer zuvor eingeflößte Flüssigkeiten ins Gesicht. In anderen Filmen kommt auch Kot hinzu. Manchmal werden Wettbewerbe inszeniert, wer bei diesen Aktivitäten am meisten abkann – ein Film hieß ganz unverbrämt: "Wer wird Miss Perversum?" ", aus: Terkessidis, Mark: *Wie weit kannst du gehen?*, taz 18.8.2006, aufgerufen am 18.8.2006 unter www.taz.de/pt/2006/08/18/a0167.1/textdruck.
Schwarzer, Alice: *Die Antwort*, Kiepenheuer und Witsch: Köln 2007, zit.aus: Frankfurter Allgemeine Zeitung, Nr.127, 4.06.2007, p.34.

„Die Welt der Pornographie ist die Märchenwelt unaufhörlichen Genusses. Hier gibt es keinen Streit, keine Krankheit, keinen Schmerz, kaum einmal Schwangerschaften. Für berufliche Tätigkeiten bleibt kein Raum: Der Genuß fordert den ganzen Menschen."[46]

Erotik deutet immer an, Pornographie zeigt sofort das Innerste der Sexualität. Jedoch darf man auch bei diesem subjektiven Empfinden nicht pauschalisieren. Marcuse bemerkt sehr richtig, dass beide Begriffe an sich nicht zu unterscheiden sind, da Pornographie für die Literaturwissenschaft auch gar nicht existent ist, bzw. aufgrund ihrer scheinbaren niederen Qualität ausgeblendet wird:

„Die Grenze zwischen der Pornographie (einem Schrifttum, das den meisten Literatur-Historikern nicht bekannt sein dürfte, weil es auf der Universität nicht gelehrt wird und aus denselben Gründen auch den meisten Richtern nicht - nicht einmal denen, welche in Obszönitäts-Prozessen fungieren) und jener Welt-Literatur, die erotische Themen sehr realistisch behandelt, wird gewöhnlich so gezogen: pornographisch sei, was von einem schlechten Menschen und drittklassigen Schriftsteller zur Reizung der Lust für Geld hergestellt ist." (Marcuse, pp.30-31)

Es ist wichtig festzuhalten, dass Pornographie nicht automatisch ein niedrigeres Niveau impliziert, höchstens für denjenigen, der ihr schon im Vorfeld feindlich gesinnt war. „Pornographie und verbaler Unflat sind nicht immer dasselbe oder gar synonym." (Mertner/Mainusch, p.78) Denn auch erotische Literatur entfernt sich nicht unbedingt von obszöner Wortwahl; diese Texte sind allerdings überlegter aufgebaut; die Intention, den Leser zu einem körperlichen Höhepunkt zu bringen, kann bei alldem beibehalten bleiben. Es gibt aber erotische Werke mit pornographischem Charakter, welche die Bezeichnung Pornographie aufgrund seiner Negativbesetzung nicht verdienen. Pointierter als in der deutlicheren Pornographie widmet sich erotische Literatur meiner Meinung nach geistiger Sexualität, die mit der körperlichen im direkten Zusammenhang stehen kann, aber nicht muss. Beispielsweise der simple Einbau von Metaphern in erotischen Texten kann dem Text die Eintönigkeit der Wiederholungen monotoner Handlungen nehmen (Goulemot); die Lektüre erotischer Literatur impliziert somit auch oft eine größere Distanz zum Geschehen und ermöglicht so eine Reflektion, welche bei der Lektüre von Pornographie schwer möglich scheint. Symbole für Geschlechtsteile, Auslassungen oder witzige Situationen

---

[46] Mertner, Edgar/Mainusch, Herbert: *Pornotopia – Das Obszöne und die Pornographie in der literarischen Landschaft*, Athenäum Verlag: Frankfurt am Main 1970, p.120.

knüpfen an Persönliches an, erzeugen Sympathie oder Ablehnung. Thomas Hettche formuliert die emotive Seite der Lektüre folgendermaßen:

„Am Anfang jeder Lektüre steht die Einfühlung, die jenen Funken von einem zum andern überspringen lässt, der es ermöglicht, dass tote Bilder sich beleben, dass Worte auf Papier uns erregen, als wären sie Boten des Realen, und - was dasselbe ist – dass wir im anderen uns selbst sehen."[47]

Hier muss deutlich bleiben, dass diese literaturwissenschaftliche Definition erotischer Literatur, die auf der Überzeugung des Lesers basiert, in der Rechtssprechung durchaus schon als pornographisch zu beurteilen ist. Demnach

„(...) ist eine Darstellung pornographisch, wenn sie unter Ausklammerung sonstiger menschlicher Bezüge sexuelle Vorgänge in grob aufdringlicher Weise in den Vordergrund rückt und ihre objektive Gesamttendenz ausschließlich oder überwiegend auf die Aufreizung des sexuellen Triebs beim Betrachter abzielt sowie dabei die im Einklang mit allgemeinen gesellschaftlichen Wertvorstellungen gezogenen Grenzen des sexuellen Anstandes eindeutig überschreitet." (Hettche, p.38)

Gesellschaftliche Normen eines sogenannten „sexuellen Anstandes" können allerdings für den Bereich der Kunst bedeutungslos sein, geradezu unvermeidbar, wenn bestimmte Erfahrungsinhalte dargestellt werden sollen. Laut Manfred Jurgensen ist pornographische Literatur, als Darstellung und künstlerische Verwirklichung einer Erkenntnis, von Natur aus amoralisch: „[...]; ihr ist daher mit einer (wie auch immer ausgerichteten) vorgefassten Sozialmoral (d.h. Denkweise) nicht beizukommen."[48] An einem Beispiel wird dies greifbar: Die *Histoire d'O* besitzt laut Jurgensen alle Kennzeichen literarischer Pornographie. Durch die dezidierte Darstellung vom Zusammenhang von Unterwerfung und Lust untersucht dieser Roman somit „Wesen und Funktion einer Kenntnis, die über die historische Individualität hinausreicht." (Jurgensen, p.402). Thomas Anz macht hierzu, im Anschluss an das bereits erwähnte Zitat de Sades, darüber hinaus deutlich:

„Was manchem heute als konstitutives Merkmal literarischer Pornographie gilt, „die Vermittlung sexuellen Lustgewinnes durch Sprache" (Fußnote: Jurgensen, S.: Beschwörung und Erlösung", p.421), ist in Wahrheit potentieller Bestandteil jeder, auch hochrangiger Literatur. Die Abschiebung sexueller Lustvermittlung auf „Pornographie" will

---

[47] Hettche, Thomas: *Die neue Keuschheit der Pornographie*, in: Frankfurter Allgemeine Zeitung, 21.01.2003.
[48] Jurgensen, Manfred: *Beschwörung und Erlösung – zur literarischen Pornographie*, Verlag Peter Lang: Bern 1985, p.14.

dem literarischen Kunstwerk zu einer Form lustfreier Reinheit verhelfen, die es selbst selten gemacht hat." (Anz, pp.12/13)

Sprache führt in beiden Fällen zu Lustgewinn; Nuancen, die streng persönlich vom einzelnen Leser gewählt werden, klassifizieren sie entweder in den Bereich der Erotik oder in den der „verruchteren" Pornographie. Folgt man diesem Gedanken, so sollte es der Freiheit des Lesers überlassen bleiben, Texte einzuordnen. Laut Anz sind die ersten Reaktionen auf Texte emotional geprägt; Lesen von Literatur ist generell ein hochgradig emotionaler Vorgang. Indem er auf Adorno verweist, stellt Anz die These auf, dass die heutige Literaturwissenschaft sich ausdrücklich nur mit Texten, nicht aber mit den Menschen, die schreiben oder lesen, befasst. Wenn dies auch extrem pauschalisiert und übertrieben ist, so hindert eine textimmanente Interpretation den Betrachter von erotischer oder pornographischer Literatur primär daran, Aussagen über die Qualität eines Werkes machen zu können, wie sie von der Gesellschaft, die sich durch einige Themenbereiche, wie beispielsweise der Pädophilie, herausgefordert fühlt, gefordert werden. Auch eine juristische Beurteilung muss vage bleiben, solange der „literarische Wert" durch die Literaturwissenschaft nicht beantwortet worden ist. Dieser „literarische Wert" sollte allerdings gerade in der aktuellen französischsprachigen „Bekenntnisliteratur" nicht durch den Textkorpus allein, sondern ebenso durch den Bezug zur Autorpersönlichkeit, der kontemporären gesellschaftspolitischen Begleitumstände und den Prämissen des Marktes hergestellt werden. Diese Schwelle muss hinsichtlich der zu untersuchenden Romane durchbrochen werden, um die Frage zu klären, ob es sich um strafrechtlich zu ahndende Literatur handelt; ob ein Text pornographisch und somit im juristischen Sinne jugendgefährdend oder „nur" erotisch ist.

Die sechs ausgewählten Werke beinhalten nahezu alle Großformen[49] von Sexualität (in Bezug auf Verkehrsmodi, Partnerwahl und gängige, am häufigsten praktizierte Devianzen), doch scheint es mehr als fragwürdig, sie allein aufgrund der Themenwahl als pornographisch aufzufassen. Und von Fehlentscheidungen im Bereich der Indizierung von Literatur muss tendenziell ausgegangen werden, sei es mentalitäts-, alters- oder kulturell bedingt. Brigitte Lahaie äußert sich in ihrem Aufsatz über das *cinéma*

---

[49] Der große Bereich der Homosexualität wird durch seine Eigenständigkeit in dieser Arbeit bewusst ausgeblendet; zu nah ist die Verknüpfung mit anderen Genres der Literatur; auch müsste eine Trennung weiblicher und männlicher Homosexualität erfolgen, eine Differenzierung, welches im Rahmen dieser Arbeit nicht geleistet werden kann.

pornographique in Frankreich über das Phänomen Pornographie folgendermaßen: « C'est un sac vide dans lequel chacun entasse ce qu'il veut – parfois son rêve et parfois son dégoût – compte tenu de sa culture, de sa classe sociale, de l'éducation qu'il a subi, de ses fantasmes. » (vgl. Lahaie, Brigitte: *Le cinéma pornographique*).

Glaser bemerkt in seinem Aufsatz sehr richtig, dass die sogenannte „Liste jugendgefährdender Schriften" durchaus kritikwürdig ist, hat sie doch so „aufsehenerregende Fehlentscheidungen wie diejenigen, die Werke Sades, Genets und Henry Millers zu indizieren" (Glaser, p.289), zu verantworten. Es ist Glaser zuzustimmen, wenn er die offensichtlicheren aktuellen Gefährdungen anders situiert: „Denn gefährdet werden Jugendliche heute (wie früher) kaum durch Literatur als vielmehr durch Bild- und Videopornographie insbesondere des sadistischen Genres." (Glaser, p.290). Pornographische visuelle Reize üben sicherlich eine größere Beeinflussung aus. Dieser Gedanke, der auch später wieder aufgegriffen werden wird, findet sich in einem Aufsatz Dirk Herkströters über pornographisches Kino wieder:

„Das Ziel des Pornofilms ist es nämlich gerade, anders als das des erotischen -, den Unterschied zwischen den Akteuren und dem Betrachter aufzuheben. Der Pornofilm ist deshalb nicht voyeuristisch, sondern fetischistisch: Der männliche Darsteller dient nur dazu, die Halluzination eines „echten" Geschlechtsakts dem Betrachter zu ermöglichen und diesen damit in den Film einzuführen. In vielen Pornokinos werden Papiertaschentücher an den Sitzplätzen bereitgehalten, damit die Männer die ihnen im Film zugedachte Stellung einnehmen können. Was inszeniert wird, ist das (Ver-) Schwinden des Subjekts. Die dargestellte Frau wird dem männlichen Publikum auf eine halluzinatorische Weise selbst angeboten. Deshalb muß auch das Sperma gezeigt werden, weil es der Beweis dafür ist, dass alles echt ist und nicht etwa nur eine Täuschung. Der Darsteller im Film ist das „narzißtische Double" des Zuschauers. Die Steigerung des Reizes durch Perversionen und Brutalitäten bis hin zur Verstümmelung ist gerade auf eine zwangsläufig sich einstellende Enttäuschung über den hinfälligen Charakter der sexuellen Lust zurückzuführen; die Frau als Objekt der Halluzination, das sich wieder und wieder entzieht, wird zum Objekt von Aggressionen, weil sie keine dauerhafte narzißtische Befriedigung gewährt."[50]

Durch das Medium Film können Jugendliche somit viel direkter mit Gewaltszenen, in denen beispielsweise Frauen erniedrigt werden, in Kontakt kommen – sexuelle Prägungen Jugendlicher werden in der Realität sicherlich mehr durch Bilddarstellungen als durch schwierige und zunächst müh-

---

[50] Herkströter, Dirk: *Rundfunkfreiheit, Kunstfreiheit und Jugendschutz – Zu den Auswirkungen der „Mutzenbacher – Entscheidung" des Bundesverfassungsgerichts vom 27. November 1990 auf die Jugendschutzbestimmungen im Rundfunkrecht*, in: Archiv für Presserecht, Jahres-Verzeichnis 1992/93, Düsseldorf 1993, p.26.

sam zu lesende Romane festgelegt. In der Tat muss man sich bei einer Betrachtung von Schriften erotischen Inhalts immer bewusst sein, dass heute durch Internet, Video und einschlägige Magazine eine größere Gefährdung ausgeht; allein durch die zunehmende Verbreitungsmöglichkeiten ist der Konsum dieser Medien einfacher und attraktiver für Kinder und Jugendliche. 1970 urteilten die Autoren Mertner/Mainusch noch, dass die Wirkung von Pornographie nachhaltig durch das Medium Sprache beurteilt werden muss:

„Die Sprache ist ein mächtiges Agens, das den Gegenstand in die Macht des Bewusstseins gibt, ihn „Durch das Wort verfügbar" macht und dort in nachhaltiger Weise in der Verfügbarkeit belässt, als es Bild oder Film tun konnten." (Mertner/Mainusch, p.102)

Im Zeitalter der DVD bzw. des Internets sollte die Rolle der Literatur jedoch realistischer betrachtet werden und nun gar in Hinblick auf erotische oder pornographische, allgemein schwer zugängliche Romane. Pornographie als Bildmedium gewinnt heute eine immer bedeutendere Rolle, denn welcher Jugendliche unterzieht sich dem schwierigen Prozess, sadistische Praktiken anhand literarischer Figuren mühsam zu erfassen, wenn er diese Inhalte unter Nutzung mehrerer Sinneskanäle visuell konsumieren kann? So bemerkt Renate Schostack[51] 2002, dass „nur 334 Bücher, Broschüren und Comics indiziert, dagegen aber 2841 Videos, 604 Internetseiten, 407 Computerspiele und 285 Tonträger" für Jugendliche unzugänglich gemacht wurden. Das Problem der pornographischen Literatur in diesem Bereich ist sekundär, da sich die Informationsbeschaffung wandelt und das Mediennutzungsverhalten von Jugendlichen anderen Strömungen unterliegt. Die Literaturdidaktik sieht sich im Gegensatz dazu sogar häufiger mit der Problematik konfrontiert, Jugendliche überhaupt für Literatur, die fast immer auch die Ebene des Sexuellen beinhaltet, zu begeistern, und sieht in jedem Stück Text einen Lerngegenstand:

« Mais faut-il s'entourer de précautions, au risque de s'en entouffer? Jusqu'au peut-on aller, dans le choix des œuvres et dans les commentaires ? Un coup de sonde parmi les enseignants montre à la fois des appréciations différentes (sur les comportements des élèves), une apparente absence de tabous (personne ne se déclare effrayé par ces questions) et une règle commune à tous: le refus de toute censure à partir du moment où l'œuvre étudié présente un intérêt au regard du travail engagé avec les élèves. »[52]

---

[51] Schostack, Renate: *Nur für den Dienstgebrauch*, in: Frankfurter Allgemeine Zeitung, Nr. 259, 7.11.2002, p.35.
[52] Cédelle, Luc: *Des textes mises à nu pour s'habiller de mots*, in: Le monde de l'éducation, no. 336, Mai 2005, p.34.

Zahlreiche Projekte der Leseförderung[53], nicht nur in Schulen, belegen die Tendenz, dass weniger gelesen wird; Lektüre ist oft nur dem Schulunterricht vorbehalten, pornographische Romane spielen erst recht keine nennenswerte Rolle. Was bleibt, ist in zwei Aspekten festzuhalten, die ich an Dubost und sein Werk „*La tentation pornographique*" (Dubost, p.11-12) anlehnen möchte, obwohl er diese lediglich für den Bereich des pornographischen Films festhält. Diese Problematik ist meiner Meinung nach auch auf den literarischen Bereich zutreffend. Zum einen ist der Begriff an sich nicht definierbar. Dies sieht man auch daran, dass seine Klärung zwangsläufig scheitern muss, da in jeder Debatte letztlich moralische Aspekte dominieren, denen er unterliegen muss. Zum anderen sind die Effekte der Literatur, z.B. auf Jugendliche, noch nicht ausreichend erforscht, geschweige denn empirisch belegt, um diese bewerten zu können. Die einzigen Quellen in diesem Bereich sind aus der schulischen Sphäre und zwangsläufig subjektiv. Bei Luc Cédelle kommt die Lehrerin Garance Yahi zu Wort:

« Le sexe en littérature, c´est essentiellement mettre des nouveaux mots sur les choses. Au lycée, certains textes sont très explicites: non seulement des auteurs contemporains, mais aussi des classiques: les farces du Moyen Age, Rabelais, les poètes latins, souvent très crus…Je considère que nos élèves peuvent tout lire à partir du moment où on leur donne des armes pour cela. Et je ne pense pas que leur intimité soit aggressée : au contraire, elle se cache encore mieux derrière l´étude, qui leur apporte de nouvelles notions. » (Cédelle, p.35)

Es hängt somit nicht von einem speziellen Alter oder einer besonders eingegrenzten Moralvorstellung ab, inwiefern sich eine Person mit Schilderungen devianter Erotik auseinandersetzen kann, ohne mit der Verarbeitung dieser Eindrücke überfordert zu sein. Damit sich die Analyse der Werke nicht infolgedessen im Kreis dreht, sollen lediglich die festen Tatsachen untersucht werden, die sich wiederholen. Eine wirkliche Position kann durch die Abstraktion nicht eingenommen werden. Jeder andere Versuch wäre illusorisch. Um das aktuelle französische Phänomen untersuchen zu können, möchte ich daher drei von diesen Streitpunkten unabhängige Punkte definieren, die es zu überprüfen gilt:

---

[53] z.B. die Stiftung Lesen (http://www.stiftunglesen.de/index_flash.html) oder andere staatlich geförderte Programme. unter http://www.bildungsserver.de/zeigen.html?seite=2418.

1) Bleibt im Werk mehr als Suggestion[54]? Wenn ja, dann ist es erotische Literatur.
2) Enthält es ausschließlich den Anspruch an die perfekte Darstellung sexueller Handlungen abseits der Realität? Wenn ja, dann ist es Pornographie.
3) Ist aber zusätzlich auch die Person und Intention des Autors innerhalb des Werks fassbar? Wenn ja, dann handelt es sich tatsächlich um ein neues Genre französischsprachiger Erotik, nicht um eventuell juristisch/moralisch verfolgbare Pornographie. Dieser Bereich umfasst eine neue Notion der Emotionalisierungstechnik, die vor der Analyse definiert werden wird.

Michela Marzano gibt eine umfassendere Definition, die ebenso für unsere Zwecke relevant ist und sie ausweitet (vgl. Marzano, p.65): Da, wo sich erotische Kontakte auf eine Repräsentation von Bildern/Versprachlichung in dem Sinne konzentrieren, dass dies Termini wie Ängste, Erwartungen, Sehnsüchte, Hoffnungen, Frustrationen, Versagen etc. einschließt, handelt es sich um Erotik. Jedoch an der Stelle, an der Sexualakte nur um ihrer selbst, nicht um der Subjekte willen gezeigt werden, beginnt die Pornographie. Wie allerdings geht man damit um, wenn bewusst beide Ideen vermischt werden? Die aufgeworfene Problematik muss auch juristisch geklärt werden, wollen wir die aktuellen Werke analysieren, denn die Klassifizierung zur pornographischen Literatur hin würde auch strafrechtliche Konsequenzen einschließen, sowohl für Autor, stärker für den Verleger, Vertreiber, Käufer als auch, wenn auch seltener, für den Leser.

---

[54] Suggestion soll hier als die Absicht des Autors verstanden werden, sexuelle Errregung beim Leser zu erzeugen; das „Mehr" ergibt sich aus der literarischen Qualität/Umsetzung (nicht quantitativ)

II.3. Juristische Grundlagen:
Umgang mit Pornographie in Deutschland/Frankreich

II.3.1. Darstellung des Konfliktpotenzials

Aus rechtlicher Perspektive ergibt sich ein zur literaturwissenschaftlichen Definition konträres und auf den ersten Blick klareres Bild: Jede Repräsentation von verbotenen sexuellen Akten definiert den Begriff Pornographie; dies war unter anderem der Ausgangspunkt des Verbots literarischer Werke, so unter anderem des *Opus Pistorum* von Henry Miller oder des *Ulysses* von James Joyce.

Aktuell ist Pornographie, als Begriff bereits im vorhergehenden Kapitel erläutert, aufgrund ihrer problematischen Stellung innerhalb des allgemein gültigen Begriffes von Kunst um mehrere Konfliktfelder anzusiedeln, welche zunächst in ihrer Bandbreite darzustellen sind. Für unsere Zwecke empfiehlt sich zudem ein vergleichender Blick auf Rechtsgrundlagen beider Länder, Deutschland und insbesondere Frankreich, wobei im Folgenden, zur generellen Darstellung des Konfliktpotentials, zunächst von deutschem Recht ausgegangen werden soll. Durch die im Rahmen eines geeinten Europas sukzessive Angleichung der Jurisprudenz in beiden Ländern können Vergleiche gezogen werden; dies gilt allerdings nur für diesen juristischen Bereich, da Begriffe wie Kunst oder Jugendschutz ähnlich definiert werden.

Im Anschluss an die Vorstellung der deutschen Rechtssprechung sollen daher die gewonnenen Erkenntnisse auf französisches Recht übertragen werden; dies ist auch aufgrund ähnlicher Gesetzesgrundlagen im Bereich der Zensur von Pornographie legitim.

II.3.1.1. Der § 184 des Strafgesetzbuches

Die Kompetenzen bezüglich Verbote/Zensur pornographischer Schriften sind in Deutschland nicht klar zu erkennen. Zunächst ist laut § 184 des Strafgesetzbuches (StGB) (u.a.) recht klar definiert:

> „ I. Wer pornographische Schriften (§ 11 Abs. 3)
> 1. einer Person unter achtzehn Jahren anbietet, überlässt oder zugänglich macht, (...) wird mit Freiheitsstrafe bis zu einem Jahr oder mit Geldstrafe bestraft. (...)
>
> III. Wer pornographische Schriften (§11 Abs.3), die Gewalttätigkeiten, den sexuellen Missbrauch von Kindern oder sexuelle Handlungen von Menschen mit Tieren zum Gegenstand haben,

1. verbreitet,
2. öffentlich ausstellt, anschlägt, vorführt oder sonst zugänglich macht
oder
3. herstellt, bezieht, liefert, vorrätig hält, anbietet, ankündigt, anpreist, einzuführen oder auszuführen unternimmt, um sie oder aus ihnen gewonnene Stücke im Sinne der Nummern 1 oder 2 zu verwenden oder einem anderen eine solche Verwendung zu ermöglichen, wird, wenn die pornographischen Schriften den sexuellen Missbrauch von Kindern zum Gegenstand haben, mit Freiheitsstrafe von drei Monaten bis zu fünf Jahren, sonst mit Freiheitsstrafe bis zu drei Jahren oder mit Geldstrafe bestraft.[55]

Der Fokus liegt demnach hier zum einen beim Jugendschutz, zum anderen auf Straftaten wie Pädophilie und dem sexuellen Missbrauch von Tieren. Der primäre Schutzzweck liegt hierbei darin, die ungestörte sexuelle Entwicklung von Jugendlichen zu schützen[56]. Dies setzt allerdings voraus, dass Jugendliche anhand pornographischer Schriften überhaupt real Schaden nehmen; da dies nicht zweifelsfrei bewiesen worden ist (Deblitz, p.30), ist von einer sogenannten gesetzlichen Hypothese auszugehen – allein das Risiko möglicher Folgen ermöglicht somit den Straftatbestand.

Auch ist nicht klar, wie eine ungestörte sexuelle Entwicklung definiert werden soll; innerhalb dieser Argumentation wären auch Homosexualität oder Sadomasochismus eventuell Produkt einer gestörten Entwicklung. Denn was ist denn eine „ungestörte sexuelle Entwicklung"? Ist zwangsläufig derjenige „gestört" worden, der sexuelle Devianzen (im Sinne des von der jeweils aktuellen Norm der Gesellschaft abweichenden Triebs, laut der medizinischen/sexologischen Definition des Pschyrembel) entwickelt? Wie reagieren Jugendliche auf diese Störungen? Was genau ist wissenschaftlicher Hintergrund dieser These? Erwähnt sei an dieser Stelle, dass neben diesem Hauptanliegen des § 184 auch andere Schutzgüter, wie der

„Schutz Erwachsener gegen ungewollte Konfrontation mit Pornographie, Schutz der Allgemeinheit vor Überschwemmung mit derartigen Erzeugnissen und damit der Schutz der Sexualverfassung, Schutz für das „Bild der Frau" oder auch Schutz der bei der Herstellung pornographischer Schriften mißbrauchten Darsteller, insbesondere Kinder" (Deblitz, pp.30/31)

---

[55] Tröndle/Fischer: *Strafgesetzbuch und Nebengesetze*, Bd.10, 51. Auflage, C.H. Beck, München 2003, pp.1171ff.
[56] Deblitz, Thorsten: *Die Strafbarkeit der Werbung für pornographische Schriften* (Dissertation zur Erlangung der Doktorwürde der juristischen Fakultät der Christian-Albrechts-Universität zu Kiel), Papyrus-Druck, Berlin 1995, p.30.

in Betracht kommen können. Staatlich definiert wird demnach beispielsweise ein bestimmtes, den kontemporären Normen entsprechendes freiheitliches Frauenbild, welches Ideale wie Selbstbestimmung des Berufs, soziale Gleichbehandlung mit Männern etc. einschließt, welches unantastbar ist. Laut Deblitz muss davon ausgegangen werden, dass der § 184 des Strafgesetzbuches einen sogenannten „doppelten Rechtsgüterschutz" bezweckt und sich sowohl auf den Jugendschutz als auch auf den Schutz Erwachsener vor ungewollter Konfrontation mit Pornographie bezieht, da im zweiten Teil des Artikels keine Unterscheidung mehr zwischen Jugendlichen und Erwachsenen gemacht wird. Unter III.3. des Artikels wird ferner die Strafbarkeit der Einfuhr von Pornographie solcher Schriften herausgestellt; hierzu äußert sich Thomas Weigend: „Deutsches Recht gilt zunächst nach § 6 Nr. StGB in jedem Fall, ganz unabhängig vom Tatort, für die Verbreitung sogenannter harter Pornographie, (...)".[57] Harte Pornographie beschreibt jede sexuelle Form, die von der Gesellschaft aufgestellte Tabugrenzen verletzt, wobei diese fließend und ständig wandelbar sind. Sodomie und Kindesmissbrauch gehören sicherlich in diese Sparte. Einfache, von sanfter Musik untermalte Penetrationen wären in den 50er Jahren noch als harte Pornographie einzustufen, erscheinen heute eher als harmlos. Somit wird klar, dass harte Pornographie an sich Auslegungssache und temporären Strömungen unterworfen ist. Ein „sicheres" Beispiel wären auch im wandelbaren Pornographie-Begriff allerdings immer sexuelle Handlungen, die auf der Nicht- Einwilligung der Objekte basieren. Dazu gehören z.B. SM-Praktiken, die den selbstauferlegten Kodex der Praktizierenden[58] bewusst verletzen (Verstümmelungen u.ä.); Szenen solcher Art spielen bewusst mit der Verbindung Gewalt – Lust, werden jedoch normalerweise vorher von den Sexualpartnern festgelegt.

Es bleibt somit schier unmöglich, nur auf der Basis der Rechtsprechung diesen Begriff zu definieren. Es ist J.H. Knoll zuzustimmen, wenn dieser behauptet, dass dieses Thema immer „perspektivistisch, aus der Zusammensicht unterschiedlicher Sachverstände, kurz multi- oder interdisziplinär verhandelt"[59] werden sollte. Er spricht ebenso den nicht zu

---

[57] Weigend, Thomas: *Strafrechtliche Pornographieverbote in Europa*, aus: Becker, Jürgen (Hg.): *„Pornographie ohne Grenzen"*, Herbsttagung des Instituts für Urheber- und Medienrecht in Zusammenarbeit mit MEDIENTAGE MÜNCHEN am 13. Oktober 1993, Nomos Verlagsgesellschaft: Baden-Baden 1994. p.26.

[58] Grimme, Matthias T.J.: *Das SM-Handbuch*, CHARON-Verlag Grimme KG, Hamburg 1996/2002, pp.28ff.

[59] Knoll, Joachim H.: *Medienpädagogisches Gutachten zu Filmen aus dem Programm von Beate-Uhse-TV*, Hamburg-Bochum 2001, p.4.

unterschlagenden Begriff der Zumutbarkeit von sexuellen Darstellungen an, die jugendpsychologisch begründet ist. Hier ist zu bemerken, dass laut Glaser Anfang und Mitte der achtziger Jahre die letzten ernsthaften Versuche in der BRD stattfanden, mit Hilfe des § 184 StGB pornographische Literatur zu unterdrücken. Weigend stellt wieter den für unseren Zusammenhang interessanten § 9 Abs.1 StGB zur Diskussion: So „(...) gilt eine strafrechtlich relevante Tat nämlich sowohl dort als begangen, wo der Täter gehandelt hat, als auch dort, wo der zum Tatbestand gehörende Erfolg eingetreten ist." (Knoll, p.27)

Pornographische Schriften französischsprachiger Autoren, welche in Deutschland große Erfolge feiern, müssten somit theoretisch mit in den Straftatbestand aufgenommen werden – zieht eine Schrift einen Skandal auf sich, müsste zwangsläufig auch hier eine Diskussion darüber erfolgen, ob es sich um Pornographie handelt oder nicht. Von besonderem Interesse für unseren Themenbereich ist ebenso die durch den § 184 Absatz 3 definierte Sozialschädlichkeit. Medien, die Sexualität mit Kindern, mit Tieren oder in Verbindung mit Gewalt schildern, schädigen demnach nicht nur das soziale Bewusstsein Jugendlicher und sind somit jugendgefährdend, sondern auch die Abgabe an Erwachsene ist unter Strafandrohung verboten.[60] Werke wie der Roman von Jones-Gorlin berühren demnach in Deutschland auch Straftatbestände außerhalb des reinen Jugendschutzes. Dieser bleibt jedoch in Bezug auf mögliche Indizierungen immer im Mittelpunkt des rechtlichen Interesses; fixiert durch das „Gesetz über die Verbreitung jugendgefährdender Schriften".

II.3.1.2. Das „Gesetz über die Verbreitung jugendgefährdender Schriften" (GjS)

Das am 14. Juli 1953 in Kraft getretene GjS zielt, ähnlich wie andere Jugendschutzgesetze, auf eine positiv aufbauende Jugendarbeit ab und ergänzt die sonst bestehenden Jugendschutzmaßnahmen als Vorbeugungsgesetz (BPjS, p.4). Als durchführendes Organ gilt die Bundesprüfstelle für jugendgefährdende Schriften (BPjS), welche seit 1954 (heute der Dienstaufsicht des Bundesministeriums für Familie, Senioren, Frauen und Jugend unterstellt) als europaweit einzigartiges Gremium fungiert. Dieses Gremium besteht aus 12 Mitgliedern, einem Vorsitzenden, drei Beisitzern der Länder und je einem Beisitzer aus folgenden Kreisen: Kunst, Literatur,

---

[60] Bundesprüfstelle für jugendgefährdende Schriften (Hrsg.): *Die Bundesprüfstelle für jugendgefährdende Schriften informiert, Stand Februar 2002*, Bonn 2002, p.18.

Buchhandel, Verlegerschaft, Jugendverbände, Jugendwohlfahrt, Lehrerschaft und Kirchen bzw. Religionsgemeinschaften[61]. Es ist nicht feststellbar, wie man in dieses Gremium gelangt, eine schriftliche Nachfrage meinerseits blieb ohne Antwort. Bereits, wenn neun Mitglieder anwesend sind, ist dieses Gremium beschlussfähig, es reicht, wenn zwei Mitglieder aus den Kreisen Kunst, Literatur, Buchhandel oder Verlag anwesend sind („Gesetzgeber und die Gerichte gingen bzw. gehen davon aus, dass die Zusammensetzung dieser Zwölfer-Gremiums die Gewähr für entsprechende Sachkunde bietet und die politische Meinungsvielfalt in unserem Staat berücksichtigt." (Peter, p.17)). Das bedeutet, dass manche Indizierungen in Deutschland auf dem Irrtum von zwei Mitgliedern basieren können - ein Irrtum, den zwei Geisteswissenschaftler, die sich nicht zwangsläufig mit jeder Facette der Romanistik, Germanistik oder Anglistik vertraut gemacht haben können, leicht begehen können. Ob das Gremium sachkundige Studien oder Analysen zu den jeweiligen Werken anfertigen lässt oder sich von den entsprechenden Fachbereichen wissenschaftlichen Rat einholt, wurde mir ebenfalls nicht beantwortet, ich gehe daher davon aus, dass dies nicht der Fall ist. Die BPjS legt unter anderem die Auslegung bestimmter Artikel des GjS fest. Heißt es im §1 beispielsweise, dass „Schriften, die geeignet sind, Kinder und Jugendliche sittlich zu gefährden" (GjS) in eine Liste aufzunehmen sind, so ist es der Spruchpraxis der BPjS und der sogenannten „gefestigten Rechtsprechung" überlassen, diese „sittliche Gefährdung" (GjS) zu definieren. Welche Sitten wann weswegen gefährdet werden, wird an keiner Stelle definiert. Das GjS greift ebenso Aspekte der Zugänglichkeit indizierter Medien (nur an Erwachsene, §3), des Verkaufs (nicht im Versandhandel/Kiosk, § 4) und der Werbung (generelles Verbot für indizierte Medien, §5) auf. Verstöße hiergegen können mit Geld- oder Freiheitsstrafe bis zu einem Jahr geahndet werden. Das bedeutet, dass niemand in der Öffentlichkeit, auch keine Erwachsenen, Zugang zu ihnen haben und sich kein Urteil dazu bilden können. Doch ist sich auch die BPjS anderer Zusammenhänge in Bezug auf Indizierungen bewusst, wie unter anderem dem zwischen Kunst und Pornographie.

---

[61] Peter, Franz-Wilhelm: *Staatliche Eingriffe in die Literaturfreiheit*, Frankfurt, den 2.10.1986, herausgegeben von: Börsenverein des deutschen Buchhandels e.V.; Deutsche Akademie für Sprache und Dichtung, Deutscher Bibliotheksverband e.V., P.E.N. – Zentrum Bundesrepublik Deutschland, Verband Deutscher Schriftsteller in der IG Druck und Papier, p.16

II.3.1.3. Kunst und Pornographie

Problematisch wird die rechtliche Diskussion um Pornographie durch den Art.5 Abs.3 des Grundgesetzes:

„Artikel 5 (Meinungsfreiheit)
(1) Jeder hat das Recht, seine Meinung in Wort, Schrift und Bild frei zu äußern und zu verbreiten und sich aus allgemein zugänglichen Quellen ungehindert zu unterrichten. [...] Eine Zensur findet nicht statt.
(2) Diese Rechte finden ihre Schranken in den Vorschriften der allgemeinen Gesetze, den gesetzlichen Bestimmungen zum Schutze der Jugend und dem Recht der persönlichen Ehre.
(3) Kunst und Wissenschaft, Forschung und Lehre sind frei."[62]

Kunstfreiheit wird unter ästhetischen Gesichtspunkten jedoch anders definiert, als sie es unter juristischen Aspekten behandelt werden kann. Interessanterweise folgte man bei der schwierigen Definition des normativ ästhetischen Kunstbegriffs in der Rechtssprechung wörtlichen Aussagen Friedrich Schillers:

„Ein „Kunstwerk" in des Wortes höchster Bedeutung wird freilich nicht unzüchtig sein. „Bei der wahren Kunst ist das niemals der Fall.", weil nach Schiller „Schamlosigkeit" und „Frivolität" nicht das Anliegen schöner Kunst sein können. „Geschlechtliche Schamlosigkeit und Kunst sind Gegensätze". Da der Künstler in einer Idealwelt lebt, wird „die künstlerische...Arbeit...,welches Thema sie auch immer haben möge, einen Konflikt nicht befürchten brauchen". Will der Künstler aber die schlechte Natur schildern, so muß er dafür sorgen, daß „die künstlerische Form die Schilderung geschlechtlicher Vorgänge derartig veredelt, durchgeistigt oder verklärt, daß eine Verletzung des Scham- und Sittlichkeitsgefühls vermieden wird". Denn „die Kunst ist imstande, auch Gegenstände der eben berührten Art...zu durchgeistigen und zu verklären, daß ...die sinnliche Empfindung ...zurückgedrängt wird". Die Kunst muss „edle Gefühle" vermitteln."[63]

Kunstfreiheit in Deutschland wird demnach eingegrenzt von einer Definition klassischen Edelmuts im Sinne des frühen 19. Jahrhunderts. Aber auch ein Friedrich Schiller unterliegt letztlich den Moralvorstellungen seiner Zeit, deren Scham- und Sittlichkeitsgefühl später Sigmund Freud und seiner Psychoanalyse den Weg ebneten, eine Orientierung bieten sie uns heute daher keinesfalls. Die Definition des Freiheitsgedankens im

---

[62] Bundesministerium der Verteidigung (Hrsg.): *Grundgesetz für die Bundesrepublik Deutschland,* St. Augustin 1994, pp.6/7.

[63] RGSt., zitiert aus: Meyer-Cording, Ulrich: *Das literarische Portrait und die Freiheit der Kunst*, in: Juristenzeitung, 31. Jg.,Nr.23/24, 10.12.1976, p.739.

künstlerischen Bereich findet sich bei Mertner/Mainusch kompakter dargestellt:

„Weil das Kunstwerk nicht unter dem Diktat von Zwecken und Zwängen steht und somit auch die Freiheit des Lesers oder Betrachters unangetastet lässt, kann die Ästhetik verlangen, daß das Kunstwerk in seiner Wirkung auf die Gesellschaft nicht behindert wird." (Mertner/Mainusch, p.71)

Jedoch wird heute durch einige literarische Werke die Freiheit Dritter real eingeschränkt. Dies erfordert ein Handeln durch die Gesellschaft, deren Organ die Justiz sein sollte. Doch wie dies zu begrenzen ist, bleibt durch das Fehlen einer Definition des Begriffes Kunst und, wie bereits erläutert, auch des Begriffes Pornographie unerfüllt. Bisher ging man in der Rechtssprechung von einer Exklusivität von Kunst und Pornographie aus; es handele sich hierbei um zwei sich ausschließende Begriffe (Deblitz, p.75). Hierbei war der wesentliche Gesichtspunkt des Bundesverfassungsgerichts, dass künstlerische Betätigung eine schöpferische Gestaltung voraussetze, durch die „Eindrücke, Erfahrungen, Erlebnisse des Künstlers durch das Medium einer bestimmten Formensprache zur unmittelbaren Anschauung gebracht werden"[64]. Diese unklare Definition trifft allerdings auf beinahe alle Produkte des Menschen zu. Wo sind also die Schnittstellen von Kunst und Pornographie/erotischer Literatur zu suchen?

1990 stellte das Bundesverfassungsgericht fest, dass pornographische Machwerke im Sinne des § 184 StGB durchaus Kunstcharakter besitzen können. Kunst liegt demnach bereits dann vor, wenn „bestimmte Gattungsanforderungen eines bestimmten Werktyps der Kunst"[65] (z.B. Gedicht, Erzählung, Roman, Gemälde usw.) erfüllt sind. Pornographie kann laut Deblitz folglich durchaus Kunst sein und von der gesetzlich garantierten Kunstfreiheit profitieren. Darüber hinaus schützt die Kunstfreiheit „nicht nur die eigentliche künstlerische Betätigung, den „Werkbereich" des künstlerischen Schaffens, sondern auch den „Wirkbereich", durch den der Öffentlichkeit Zugang zu dem Kunstwerk verschafft wird." (Deblitz, p.76). Die Autoren Liesching/von Münch[66] stellen für den Kunstcharakter eines pornographischen Werkes klar: „Soweit dieser gegenüber Belangen des Jugendschutzes überwiegt, bleibt für eine Strafbarkeit wegen der Verbreitung der in Rede stehenden Medien kein Raum mehr."[67] Der Zwiespalt zwischen Kunst und Jugendschutz wurde demnach in der Weise gelöst,

---

[64] BVerfGE 30, 173, (179); Mutzenbacher – Entscheidung vom 27.11.1990.
[65] BverfGE 67, 213,224 f.
[66] vgl. Fußnote Liesching/ Münch.
[67] vgl. BVerfGe 30,348;77,356;83,147; Dreher/Tröndle, StGB, §184 Rd.-Nr.11.

dass „ein Text, der als jugendgefährdend beurteilt wird, nicht indiziert werden kann, wenn er die Tatbestandsmerkmale des Kunstbegriffes im Urteil des BverfG[68] erfüllt, also als Kunst angesehen wird."[69] Natürlich rückt hier automatisch die Frage nahe, wer entscheiden kann, ob es sich bei einer Schrift um Kunst handelt oder nicht. Die Autoren Mertner/Mainusch plädieren hier für eine Lösung aus der literaturwissenschaftlichen Analyse heraus:

„Die Überprüfung eines bestimmten, aus ästhetischen oder moralischen Gründen umstrittenen literarischen Werkes mit Hilfe einer exakten sachlichen Analyse sollte also eine Entscheidung möglich machen, ob es einem Bereich zugeteilt werden muß, der nicht mehr als Kunst bezeichnet werden kann, oder nicht." (Mertner/Mainusch, p.76/77)

Hierbei machen sie allerdings deutlich, dass jede Definition immer nur Aspekte der Kunst aufdecken kann. Die Analyse von Literaturwissenschaftlern spielt bei der Indizierung eines Werkes real jedoch kaum eine Rolle. Das momentan wirksamste Gremium zur Unterdrückung pornographischer Schriften ist, wie bereits vorgestellt, die sogenannte Bundesprüfstelle für jugendgefährdende Schriften (BPjS). Die Kompetenz dieses Gremiums wird allerdings stark von Kritikern bemängelt, da die Sachkundigkeit und die Unparteiigkeit der Mitglieder keinen Prüfstellen untergeordnet ist; die Mitglieder in den Gremien aus den Bereichen Kunst, Literatur, Pädagogik etc. ehrenamtlich auf Vorschlag eingesetzt werden; sowie die Verfahren generell nicht öffentlich sind (wobei der/die Vorsitzende weiteren Personen die Anwesenheit gestatten kann). Laut einer Informationsbroschüre der BPjS ist bezüglich einer Unterscheidung der Begriffe Kunst und Pornographie ein Medium einer „werkgerechten Interpretation" (Info BPjS, p. 21) zu unterziehen. Hierbei gelten laut der BPjS der „künstlerische Wille des Urhebers", die „Gesamtkonzeption des Werkes" und die „einzelne Gestaltung" als Kriterien einer Begutachtung. Anders als in jeder anderen Sparte der Rechtswissenschaft wird hier jedoch nicht davon ausgegangen, dass man diese Behauptungen wissenschaftlich belegen müsste. Es wird angenommen, dass Minderjährige ein Werk durchaus anders verstehen können als Erwachsene. Studien mit Jugendlichen zur Wahrnehmung von literarischer Pornographie gibt es aber nicht. Als Leitmaxime der BPjS gilt: „Ist der Kunst der Vorrang einzuräumen, so ist eine Indizierung trotz Jugendgefährdung nicht zulässig. Überwiegt die

---

[68] Bundesverfassungsgericht.
[69] Bahle, Viktoria: *Zensur in der Literatur*, aufgerufen am 24.2.2003 unter www.censuriana.de/texte/literatur.htm.

Jugendgefährdung, so darf auch ein Kunstwerk indiziert werden." (Info BPjS, p.21). Interessant ist hierbei, wie die Mitglieder der Gremien dies allein und für alle Zeiten gültig bestimmen wollen, Gefährdung ist, was 12 Mitglieder eines willkürlich zusammengesetzten Gremiums zu einem Zeitpunkt X nicht als Kunst empfinden, dies wird äußerst unwissenschaftlich begründet:

„Die Entscheidungen der Bundesprüfstelle bei der Indizierung von Büchern mit erotischen Inhalt zeichnen sich durch absolute Gleichförmigkeit aus: Der Inhalt der Bücher wird mit teilweise ausführlichen Zitaten bestimmter „Stellen" wiedergegeben, woraus die Feststellung entnommen wird, dass das Buch geeignet sei, Kinder und Jugendliche „sozialethisch zu desorientieren". Formulierungen wie „reiner Dreck", „Schmutz", „Nihilismus" u.a. stellen einen fatalen Zusammenhang mit den Kunstkriterien der Reichsschrifttumskammer her. Häufig werden Zitate aus Büchern oder Interviews zitiert, ohne dass diese einen Bezug zu dem Inhalt der Bücher oder zu den konkreten Kriterien der Jugendgefährdung haben. Dabei werden fast ausschließlich Äußerungen konservativer Wissenschaftler, insbesondere Vertreter der katholischen Moraltheologie, wiedergegeben, so dass die Entscheidungen weitgehend von deren Weltbild geprägt scheinen."[70] (Peter, p.19)

So kam es aufgrund der unklaren Rechtslage und vor allem der Unkenntnis der verschiedenen Indizierungsinstitutionen einerseits zu willkürlichen und unverhältnismäßigen Maßnahmen von Strafverfolgungsbehörden und Gerichten gegen Verleger und Buchhändler, andererseits zu unverständlichen Entscheidungen durch die Spruchpraxis der Bundesprüfstelle für jugendgefährdende Schriften. Staatliche Eingriffe in die Literaturfreiheit setzen nicht nur ein dezidiertes literaturwissenschaftliches Hintergrundwissen voraus, sondern auch einen gesunden Menschenverstand, der die tatsächlichen sozialen Konsequenzen eines literarischen Werkes beurteilen kann; so sind Filme oder Videospiele sicherlich populärer und üben einen wichtigeren Einfluss auf Jugendliche aus (doch kennen die Mitglieder des Gremiums die neuesten Videospiele selbst wahrscheinlich nur durch willkürliche, oftmals falsch zugeordnete Ausschnitte gewaltgeladener Szenen aus Fernsehdokumentationen[71] und haben sie nie selbst gespielt). Folglich bildet

---

[70] Peter, Franz-Wilhelm: *Staatliche Eingriffe in die Literaturfreiheit*, Frankfurt, den 2.10.1986, herausgegeben von: Börsenverein des deutschen Buchhandels e.V.; Deutsche Akademie für Sprache und Dichtung, Deutscher Bibliotheksverband e.V., P.E.N. – Zentrum Bundesrepublik Deutschland, Verband Deutscher Schriftsteller in der IG Druck und Papier, p.19.

[71] So werden in Reportagen oftmals einschlägige „Gewaltspiele" wie *World of Warcraft* oder *Counterstrike* in Versionen präsentiert, die aktuell in Deutschland Jugendlichen gar nicht zugänglich sind, oder es werden Ausschnitte aus anderen

sich eine kleine, gesellschaftlich determinierte Gruppe ein Urteil über Beeinflussungstendenzen, die an der Wahrnehmung Jugendlicher nicht mehr aktiv teilhat, Mechanismen ihrer Urteilsbildung somit nicht nachvollziehen kann. Die Konsequenz für die öffentliche Diskussion um strittige literarische Werke stellt sich zum Teil grotesk dar. Hier sind aufsehenerregende „Fälle" von Indizierungen dieser Institution zu nennen: So unter anderem Felix Saltens *Josephine Mutzenbacher – Lebensgeschichte einer Wiener Dirne* und Henry Millers *Opus Pistorum*. Letztgenanntes Werk wurde beispielsweise im April 1986 Anlaß für eine von der Staatsanwaltschaft und vom Amtsgericht Darmstadt veranlassten Polizeiaktion (Peter, p.3) gegen die Bertelsmann-Buchgemeinschaft, bei der deren Räumlichkeiten nach einer Verlagsausgabe des Werkes untersucht worden (obwohl zur gleichen Zeit amüsanterweise noch eine weitere Ausgabe bei Rowohlt (Peter, p.13) erhältlich war). „Mehr als 700 Polizisten durchsuchten in einer bundesweit koordinierten Aktion fast 300 Läden der Buchclubs und beschlagnahmten die dort aufgefundenen wenigen Exemplare." (Peter, p.3). Wohlgemerkt, dies ist erst 20 Jahre her, eine ähnliche Aktion scheint angesichts der aktuellen Schwemme, wobei auch die *Geschichte der O* auf den Wühltischen der Bahnhöfe erhältlich ist, undenkbar. Aufgrund der immensen Popularität soll hier kurz auf Prozessmerkmale des Mutzenbacher-Skandals eingegangen werden, welche den juristischen Grundstein zur späteren Problemanalyse der ausgewählten Werke legen soll.

II.3.1.4. Der Fall Josephine Mutzenbacher

Die Fragestellung der Publikation des spektakulären Mutzenbacher-Romans, der Felix Salten (1869-1945) zugeschrieben wird, ist bis heute ungelöst. Salten, vor 1933 Präsident des österreichischen Pen-Clubs und Verfasser des Märchenbuchs *Bambi* (1926), verletzte durch sein Werk „im Tabu das Tabu"[72]. Er erzählt innerhalb des Genres des sozialkritischen Dirnenromans von der Lust an der Prostitution, die durch Minderjährige ausgeübt wird, und von der Selbstverständlichkeit des Inzests. Es wurde kurz nach seinem Erscheinen in Wien 1904/06 verboten (Riess, p.426).

Spielen, die u.a. frauenfeindliche bis leicht pornographische Aspekte aufweisen, ohne weitere Erläuterung im gleichen Kontext genannt. (hier z.B. Belege unter http://www.clipfish.de/player.php?videoid=NjI0NjI3fDE2MzcyOTk%3D zu Sendungen in der ARD oder ZDF, zuletzt aufrufen am 17.8.2009).

[72] Kramberg, H.K.: *Steckbrief Mutzenbacher*, in: (ungen. Verf.): *Josefine Mutzenbacher – Die Lebensgeschichte einer wienerischen Dirne, von ihr selbst erzählt*, Rowohlt: Hamburg 2002, p.6.

Nach der Revolution 1918 wurde es kurzzeitig wieder erlaubt, dann jedoch von den lokalen Polizeibehörden wiederholt eingezogen (Riess, p.426). Laut Riess richteten sich erste Verbote paradoxerweise gegen die „Autorin Mutzenbacher", da sie in der Vormerkung des Herausgebers als Erzählerin angekündigt wird. Deutlicher kann sich Unwissenheit nicht manifestieren, als in der Verwechslung von Autor und Erzähler. Es existieren mehrere Fortsetzungen, u.a. vom Wiener Journalist Willy Handelt, die dem literarischen Niveau des ursprünglichen Werkes jedoch nicht mehr entsprechen. Riess charakterisiert das Buch folgendermaßen:

„Das Mindeste, was man von der Mutzenbacher sagen muß: sie ist jugendgefährdend. (...) Denn sie beschreibt ja die Gefährdung der Jugend, der Wiener Jugend in den Mietskasernen der Proletarierviertel, die um die Mitte des vorigen Jahrhunderts mehr als nur gefährdet war." (Riess, p.426)

Aus dieser Perspektive wurde der Fall jedoch kaum gesehen. Nachdem der Roman 1982 zum ersten Mal von der Bundesprüfstelle indiziert wurde (vgl. Bahle), klagte der Rowohlt-Verlag daraufhin beim Oberverwaltungsgericht Münster, von dem die Indizierung 1985 allerdings wieder bestätigt wurde. Grund hierfür seien „Beschreibungen sexueller Handlungen von Kindern und Jugendlichen untereinander oder von Kindern mit Erwachsenen" (Bahle lt. Schütz, 1990, p.202) sowie das Fehlen der moralischen Einordnung im Rahmen des Geschehens, wodurch Kinder und Jugendliche im sozialethischen Bereich desorientiert werden könnten. Was wird nun aber tatsächlich beschrieben? Bleiben wir kurz bei dem Thema der kindlichen Sexualität: Die Protagonistin beschreibt sexuelle Zügellosigkeit, die auch unter Geschwisterkindern stattfindet, mit sehr einfacher Lexik und sicher nicht auf anregende Weise:

„Mizzi war so geil, dass sie wieder ihre Hand ausstreckte, und diesmal gab ihr ihr Bruder Poldi seinen Schwanz zu halten. Sie fuhr daran herum, Poldl war auch ganz aufgeregt, und auf einmal hatte sie den Schwanz zwischen ihre Lippen in den Mund genommen und begann daran zu saugen. Ferdl, der leer ausgegangen war, hielt es nicht mehr aus. Über den Kopf von Mizzi weg kroch er in das Bett zu seiner Schwester Anna, nahm ihren Kopf und stieß ihr seinen Schwanz in den Mund. So ließ sich´s nicht nur ruhig gefallen, es schien sie nur noch mehr aufzureizen, und ich schaute ihr zu, wie sie an dem Zapfen, der in ihrem Mund ein- und ausfuhr, leckte und schmatzte. So waren wir hier alle sieben auf einmal beschäftigt. Robert fuhr fort, mich langsam zu vögeln, und mir war es, als habe ich noch nie etwas gefühlt, das so gut war wie dieser dicke, heiße Schweif. Auf einmal wurde Roberts Schweifstoß heftiger und rascher, und plötzlich spürte ich mit Schrecken, dass ich mit etwas Nassem, heißem am Bauch übergossen wurde. Ich schrie auf. Aber Robert fuhr mich, emsig wetzend, an: „Sei stad, mir kommt´s jetzt." Ich wehrte mich und wollte weg. „Du tust mich ja anbrunzen." Er sagte: „Nein, ich tu spritzen – das muss sein." Danach war er fertig. Wir lösten uns alle voneinander, und alle waren über die Neuigkeit, dass Robert gespritzt hatte, ganz erstaunt: Robert versicherte uns, dass Ferdl, Franzl und Poldl noch zu klein seien und dass deshalb nur ein kleines Tröpferl erscheine, wenn´s ihnen kommt. Bis sie die Haare auf den Schwanz kriegen, würden sie auch so spritzen wie er."[73]

Eine Gruppe von Kindern, die offensichtlich weder über körperliche Reaktionen noch über moralische Konventionen aufgeklärt wurde, geht ihrem Verlangen nach, welches letztlich ein exzessives Doktorspiel darstellt; an sich harmlos, in seiner lapidaren sprachlichen Darstellungsweise jedoch schockierend. Es handelt sich um eine Darstellung pervertierten entdeckenden Lernens, die in dieser Weise jedoch im kontemporären Wien durchaus stattgefunden haben kann. In einem Kind würde diese Beschreibung sicher Abscheu auslösen, auch bei einem Jugendlichen, der Geschwister hat: Werden sie durch diese Schilderung aber in ihrem sozialethischen Werten grundlegend erschüttert?

Ihr Unbehagen wäre doch eher symptomatisch für eine reflektierte Auseinandersetzung, wahrscheinlicher ist auch eine Belustigung, da die Beschreibung surreal wirkt, ist es doch ein Sittengemälde, welches mit einem Abstand von einem Jahrhundert[74] wahrgenommen wird. Dazu gehört vor allem die wörtliche Rede, die zudem Elemente des Wienerischen enthält; das Werk ist somit, nebenbei erwähnt, auch von linguistischem Wert. Eine Nachahmung ist stark unwahrscheinlich, in dieser Unbefangenheit und Naivität würden sich Kinder nie zusammenfinden, dafür findet eine zu starke soziale Kontrolle statt, und gerade dieses Fehlen ist es ja, welches durch den Roman angeprangert wird. Die aktuell modernen Handyvideos, in denen Jugendliche geschlagen und sexuell erniedrigt werden, gehen m.E. nicht auf Romanlektüren zurück, sondern auf unverarbeitete visuelle Reize: Der rein kognitive Reiz, der hier aufgebaut wird, ist für den modernen Jugendlichen oder auch Kinder uninteressant, da das Wissen über körperliche Reaktionen vorhanden ist und Inzestgedanken nur äußerst selten in die Praxis umgesetzt werden. Die Visualität, die der pornographische Aspekt des Textes nur teilweise bietet, ist ohne Schwierigkeit umfang-

---

[73] ungen. Verfasser (Anm.: Salten, Felix): *Josefine Mutzenbacher – Die Lebensgeschichte einer wienerischen Dirne, von ihr selbst erzählt*, Rowohlt: Hamburg 2002, 16. Auflage, p.17-18.

[74] Oswald Wiener, der sich in der Rowohltausgabe zur Ädöologie des Wienerischen äußerte, formulierte zur Epochenproblematik Folgendes: „[...], vielleicht den einzigen sogenannten pornographischen roman eines deutschsprachigen autors, den man zur weltliteratur rechnen muss. über pornographie möchte ich nicht sprechen, weil die kategorie unserer zeit nicht mehr angehört.", p.165.

reicher im Internet zu haben, und wohl kaum einer der Jugendlichen würde behaupten, seine Störungen seien durch Lektüre ausgelöst worden. Leseprozesse lösen immer einen Verarbeitungsprozess aus, Bilder können stärker im Unterbewusstsein wirken[75]. Dieser Jugendschutz wird sträflich vernachlässigt, was den Rechtsanwalt Franz-Wilhelm Peter im Auftrag des Börsenvereins des Deutschen Buchhandels bereits 1986 zu folgendem Appell veranlasste, dem ich mich anschließen kann:

„Um Missdeutungen vorzubeugen: Der Börsenverein bejaht einen vernünftig gehandhabten Jugendschutz und hält deshalb in Extremfällen auch Totalverbote bestimmter Produkte für zulässig und notwendig. Dies gilt z.B. für Darstellungen von menschenverachtenden Grausamkeiten etwa in Videofilmen (zumal bewegte Bilder sicherlich andere Wirkungen nach sich ziehen als das geschriebene Wort), aber auch für Erzeugnisse, die den Krieg oder den Nationalsozialismus verherrlichen. [...] Jedoch ist bei allen Eingriffen in Hinblick auf die Bedeutung der Literaturfreiheit größte Zurückhaltung der zuständigen Instanzen zu fordern." (Peter, p.5-6)

Rowohlt klagte beim Bundesverfassungsgericht in Karlsruhe, welches feststellte, dass der Roman in der Tat nicht inhaltlich, sondern lediglich formal behandelt worden sei. Dennoch blieb er, ohne weitere Begründung, weiter auf dem Index. „Das Bundesverwaltungsgericht ging in seinem Urteil vom 3.3.1987 noch weiter und urteilte, daß der Jugendschutz Vorrang vor der Kunstfreiheit genieße." (Glaser, p.295). Glaser kritisiert an der Jurisprudenz um den Fall Mutzenbacher vor allem, dass das einzige, was zu untersuchen gewesen wäre, nämlich die reale Jugendgefährdung, nicht untersucht wurde:

„Die Jugendgefährdung basiert allein auf der richterlichen Vorstellung, daß bestimmte Texte, in denen obszöne und perverse Handlungen beschrieben werden, von Jugendlichen gelesen und für nachahmenswert gehalten werden könnten." (Glaser, p.296)

Für diese Vermutung gibt es allerdings kaum Grundlagen – allein durch die schwache Nachfrage Jugendlicher nach einem inmitten von Klassikern ausliegenden Buch dürfte diese Annahme falsch sein. Laut Glaser ist eher

---

[75] Jugendliche sind durch die gestiegene Mediennutzung Bildern stärker zugänglich: „Bilder vermögen es, viel stärkere Emotionen auszulösen als purer Text, dies ist schon lange kein Geheimnis mehr. Mit hoher Emotionalität gehen jedoch auch eine größere Identifikation mit den handelnden Personen, eine höhere Aufmerksamkeit und damit verbunden eine höhere Informationsverarbeitung und -speicherung einher.", Simon, Jeannine: *Die Wirkung von Bildern in den Medien*, aufgerufen am 22.08.2007 unter http://www.lehrer-online.de/dyn/9.asp?url=393200.htm.

die Frage danach, ob die Verurteilung des Werkes mit dem scheinbar geringen Niveau im Zusammenhang stehen darf, von Belang:

„Es stellt sich nicht die Frage, ob die [...] *Mutzenbacher* pornographisch, unsittlich oder jugendgefährdend ist. Denn das ist sie gewiss, wenngleich in geringeren Ausmaß als die Werke Sades, Genets oder Millers. Gefragt ist vielmehr, ob sie indiziert, zensuriert oder schlicht unterdrückt werden darf, weil ihre künstlerische Qualität geringer ist als die anderer Werke, die möglicherweise obszöner sind." (Glaser, p.297)

Wenn auch unklar bleibt, warum die *Mutzenbacher* weniger „unsittlich" sein sollte als Henry Miller, so ist Glaser zuzustimmen, wenn er sich gegen eine Indizierung der *Mutzenbacher* aufgrund ihres niedrigen literarischen Niveaus ausspricht. Denn es bleibt umstritten, ob sie nicht vielleicht aufgrund dieser schlechten literarischen Qualität ein Zeitdokument, ein Sittengemälde, oder auch schlicht ein schwer zu klassifizierendes Kunstwerk sein könnte, die laut der Prämisse der Kunstfreiheit nicht indiziert werden darf. Interessant für eine Betrachtung der möglichen Verurteilungskriterien einer Schrift ist auch der von Glaser zitierte Katalog des Gutachters Mainuschs, nach dem jeder Roman einwandfrei als pornographisch „entlarvt" werden kann und welchen die *Mutzenbacher* erfülle. Hierbei nennt er:

„1. Die unsichere Verfasserschaft;
2. Pornographien als Bekenntnisbücher
3. Fallenlassen von Figuren: die von der betreffenden Figur vertretene sexuelle Variante hat sich erschöpft
4. Kein Wechsel der Gefühlslage: es gibt gleichsam nur eine einzige Sensation die ganze Schrift hindurch
5. Die Gesellschaft wird nicht dargestellt: zum ʹHurenmilieuʹ gehört auch der Reflex des Umfeldes dieses Milieus;
6. Glückszwang: Verbot des Ausdrucks des Leidens, Nähe zur faschistischen Literatur;
7. Propagierung des Natürlichen
8. Didaktisches Element: Lob der Prostitution." (Glaser, p.299)

Das diese Kriterien ebenso auf andere Werke der Weltliteratur, nicht nur der erotischen, zutreffen, liegt auf der Hand. Zusammenfassend lässt sich bemerken, dass der Mutzenbacher-Streit in der Bundesrepublik sehr deutlich die Gefahren von Klassifizierungen aufweist: die Unterdrückung des Buches hat vielleicht auch erst den Bekanntheitsgrad ausgemacht. Aktuell ist das Werk wieder erhältlich, erscheint als Taschenbuchausgabe bei Rowohlt. Es gilt in der Forschung als Sittengemälde des Wien um 1900 und liegt von Zeit zu Zeit offen im Buchhandel neben aktuellen Erscheinungen aus.

Was bleibt, ist die Lächerlichkeit der Zensoren, dessen sollte sich jeder Kritiker bewusst sein, wenn er sich mit Neuerscheinungen befasst, gerade, wenn sie aktuelle Reizthemen betreffen. Durch den Fall um *Josefine Mutzenbacher* wird deutlich, dass Zensur innerhalb eines Genres, dessen Begrifflichkeit nicht klar definiert werden kann, unter allen Umständen verhindert werden muss. Literatur stellt ein sicher diskussionswürdiges Medium dar, doch hat die Geschichte der Zensur gezeigt, dass es sich ausnahmslos immer um Fehlentscheidungen gehandelt hat.

II.3.2. Die strafrechtliche Situation in Frankreich

Die Diskussion um die rechtlichen Grundlagen erotischer/pornographischer Literatur ist auch in Frankreich nach wie vor von großer Aktualität und befasst sich mit den gleichen Ambivalenzen, was den Kunstbegriff, den Jugendschutz und die Sittengefährdung angeht. Nehmen wir ein Beispiel, welches eines unserer Werke betrifft. Nach dem Skandal um Nicholas Jones-Gorlins *Rose Bonbon* der *Rentrée 2002* wurde nun der Verleger des Romanciers Louis Skorecki (*Il entrerait dans la légende*), Léo Scheer, aufgrund von « diffusion de message pornographique susceptible d´être vu par un mineur »[76] zu 75000 Euro Geldstrafe verurteilt. Scheer weigerte sich zuächst zu zahlen: « 75000 euros est une somme supérieure à ce que coûte le livre et à ce qu´il peut rapporter. N´importe quel roman est attaquable. C´est pour cela qu´il faut modifier le code pénal pour les œuvres de fiction » (vgl. Salles, p.2). In der Tat stand die von Scheer geforderte *exception littéraire* im Gegensatz zu der „neuen" Fassung des *Code pénal*, Artikel 227-22,24,25 in dem 1993 der alte Paragraph (Code pénal v. 1992: Art.227-23,24 bezüglich des Verstoßes gegen die guten Sitten (*outrage aux bonnes mœurs*)) gegen folgenden, ebenfalls unklaren Text ausgetauscht wurde:

« Le fait soit de fabriquer, de transporter, de diffuser par quelque moyen que ce soit et quel qu´en soit le support un message à caractère violent ou pornographique ou de nature à porter gravement atteinte à la dignité humaine, soit de faire commerce d´un tel message, est puni de trois ans d´emprisonnement et de 75000 euros d´amende lorsque ce message est susceptible d´être vu ou perçu par un mineur. »[77]

---

[76] Salles, Alain : *Mobilisation contre la censure littéraire*, in: Le Monde, (supplément *Le monde des livres*) 4 avril 2003, 59ᵉ année, no.18100, p.2.
[77] aus: *Code pénal Édition 2003*, Centième Édition, Éditions Dalloz : Paris 2003, p.525.

Der damalige französische Kulturminister, Jean-Jacques Aillagon[78], plante, der Regierung einen Änderungsvorschlag zu unterbreiten, nach dem die entsprechenden Stellen daraufhin zu prüfen sind, ob erotische Schriften, welche als *œuvre de fiction* nicht ursächlich auf ein minderjähriges Publikum ausgerichtet sind, nicht unabhängig dieser Gesetzesgrundlage zu beurteilen sind (Salles, 2003). Dies würde bedeuten, dass sich tatsächlich ein sachkundiges Gremium zusammensetzen müsste, eine Idee, die der deutschen Bundesprüfstelle für jugendgefährdende Schriften gleicht. Die Begrifflichkeit „quel qu´en soit le support" schließt den Bereich der Literatur ein und negiert, dass ausnahmslos jeder Romantext auf dem Begriff der Fiktion basiert, mehr noch: Selbst Versuche, sich der Fiktion zu entledigen, haben Fiktionalität zum Ergebnis. Die Tätigkeit des Schreibens setzt eine Autonomie des Produkts voraus. Scheer wird in seinem Anliegen einer *exception littéraire* von mehreren französischen Verlegern und Autoren unterstützt; ebenso weist die *Ligue des droits de l´homme* auf die Gefährlichkeit des Urteils im Falle Scheers hin, da es Fiktion und Realität bedingungslos miteinander verbinden würde (vgl. Salles, 2003) und so eine gerechte Beurteilung unmöglich mache. Es war übrigens der heutige Präsident Frankreichs, Nicholas Sarkozy, der 2002 erstmalig entschied, das Werk nicht zu verbieten:

« Le ministre de l´intérieur, Nicholas Sarkozy, a finalément décidé de ne pas interdire la vente aux mineurs du roman de Nicholas Jones-Gorlin, Rose bonbon, paru chez Gallimard. Dans une lettre adressé, vendredi 11 octobre, à Antoine Gallimard, il indique : „Je reconnais que le livre de M. Jones-Gorlin ne constitue ni une incitation explicite à la pédophilie, ni même une apologie de ces pratiques. »[79]

Im gleichen Atemzug schränkt er dieses Bekenntnis jedoch wieder ein: « Il demande cependant « de n´exposer et de ne vendre [le livre] qu´avec la plus grande circonspection » et en appelle à «la responsibilité des libraires ». » (Salles, 2002). Das Werk blieb in Frankreich erhältlich, doch der Streit um Fiktion und Realität, um Erotik und Pornographie schwelt weiter. Um diese Diskussion um einen literarischen Skandal besser zu begreifen, ist ein Blick in die Geschichte von staatlichen Eingriffen in die Literaturfreiheit in Frankreich, ohne die aktuelle Indizierungen oder Empörungen um „skandalöse" Werke nicht richtig einzuordnen sind, nötig.

---

[78] 2002-2004 im Amt.
[79] Salles Alain: *Le ministre de l´intérieur, Nicholas Sarkozy, décide de ne pas interdire le roman « Rose bonbon »*, in: Le Monde édition internationale, sélection hebdomadaire, 25.10.2002, p.14.

II.3.2.1. Geschichtliche Grundlagen

Die folgende Darstellung soll, ohne den Anspruch auf Vollständigkeit zu erheben, einige Eckdaten und Prozesse nennen, welche zum Verständnis der aktuellen Rechtssituation notwendig sind.

Im Mittelalter hatte in Frankreich quasi keine Zensur stattgefunden, es kam, im Vergleich zu anderen Epochen, eher selten zu Skandalen um erotische Manuskripte: « Les censeurs ne s´alarmaient pas si les auteurs parlaient un peu trop hardiment des plaisir des sens. »[80]. Um 1480, kurz nach der Erfindung des Buchdrucks, wurde durch die königliche Macht ein sogenanntes *privilège* eingeführt, durch welches der Verkauf von gedruckten Werken entweder durch die *chancellerie*, das *parlement* oder die Feldgendarmerie von Paris genehmigt werden musste[81]. Durch den schon genannten Fall François Rabelais, welcher durch die Sorbonne 1535 sein Werk *Pantagruel* dem Vorwurf der Obszönität ausgesetzt sah, wurden erstmals zwei Notwendigkeiten für Autoren erotischer/pornographischer Literatur sichtbar: Zum einen die Flucht in Anonymität und zum anderen das Bewusstsein zu allgemeiner Vorsicht bei der Verbreitung von Schriften sexuellen Inhalts. Blieb die Repression dieser Art von Literatur bis Anfang des 17. Jahrhundert größtenteils auf Kirchen- und Obrigkeitskritik beschränkt[82], so erlebte sie 1623 durch den Prozess gegen Théophile de Viau (basierend auf dessen Werk *Le Parnasse satyrique*, für welches er zunächst zum Feuertod verurteilt, dann aber, als er seine Urheberschaft bestritt, freigesprochen wurde[83]) die endgültige Spaltung in eine öffentliche, zensierte und in eine heimliche, freiere Literatur. Durch die so provozierte Atmosphäre der Angst verlagerten sich Verleger in die Niederlande: « Dans la logique d´un tel mécanisme, il n´y avait aucun sens à soumettre à l´examen du censeur les ouvrages qui, diffamatoires, pornographiques ou délibérément athées, étaient sûrs de ne se voir accorder aucun privilège. »[84]. Im 18. Jahrhundert hing die Dauer einer Verhaftung vor allem von Beziehungen zu einflussreichen Personen ab. Crébillon fils wurde so, durch den Einfluss

---

[80] Bougard, Roger G.: *Érotisme et amour physique dans la littérature française du XVIIe siècle*, Éditeur Gaston Lachurié : Paris 1986, p.9.
[81] Pauvert, Jean-Jacques: *La littérature érotique*, p.56.
[82] Gabriel-Robinet, Louis: *La censure*, Hachette : Paris 1965, p.21.
[83] Kopp, Robert (Hrsg.): Dictionnaire des œuvres érotiques, Édition Robert Laffont : Paris 2001, p.368.
[84] Abramovici, Jean-Christophe : *Le repérage du livre interdit au temps des Lumières*, in : Bailland, Bernard; de Gramont, Jérôme; Hüe, Denis (Hrsg.): *Censures et interdits* – Cahiers Diderot no. 9, Presses Universitaires de Rennes et Association Diderot: Rennes 1997, p.220.

der mächtigen Madame de Pompadour, Zensor erotischer Schriften, nachdem er selbst für die Publikation solcher im Gefängnis gesessen hatte[85]. Durch die französische Revolution wurde zum ersten Mal jede Form von Zensur abgeschafft; laut Artikel 11 der *Déclaration des droits de l'homme* vom 26. August 1789 werden « la libre communication des pensées et des opinons »[86] durch die Tatsache garantiert, dass jeder Bürger frei sprechen, schreiben und drucken darf. Allerdings sind bereits in der Formulierung erste Einschränkungen spürbar: « sauf à répondre de l'abus de cette liberté dans les cas déterminés par la loi » [87]. Im Laufe der Revolution wurde die Repression von Literatur wieder zum Instrument, mit dem man gegen unliebsame Personen vorgehen konnte: So beschuldigen sich besonders unter der *terreur* Romanciers gegenseitig, Feinde der Philosophie zu sein, und bewirkten so Verhaftungen, auch von Autoren erotischer Werke (Abramovici, 1997, p.240). Napoleon schränkte im *Code pénal* von 1810 durch den Artikel 283 den Besitz und Konsum von pornographischer Literatur ein; dies bildet noch heute die Basis des aktuell gültigen *Code pénal*. Mit seinen Verboten politischer Literatur traf er ebenso erotische Werke, die von diesen Autoren stammten. Nach dem Empire Napoleons wurde durch die *Charte* von 1814 im Artikel 8 die Pressefreiheit aufs Neue proklamiert: « Les Français ont le droit de publier et de faire imprimer leurs opinions, en se conformant aux lois qui répriment les abus de la presse » (Gabriel-Robinet, p.63). Durch eine *Ordonnance* vom 24. Oktober 1814 wurde erstmals eine Kommission von hauptamtlichen Zensoren eingerichtet, der u.a. auch Guizot angehörte. Ab 1818 ist die Autorisation des Königs wieder notwendige Grundlage zur Publikation von Zeitungen und Periodika. Die Restriktionen im 19. Jahrhundert sind geprägt durch fortwährende Modifikationen; 1835 konnte durch das *Attentat de Fieschi* die Zensur gegen den Artikel 7 der *Charte* von 1814 offiziell wieder eingeführt werden. Selbst die Revolution 1848 änderte hieran nichts: Zwei Kommissionen regelten fortan Publikationsfragen. Am 15. April 1871 kam es erneut zu einer kurzen Liberalisierung, jedoch wurden kurz darauf, ohne wirkliche Rechtsgrundlage, Bücher wieder indiziert. Dies kann im Übrigen als generell charakteristisch für die Praxis der Indizierung in Frankreich gelten – eher werden Indizierungen wieder aufgehoben, als dass das Gesetz sie von vornherein unterbunden hätte: « Le seul moyen découvert par les gouvernants pour se maintenir en place est d'user à l'égard de leurs

---

[85] Masson, Nicole: *Panorama de la littérature française*, Marabout: Aller 1990, p.294.
[86] *Déclaration des droits de l'homme et du citoyen 26 août 1789*, aus: *Déclarations des Droits de l'homme*, Imprimerie Nationale: Paris 1989.
[87] ebd.

adversaires des procédés qu'ils leur interdisaient d'employer [...]» (Gabriel-Robinet, p.94). 1881 wurden sogenannte *tribunaux correctionnels* eingesetzt, welche sich insbesondere mit der Verfolgung der Autoren pornographischer Werke auseinander zu setzen hatten. Nach dem Gesetz vom 29. Juli 1881 sind das Druckereiwesen und der Buchhandel frei, « sauf à commettre un délit bien précis: incitation au crime, aux chants séditieux, provocation des militaires à la déobéissance, atteinte à la paix, offenses au Président de la République, aux chefs d'État et ambassadeurs [...].» (Pauvert, *Littérature érotique*, p.99). Der Ausgang des I. Weltkriegs markiert eine erste Liberalisierung der staatlichen Zensur: Da sie den Grundrechten widerspricht, wird sie pro forma aufgehoben – dieser rechtslose Raum wird jedoch wenig später durch die Übernahme der alten Gegebenheiten wieder aufgelöst. Nach dem II. Weltkrieg verbesserte sich die Lage keineswegs. Für sein Vorwort zur *Histoire d'O* bekommt der Direktor der *Nouvelle Revue Française*, Jean Paulhan, Anfang August 1955 Besuch der Sittenpolizei, der sogenannten *brigade mondaine*, welche sich mangels Autor des Romans auf ihn beruft[88]. Der Verleger der Werke Sades, Jean-Jacques Pauvert, erlebt am 15. Dezember 1956 einen Prozess wegen der Verbreitung von Obszönitäten vor der XVII. *chambre correctionnelle* von Paris. Am 10. Januar 1958 wird zunächst die Konfiszierung und Zerstörung angeordnet, am 12. März wird dies jedoch wieder aufgehoben und die Werke Sades in die *Bibliothèque Nationale* überführt[89]. Erst seit den 60er Jahren, infolge der sogenannten „Sexuellen Revolution", wagt man es kaum noch, erotische Schriften anzuklagen – eine Ausnahme bildet jedoch auch hier wieder Literatur, die « à la fois immorale et démolatrice » (Abramovici, 1996, p. 9) wirkt (siehe den Skandal um *Éden, Éden, Éden* von Pierre Guyotot, 1970). Ähnlich der Rechtsgrundlagen des Strafgesetzbuches in Deutschland basiert der „alte" *Code pénal* vor allem auf den Schutz der Jugend und der allgemeinen Erhaltung der „guten Sitten". Die Nivellierung des *Code pénal* vom 1. März 1994 bedarf allerdings einiger Erläuterungen. Die Ambiguität der bereits zu Anfang zitierten Formulierung wurde am 1. Februar 1995 dahin nivelliert, als dass die zu verurteilende Anstachelung von Minderjährigen zur sexuellen Aktivität bewusst geschehen muss; d.h., dem Text muss nachgewiesen werden, dass er intentional auf Anreizung „unkeuschen Verhaltens" ausgelegt sein muss (Abramovici, 1996, p.10). Die Kriterien einer Beurteilung dieses Tatbe-

---

[88] Faligot, Roger; Kauffer, Rémi : *Porno Business*, Librairie Arthème Fayard: Paris 1987, p.28.

[89] Abramovici, Jean-Christophe: *Le livre interdit – De Thèophile de Vian à Sade*, Éditions Payot et Rivages: Paris 1996, pp.8-9.

standes bleiben nun auch hier schwierig – denn durch die Abstraktion von Fiktionalität kann dies bewusst nie erfüllt werden. Dies wäre nur durch eine generelle Technik zur Ergründung der Autorenintention möglich, die an sich schon ein bizarrer Gedanke ist. Der Verkauf von Pornographie in Sex-Shops ist von diesem Straftatbestand ausgeschlossen, da sie Jugendlichen aufgrund ihrer versteckten Lage (« rangés[...] dans les tiroirs ou derrière les rideaux » (Code pénal, p.525)) nicht direkt zugänglich ist. Die Immoralität der Pornographie wird durch den *Code pénal* genau eingegrenzt: Hierbei geht man davon aus, dass das erotische Kunstwerk den « instinct amoureux » (Code pénal, p.527) glorifiziert, die amouröse Geste gefällig schildert, wohingegen pornographische Werke die Liebesriten aus ihrem Gefühlszusammenhang reißen und lediglich Mechanismen und physiologische Gegebenheiten schildern, die noch dazu darauf abzielen, die Sitten zu untergraben, indem sie bewusst nur Devianzen schildern. Folgt man dieser Definition, so kann es kaum verwundern, dass die aktuell erscheinenden Romane in dieses Raster von Pornographie fallen und sich Anklagen ausgesetzt sehen müssen. Verfassungsrechtlich gesehen ergibt sich jedoch ein ähnliches Dilemma wie in der deutschen Rechtsprechung. Die Freiheit der Meinungsäußerung und der Kommunikation sind demnach Teil der Freiheitsgarantie innerhalb des französischen *Droit constitutionnel*. Dabei wird die *liberté de pensée* durch die *liberté d'expression* direkt erweitert[90]. Begründet wird dieser Anspruch durch die bereits erwähnte *Déclaration des droits de l'homme*, welche ihre Rechtsgültigkeit durch das heute immer noch gültige Gesetz vom 29. Juli 1881 erhielt, durch das die Freiheit des Buchdrucks unterstrichen wird. Dieser Aspekt ist von erstrangigem Charakter, denn die « liberté fondamentale d'autant plus précieuse que son existence est l'une des garanties essentielles du respect des autres droits et de la souveraineté nationale » (Code pénal, p.771, décision no.84-181 DC). Mit diesem Gedanken geht der freie Wille des Lesers und sein Recht auf Information einher. Pressefreiheit ist besonders in Frankreich ein Freiheitsrecht ersten Ranges und genießt daher ein privilegiertes Statut innerhalb der anderen Grundrechte auf Freiheit. Eine Hierarchie dieser Rechte bleibt jedoch auch in der Rechtsauffassung französischer Juristen undenkbar (Code pénal, p.773); bleibt doch die Notwendigkeit bestehen, alle Rechte gleichermaßen zu schützen. Die Grenzen werden genauestens gezogen: « Le statut constitutionnel privilégié de la liberté de la presse se manifeste en dernière analyse en ceci qu'elle est

---

[90] Favreu, Louis; Gaïa, Patrick; Ghevonatin, Richard; Mestre, Jean-Louis; Pfersman, Otto; Roux, André; Scoffoni, Guy: *Droit constitutionnel*; Éditions Dalloz: Paris 2001, p.770.

susceptible d´imprimer certaines limites au jeu d´autres libertés ou droits fondamentaux » (Code pénal, p.773). Wir kehren also zu der aus der Vorstellung der deutschen Rechtslage bekannten Misere zurück: Es gibt keine allgemeingültige Lösung, im Zweifel wird immer auf die Prüfung des Einzelfalles verwiesen. Und da gerade Tabuthemen von „jungen" Autoren von erotischen Schriften bevorzugt aufgegriffen werden, kann zur Zeit kaum mehr die Rede davon sein, dass « l´érotisme a cessé de scandaliser »[91], wie Pascal Pia in dem Vorwort des *Dictionnaire érotique* 1971 noch zu beobachten glaubte – diese Tendenz kann sich bei dieser Rechtsgrundlage nur noch verstärken. Die massiv auftretenden erotischen/pornographischen Werke fordern somit den Gesetzgeber, aber auch den einzelnen Bürger heraus, Pornographie in einen neuen gesellschaftlichen Kontext zu sehen – doch wie müsste dieser aussehen?

II.3.2.2. Kritische Reflexion

Zensur widersetzt sich immer dem Recht des Anderen. Laut Maxime Dury ist sie theoretisch nur dann akzeptabel, wenn unter außergewöhnlichen Bedingungen die Identität einer Nation sich in so großer Gefahr befindet, dass das französische *droit commun* umgangen werden muss, um das Allgemeinwohl zu garantieren[92]. Innerhalb der französischen Rechtssprechung ist der Einzelne immer im Konflikt mit seinem Statut als freier Mensch und seinen Pflichten gegenüber der Öffentlichkeit als *citoyen*:

« Ce en quoi le juriste ici ne fait pas que rejoindre l´opinion commune, il la dépasse radicalement: car pour lui, remettre en cause la censure, c´est d´abord remettre en cause la liberté – c´est-à-dire la Déclaration des droits de l´homme. » (Dury, p.18)

Dazu kommt, dass die Gesetzestexte Frankreichs ebenso keine genauen Angaben darüber machen, welchen Kriterien Pornographie unterliegt, wie die deutsche Rechtssprechung – ein zuständiger Richter sieht sich also in seiner Entscheidungsfindung sowohl in Bezug auf seine Verpflichtung gegenüber dem Interesse des Staates als auch in seiner persönlichen Einschätzung und Applikation der entsprechenden Artikel gefangen. So bleibt es ihm selbst überlassen, wie er folgende Grundlage des Code pénals auffasst:

---

[91] Pia, Pascal: *Préface à l´édition de 1971*, in: Kopp, Robert (Hrsg.): *Dictionnaire des œuvres érotiques*, Éditions Robert Laffont: Paris 2001, p.7.
[92] Dury, Maxime: *Du droit à la métaphore: sur l´intérêt de la définition juridique de la censure*, in Ory, Pascal: *La censure en France à l´ère démocratique (1848-...)*, Éditions Complexe: Brüssel 1997, p.14.

« L'outrage aux bonnes mœurs [...] ne peut être défini par rapport à une morale religieuse ou philosophique; la distinction entre ce qui est permis et défendu doit être faite uniquement en fonction de l'état d'évolution des mœurs à une époque définie et dans un lieu déterminé. » (Code pénal, p.526)

Wer definiert aber den hier angesprochenen Zustand der Evolution einer Gesellschaft? Kann ein Einzelner überhaupt Tendenzen erkennen, welche zur Veränderung der „guten Sitten" führen? Interessant ist, das sich der französische Gesetzgeber hierüber bewusst zu sein scheint, denn ein Verstoß gegen die „guten Sitten" kann nach 20 Jahren wieder neu angefochten werden:

« Loi du 25 septembre 1946
La révision d'une condamnation prononcé pour outrages aux bonnes mœurs commis par la voie du livre pourra être demandée vingt ans après que le jugement sera devenu définitif. » (Code pénal, p.530)

Der Begriff selbst scheint also durchaus dehnbar zu sein. Auf Grundlage dieses Gesetzes wurde im Übrigen auch Charles Baudelaire posthum rehabilitiert und gilt heute als Hauptvertreter des französischen Symbolismus. Indizierung von literarischen Werken bewirkt automatisch eine Opposition zwischen Individuum und Gemeinschaft; indem literarische und künstlerische Werte anerkannt werden, riskiert man, die Rechte der Gemeinschaft zu untergraben und umgekehrt. Genau dieses wird durch den *pacte sur les droits civils et politiques*, Artikel 19, Aliena 3 verdeutlicht: Die Ausübung der freien Meinungsäußerung kann demnach « soumis à des restrictions nécessaires au respect des droits ou de la réputation d'autrui, ou à la sauvegarde de la sécurité nationale, de l'ordre public, de la santé ou de la moralité publique » (Guyenot, p.149) sein.

Woher kommt aber die Einsicht, Literatur „zwangweise" einzuschränken? Der *Code pénal* sieht hier wieder den ambivalenten Begriff des « valeur littéraire » (Code pénal, p.527) als Grundlage einer Beurteilung: Ist dieser gleich null und versucht der Autors des Werks lediglich, niedrigste Instinkte zu wecken, so muss der Staat eingreifen. Laut dem *Code pénal* gelten nur wenige Kriterien (Code pénal, p.528), sexuelle Devianzen legal darzustellen: Erstens kann eine solche Darstellung zur Reflexion über unbekannte oder unverständliche Sachverhalte einladen. Zweitens kann es notwendig sein, die Öffentlichkeit über Begrifflichkeiten aufzuklären. Hierbei wird aber zwischen notwendigen und nicht notwendigen Demonstrationen unterschieden, wobei letztere unter Beachtung die Menschenwürde zu erfolgen haben, um ihre Existenz zu legitimieren. Dies kann aber nicht geschehen, ohne zumindest drei Kriterien von erotischer Literatur zu erfüllen[93]: Die Darstellung von bestimmten sexuellen Spielarten muss automatisch auch gegen die „guten Sitten" verstoßen, sonst wäre es ohne jegliches Interesse, sie (z.T. provokativ) darzustellen. Auch eine objektive Darstellung könnte bereits diese Kriterien erfüllen. Und durch die Einarbeitung von sadomasochistischen Gewaltszenen in ein Portrait des Prostituiertenmilieus müssen ebenso Prinzipien der Sozialmoral aufgerüttelt werden, von der Unmöglichkeit eines Umgehens vulgären Vokabulars bei der Prämisse einer realistischen Darstellung ganz zu schweigen.

Wie soll man nun aber diese Werke einordnen können? Laut dem deutschen Bundesverfassungsgericht kann keinem der kollidierenden Interessenlagen des Jugendschutzes einerseits und der Kunstfreiheit andererseits von vorneherein Vorrang gewährt werden, so dass im Einzelfall tatsächlich eine Abwägung notwendig ist (vgl.Liesching/Münch p.39) und kein anderes Mittel zur Verfügung steht (BVerfGE 83,139 (143)). Es gilt also, für eine literaturwissenschaftliche Grundlage bei der Beurteilung „schwieriger" Werke zu plädieren – diese müsste idealerweise von einem Gremium von unabhängigen Wissenschaftlern eingeholt werden – doch wann? Vor dem Erscheinen eines Buches? Wer würde dann bestimmen, welches Buch vor der Publikation betrachtet werden soll? Es scheint so, als ob die zum Teil bewusst von den Autoren provozierten Skandale automatisch zu einer Kurzindizierung führen müssten, wenn sie im Rahmen der geltenden Rechtsprechung gerecht beurteilt werden sollen. Dies scheint auch im Interesse der Autoren zu liegen – das Risiko liegt vielmehr beim Verleger, der mit kurzzeitigen, hohen Ausfällen rechnen muss.

Eine andere Perspektive zum Umgang mit Zensur in der Literatur ergibt sich erst aus der Analyse der genannten aktuellen Publikationen im dritten Teil dieser Arbeit. Bevor die Werke allerdings analysiert werden können, muss abseits der rechtlichen Bedeutung kurz auf die literarische Tradition erotischer Literatur in Frankreich eingegangen werden, ohne die diese aktuelle Entwicklungen in dieser Literatursparte nicht zu begreifen ist.

---

[93] Vier Grundkriterien laut Pauvert, Jean-Jacques : *La littérature érotique*, Flammarion : Paris 2000, p.9:
1) outrage aux bonnes mœurs
2) l´intention évidente d´exciter les passions sexuelles
3) nie les principes fondamentaux de la morale sociale, familiale ou individuelle (dieser Punkt wird aufgrund der Unmöglichkeit, den Begriff Moral allgemeingültig zu definieren, in meiner anschließenden Vorgehensweise zur Einordnung der fünf Werke ausgespart)
4) langage, tableau, descriptions obscènes

II.4. Zur Geschichte der Verfolgung von erotischer Literatur in Frankreich – Darstellung an ausgewählten Beispielen

II.4.1. Von Rabelais bis Houellebecq

Was ist französischsprachige erotische Literatur? Folgt man den gängigen Klischees, so gilt Frankreich, und im besonderen Paris, den übrigen Europäern bis heute als ein Inbegriff der Sünde und Lasterhaftigkeit: «La position de la France comme pays de l´amour (écrit ou non) est bien installée.» (Pauvert, Littératue érotique, p.71). Nicht umsonst spielt beispielsweise Henry Millers *Opus Pistorum* in Paris, und es ist nicht zuletzt auf die Blüte erotischer Literatur im 18. Jahrhundert zurückzuführen, dass den Franzosen dieses Image weiter anhaftet: «Il était une fois un peuple, favorisé par la nature et l´histoire, qui avait découvert le plaisir rapide de vivre, et, mieux, de pouvoir le dire. On appelle cet évènement improbable le XVIIIe siècle français.» (Vgl. Sollers). Paul Englisch sah in der zunehmenden Dekadenz der Gesellschaft unter Louis XV und Louis XVI den Grundauslöser dieses Phänomens[94]. Doch erotische Literatur, und im unserem speziellen Interesse ihre Verfolgung, blickt in Frankreich auf eine längere Tradition zurück, sie ist nicht allein im 18. Jahrhundert anzusiedeln. Erotik spielte bereits im Mittelalter, besonders für die *amour courtois* (siehe Guillaume IX d´Aquitaine) eine entscheidende Rolle. «La littérature du moyen âge abonde en gaillardises qui ne choquaient ni la société à laquelle elles s´adressaient, ni les clercs qui nous en ont laissé des copies manuscrites»[95] In diesem Zusammenhang soll allerdings nur die neufranzösische Literatur kurz umrissen werden. Bereits unter Francois I., unter dessen Herrschaft Französisch 1539 offizielle Landes- und Amtssprache wurde, setzte die Sorbonne das Werk *Gargantua et Pantagruel* von François Rabelais (1494-1553) auf den Index. Es kann hierbei jedoch kaum von Pornographie gesprochen werden – die Sottisen und Farcen Rabelais´ bilden ein Sittenbild des Barocks par excellence und wirkten auf das zeitgenössische Publikum sicherlich nicht so derbe wie auf das heutige, welches Körperfunktionen sehr viel zurückhaltender eingestellt und mehr auf Hygiene bedacht ist als die Gesellschaft des XVI. Jahrhunderts. Später wurde es vom Parlament auf die sogenannte „schwarze Liste" gesetzt; nach

---

[94] Englisch, Paul: *Geschichte der erotischen Literatur*, Julius Püttmann: Stuttgart 1927, p.364 ff.
[95] Bougard, Roger G.: *Érotisme et amour physique dans la littérature française du XVIIe siècle*, Éditeur Gaston Lachurié : Paris 1986, p.9.

dem Tode François I. geriet es unter den Bann Heinrichs II. und wurde auch den Gläubigen in Italien und Spanien bis in die 70er Jahre des 20. Jahrhunderts hinein verboten (Riess, p.170). Nichtsdestotrotz wurden Erotika, wie bereits erwähnt, jedoch eher selten indiziert; es entwickelte sich bis ins 18. Jahrhundert eine wahre Fülle erotischer Werke, die von den *mémoires sécrets* über Satiren (deren Ziel der Klerus, der königliche Hof und insbesondere die einflussreichen Mätressen waren), Theaterstücke, Almanache der Pariser Dirnenwelt, Gedichtsammlungen, bis hin zu Tribadenromanen reichten.

„Die Einleitungen zu den Pornographien des 17. und 18. Jahrhunderts ließen meist durchblicken, daß es sich bei dem gebotenem Stoff um Kuriosa handelte, um etwas also, das den Rahmen des Gewohnten sprengte und deshalb eine gewisse unterhaltende Attraktivität besaß." (Maertner/Mainusch, p.124/125)

Erotika sollten unterhalten, zerstreuen. „Man bedarf des Zynischen, des Unnatürlichen, wenn die abgestumpften Sinne überhaupt noch reagieren sollen." (Englisch, p.405) Englisch charakterisiert den Umgang mit Pornographie folgendermaßen: „Solange der Skandal innerhalb der vier Mauern blieb, ließ man jeden nach seiner Fasson selig werden. Erst, wenn der Klatsch zu hohe Wellen warf, schritt die Polizei ein." (Englisch, p.423). So sind auch Zeugnisse über erotische Vereine erhalten, die ähnlich modernen Swingerclubs Gelegenheit zum Ausleben von Gelüsten verschiedener Natur (Homosexualität, Pädophilie, Sodomie etc.) boten. Die Bewegung des *Libertinage* innerhalb der Aufklärung ist von einem eleganten Erotismus geprägt, welcher aus den Autoren zur gleichen Zeit Philosophen macht. Wichtig ist hier zu bemerken, dass der *Libertinage* « n´est pas la simple pornographie, même si parfois la limite est floue. »[96] Die sogenannten *Libertins* nehmen eine fest verankerte Stellung in der Gesellschaft ein, halten der korrupten Gesellschaft mit ihrer Weigerung, sich moralischen Regeln zu beugen, ihren Spiegel vor. Es sei aufgrund der Fülle an Autoren (unter anderem Voltaire, Voisenon, Abbé Prévost, Laclos, de Couvray, Nerciat) nur kurz auf die Namen verwiesen, die direkte Skandale auslösten. So erhielt Crébillon der Jüngere (1707-1777) aufgrund des Werkes *Le sopha, conte moral* (1741) Befehl, Paris zu verlassen, da sich der König und sein Hof, gerade Richelieu, zu direkt dargestellt glaubte. Er durfte erst zurückkehren, nachdem er angegeben hatte, dass sein Roman nicht zur Veröffentlichung bestimmt gewesen sei. Das Sofa, auf welchem die Handlung des Romans stattfindet, fixiert hierbei die Grenzen des Guten

---

[96] Masson, Nicole: *Panorama de la littérature française*, Marabout: Aller 1990, p.293.

und des Bösen, wirkliche Liebe wird als Idealzustand gepriesen. Zwölf Jahre lang publizierte er nicht in Frankreich[97]. Der Verkauf eines anderen Werks Crébillons, *L'écumoire ou Tanzaï et Néardané, histoire japonaise* (1734) war zwar streng untersagt, jedoch dennoch erhältlich und infolge des Verbots nur noch populärer. Die Indizierungen der Werke des Marquis de Sade stehen allerdings ursächlich nicht nur im Zusammenhang mit der grenzüberschreitenden Themenwahl, sondern auch mit der juristischen Verfolgung Sades durch die Familie seiner Frau. Sade löst bis heute Kontroversen aus: Als 1954 der Verleger Jean-Jacques Pauvert begann, zum ersten Mal das Gesamtwerk unter Angabe eines Verlages zu drucken, wurde er sofort angeklagt (Marcuse, p.360/61). Sade verbrachte fast 40 Jahre seines Lebens im Gefängnis, was ihm allerdings erst die Gelegenheit und vielleicht auch den Anreiz zu seinen Schriften gab. Er gilt als „Entdecker" des Zusammenhangs zwischen Sexualität und Lust am Schmerz, einer Philosophie, die in seinen *120 journées de Sodom* bis hin zum Mord am misshandelten Opfer geht. Da beispielsweise aber dieses Werk erst nach seinem Tod entdeckt wurde, kann er dafür nicht verhaftet worden sein. Er wurde Opfer zahlreicher Intrigen, die z.T. auf Ausweitungen erotischer Stelldicheins (Rose-Keller-Affäre, Bonbon-Affäre in Marseille[98]) basierten oder auf Klagen seiner eigenen Familie. Napoleon, der ihm zunächst wohlgesonnen war, verfolgte ihn ebenso nach Erscheinen von derben Satiren (über Napoleon selbst und seinen Hof) – hier lag der Grund für Sades Verfolgung wiederum nicht in seiner Sittenlosigkeit, sondern in diesen Ausfällen gegenüber der Obrigkeit (Englisch, p.477). Doch setzte Sade durch sein Werk eine philosophisch-erotische Ordnung ein[99], welche die Passion trotz ihres zerstörerischen Charakters letztendlich organisiert darstellt[100]. Die Welt der Erotik sollte laut ihm vom Triumph des Lasters über die Tugend geprägt sein. Als prägnantestes Beispiel ist hier wohl *La philosophie dans le boudoir* zu nennen, in welchem sich ein offener Appell an die Lust und die komplette Negation der Liebe wiederfindet: « O filles

---

[97] Sgard, Jean: *Crébillon fils – le libertin moraliste*, Éditions Desjonquères, Paris: 2002.

[98] Hoffmann, Arne: *Lexikon des Sadomasochismus*, Lexikon Imprint Verlag: Berlin 2001, p.75.

[99] Sade entwickelte eine Reihenfolge von zu vollziehenden „Lasterhaftigkeiten", die nach genauen Regeln kombiniert wurden. Hinter dieser Ordnungsidee stand die strenge Sanktionierung von Regelwidrigkeiten, die den Leser in einen fantastischen Bann ziehen sollten.

[100] Robbe-Grillet, Alain: *L'ordre et son double (1967)*, in: Robbe-Grillet, Alian: *Le voyageur – Textes, causeries et entretiens (1947-2001)*, Christian Bourgeois Éditeur: Paris 2001.

voluptueuses, livrez-donc vos corps tant que vous le pourrez ! Foutez, divertissez-vous, voilà l'essentiel ; mais fuyez avec soin l'amour. »[101] Klarer kann der Vorläufer der Pornographie sich nicht darstellen. Sade entwickelte eine konträre Philosophie, welche zum einen freiheitliche Ideen wie die Entkriminalisierung der Homosexualität verfolgte (« Est-il possible d'être assez barbare pour oser condamner à mort un malheureux individu dont tout le crime est de ne pas avoir les mêmes goûts que vous ? » (Sade, p.202)), andererseits offen für Zwang und Folter plädierte, beispielsweise in seiner Verharmlosung pädophilen Inzests (« Celui qui a le droit de manger le fruit d'un arbre peut assurément le cueillir mûr et vert, suivant les inspirations de son goût. » (Sade, p. 195)). Sein Werk gilt heute unter seinen Anhängern, den *sadiens* (nicht etwa zu verwechseln mit dem deutschem Wort „Sadist"!), welchen unter anderem sein Biograph Gilbert Lély und sein heutiger Verleger Jean-Jacques Pauvert angehören, als wichtiger Teil der französischen Literatur. Sade, trotz aller Widersprüche, verkörpert par excellence das Diktum der Libertins:

« Le véritable libertinage n'est ni simple séduction, ni simple viol: il en appelle, beaucoup plus subtilement, à la conscience lucide et veut que l'autre se connaisse anfin d'être lui-même reconnu. Le libertin fait tout pour que sa proie confesse à la fois son trouble et sa disponibilité. »[102]

Wichtig ist in diesem Kontext die Überzeugung, dass ihre Macht über den anderen von Liebe geleitet wird, es handelt sich also um eine ambivalente Haltung, die sowohl gewagt gegen vorherrschende Moralvorstellungen als auch verwunderlich konservativ innerhalb der Emotionalität ist. Sein Antipode, Restif de la Brétonne, setzte ihm seine Streitschrift *L'Anti - Justine, ou les délices de l'amour* (1798) entgegen. Dieser hatte selbst wegen *Le paysan perverti ou les dangers de la ville* (1776) unter der Zensur zu leiden, die den Druck des Werkes um zwei Jahre verzögerte (Englisch, p.482). Er steht für erotische Literatur, welche sich im „proletarischen" Milieu der Zeit ansiedelt und die sich im Gegensatz zu de Sade auf die Suche nach der Glückseligkeit durch die Liebe beruft. Als Teil erotischer Literatur sind auch die *Confessions* (1781-1788) Jean-Jacques Rousseaus zu erwähnen, welche in der Episode mit seiner Erzieherin die Lust des

---

[101] D.A.F. de Sade: *La philosophie dans le boudoir*, Éditions La Musardine: Paris 1997, p.148.

[102] Jaton, Anne-Marie: *Libertinage féminin, libertinage dangereux*, in: Publications du centre d'études du roman et du romantique, Université de Picardie (Hg.): *Laclos et le libertinage (1782-1982 actes du colloque du bicentenaire des Liasions dangereuses)*, Presses Universitaires de France : Paris 1983, p.153.

Autors an masochistischen Szenen offenbart – in gewisser Hinsicht liegt hier der Ursprung der neueren Bekenntnisliteratur Catherine Millets und Nelly Arcans. Französischsprachige Erotika wurden zur Verdeckung ihrer Herkunft zumeist anonym und unter Angabe eines falschen Erscheinungsortes in England oder Holland herausgegeben. Die Jugend erhielt nahezu ungehindert Zugang, da Broschürenverkäufer und Buchhändler Ausstellungsfreiheit innehielten – Englisch verweist darauf, dass Sades *Justine et Juliette* öffentlich auslagen (Englisch, p.492). Mme de Pompadour unterhielt bereits eine umfangreiche Privatbibliothek und erotische sowie pornographische Literatur galten seit jeher als Teil des Kulturgutes, auch, wenn sie temporär verboten wurden. Heute werden die Hauptwerke der sogenannten „galanten Literatur" in der Pariser Nationalbibliothek und im Palais Bourbon in Paris aufbewahrt. Während der französischen Revolution erhielten erotische Werke antiroyalen Charakter – es erschien beispielsweise ein Werk namens *Fureurs utérines de Marie-Antionette, femme de Louis XVI.*, dessen Untertitel (*La mère en prescrira la lecture à sa fille*) sich der Marquis de Sade für sein Werk *La philosophie dans le boudoir* bediente[103]. Im 19. Jahrhundert herrschte weiterhin kein Mangel an erotischen Werken, jedoch wurden sie gegen Ende des *Second Empire* erstmalig als Pornographie bezeichnet. Die Auswirkungen der Lektüre von Romanen wurden im 19. Jahrhundert in der Öffentlichkeit in Bezug auf den physiologischen Rahmen gesehen – gerade Frauen schienen aufgrund ihrer höheren Sensibilität für emotionalisierte Darstellungen in diesen Bereich anfälliger zu sein – übermäßige Lektüre von Romanen war ebenso verrufen wie heutzutage exzessives Fernsehen, und besonders von erotischer Literatur schien eine latente Gefahr auszugehen. Die Popularität erotischer Romane ergibt sich somit gerade aus dem Ruf, körperliche Reaktionen (Ohnmachten, Masturbationen etc.) auszulösen. Jedoch zeichnete sich schon bald nach der Revolution ein Rückzug aus der Öffentlichkeit ab. Nach dem Sturz Napoleons reetablierte sich die nominelle Zensur hauptsächlich durch eine Eindämmung des Vertriebes. Durch Luxusausgaben und zunehmende Verfolgung stiegen die Preise für Erotika. Aufklärungsliteratur und Ehebruchstücke erschienen neben Werken von „galanten Schriftstellern" wie M. Prévost. In den Theatern und Bilddarstellungen kam es zu einer Nuditätswelle, während die Unterhaltungsliteratur ins „Pornographische" abdriftete. Auch finden sich gegen Ende des 19. Jahrhunderts Nachahmer des Marquis de Sade (dazu zählt unter anderem Toulotte). Von

---

[103] Pauvert, Jean-Jacques: *Présentation*, in: D.A.F. de Sade: La philosophie dans le boudoir, Éditions La Musardine: Paris 1997, p.10.

Bedeutung ist ebenso Pierre-Jean de Béranger (1780-1857), den Pamphlete gegen die Restauration ins Gefängnis brachten und dessen erotische Chansons gleichfalls verboten wurden[104]. Großes Aufsehen erregte *Les Diaboliques* von Jules-Amédée Barbey d´Aurevilly (1808-1889); dieses Werk wurde wegen Unzüchtigkeit und Gotteslästerung beschlagnahmt und 480 Exemplare (mit seinem Einverständnis) vernichtet. Beinahe jeder große Autor der Epoche beschäftigte sich mit Erotika und publizierte Eigenes: Hier sind Balzac, Joris Karl Huysmans, Musset, Gautier, Stendhal, Hugo und Maupassant zumindest zu nennen, Zola und Flaubert hervorzuheben, da sie sich wegen der „Obszönität" ihrer Romane vor Gericht zu verantworten hatten, jedoch freigesprochen wurden. Die Werke Verlaines wurden wegen ihrer Obszönität beschlagnahmt, aus Baudelaires *Les fleurs du mal* wurden sechs Gedichte von der *police correctionnelle* verurteilt und durften nicht weiter erscheinen. Die französischsprachige erotische Literatur erhält durch Baudelaire eine völlig neue Prägung: „Obszön erhielt einen neuen Zug: das Leiden, Orgasmus und Passion verschmolzen." (Marcuse, p. 149). Lust und Sexualität gehen nun mit Todessehnsucht und Selbstzerstörung einher. Interessant sind ebenso neue sexuelle Möglichkeiten, welche durch den Konsum von Drogen beschrieben werden. Erst das Gesetz vom 25. September 1946 rehabilitierte Baudelaire und ermöglichte das Erscheinen der sechs indizierten Gedichte[105] des Gedichtbandes. Doch nicht nur die Autoren, sondern ebenso die Verleger kamen mit dem Gesetz in Konflikt. Jules Gay wurde zu Geldstrafen und Gefängnis verurteilt, zu nennen sind hier ebenso Poulet-Malassis (u.a. Verleger de Sades), Lisieux und Kistemaeker in Brüssel, der nur reine Pornographie veröffentlichte. Die Tradition erotischer Literatur im Frankreich des 20. Jahrhunderts ist u.a. von Jean Genet geprägt, dessen homoerotische Werke von Gallimard gedruckt und regelmäßig von der Polizei beschlagnahmt wurden (Riess, p.488); allerdings auch von Autoren wie Raymond Radiguet (*Le Diable au corps,* 1923) und Colette (*Blé en herbe*, ebenfalls 1923). Die *Histoire d´O* (1954) ist besonders hervorzuheben; sie gilt als Beschreibung einer «progression lente et dosée vers l´esclavage et une sorte de rituel» (Kopp, p.218), die heute den Ruf eines klassischen Kunstwerks (Mertner/Mainusch, p.228) genießt. Laut der

---

[104] Kopp, Robert (Hrsg.): *Dictionnaire des œuvres érotiques – Domaine français*, ÉditionsRobert Laffont: Paris 2001, p.92.
[105] Née, Patrick: *1857: Le double procès de Madame Bovary et des Fleurs du Mal*, in: Ory, Pascal: *La censure en France à l´ère démocratique (1848-...)*, Éditions Complexe: Bruxelles 1997, pp.119-143.

amerikanischen Publizistin Susan Sontag[106] ist dieses Werk als Beweis dafür zu deuten, dass sich Kunst und Pornographie nicht gegenseitig ausschließen. « La pornographie a ainsi connu, en effet, une série de mutations radicals qui l'ont transformée elle-même et dont l'examen aidera à proposer une image de cet étrange objet. » (Lahaie). Nach Pauvert wurde die aktuelle erotische Literatur 1988 durch Benoîte Groult begründet, welche mit ihrem Werk *Les Vaisseaux du coeur* einen internationalen Bestseller erzielte. Alain Robbe-Grillet gilt in Deutschland als *der* französische Erotikschriftsteller, wobei er ein viel zu weites Spektrum an Themen, gerade im Bereich Geschichte, abdeckt, um hier wirklich „klassifiziert" werden zu können. Interessant in diesem Zusammenhang sind auch Veröffentlichungen aus dem Kreis von Minimalisten wie Marie Redonnet (*Rose Mélie Rose*, 1987), welche betont Vergewaltigungs- und Liebesszenen zur Bedeutungslosigkeit hin verkürzt, oder die z.t. autobiographischen Werke des Romanciers Georges-Arthur Goldschmidt (*Le Miroir quotidien*, 1981, *Un jardin en Allemagne*, 1986), in denen er, ähnlich wie Rousseau, masochistisch geprägte Sexualität von Kindern thematisiert. Ende der 90er Jahre setzte ein Boom von erotischen Veröffentlichungen ein, welche zudem bekenntnisähnlichen Charakter hatten. Allen voran sind hier Christine Angot und Catherine Cusset zu nennen. Angot, nicht nur durch ihr Werk *Sujet Angot*, setzt bewusst ihre Intimsphäre und die ihrer Familie in den Mittelpunkt ihrer Romane, sodass ihr eine Trennung von Fiktion und Realität, laut eigenen Angaben, nicht mehr möglich ist – diese Spiel wurde bei ihr zur Obsession: « Je n'en peux plus du sujet Angot. C'est devenue une souffrance. »[107] Cusset wiederum spielt insbesondere mit pornographischen Motiven; so findet man beispielsweise in ihrem Werk *Jouir (1997)* klassische pornographische Motive (wie Masturbationsszenen beim Konsum pornographischer Literatur) wieder[108]. Virginie Despentes, Regisseurin und Autorin, setze der sich neu entwickelnden Literaturrichtung durch ihr Werk *Baise-moi (1994)* die Gewaltebene hinzu; Michel Houellebecq schließlich läutete endgültig, bis über die Grenzen Frankreichs hinaus, einen sexuell akzentuierten, auf Konsens bedachten Realismus ein. Durch die extreme Mediatisierung seiner Person ist es nicht möglich, Thesen Houellebecqs und Thesen seiner Figuren zu trennen – er provozierte u.a. einen Skandal durch seinen Prozess, in dem ihm Aufstachelung zu religiösem Hass vorgeworfen wurde; ein Vorwurf, von dem

---

[106] Sontag, Susan: *Die pornographische Phantasie*, in: Akzente, Zeitschrift für Literatur, Heft 2, April 1968, p.78.
[107] Angot, Christine: *Sujet Angot*, Librairie Athème Fayard : Paris 1998, p.9.
[108] Cusset, Catherine: *Jouir*, Éditions Gallimard : Paris 1997, pp.74/75.

er jedoch freigesprochen wurde[109]. Catherine Millet, bis dato lediglich Kunstjournalistin, verstört 2001 durch ihr „sexuelles Leben" die Kritiker. Verkauft wird nunmehr nicht allein Literatur, sondern auch der eigene Name und die intimsten Details sexueller Vorlieben. Ist dies nun als Bruch innerhalb der erotischen Literaturtradition zu werten? Bougard definierte noch 1986 den Erotismus in der Literatur folgendermaßen:

«Dans la littérature, l´érotisme est avant tout celui des accouplements et de la jouissance. D´une part, la description des corps, des organes sexuels ou de l´accouplement, et d´autre part l´évocation du désir, du plaisir et de la volupté sont les éléments que l´on retrouve dans les œuvres érotiques.»[110]

In der nachfolgenden Analyse soll es darum gehen, auf der Suche nach der Evokation der Lust und des *plaisir* Belege zur Einordnung dieser Autoren zu finden. Stimmt der Vorwurf der Niveaulosigkeit? Ist Literatur in einem Zustand der Regression, wie es Michel Waldberg beschreibt?

«Tout se passe comme si la littérature était en état de régression. Comme si, après les fulgurances de la première moitié du XXe siècle, les experimentations, hasardeuses ou non, réussies ou pas, de l´après-guerre, elle s´était assagie, lénifiée, ne se proposant plus que de prévisbles motifs.»[111]

II.4.2. Perspektiven

Aus der europäischen französischsprachigen Erotikliteratur ergibt sich ein enormes Potenzial für moderne Schriftsteller, wird doch die Darstellung des Sexuellen zwangsläufig mit dieser Tradition in Verbindung gebracht. Durch die Parallelität zu anderen Medien modifiziert sich jedoch die Ausschließlichkeit der Verbreitung und Wahrnehmung. Stellte über Jahrhunderte hinweg das Buch den Auslöser von Skandalen dar, so verschwinden heute spannungsgeladene Publikationen oft im Nebel der Reiz- und Informationsüberflutung des Internets. Einige Wochen erscheinen Artikel zu den Themen in den wichtigsten Printmedien, jedoch nur bis zum neuen Skandal oder einem neuen Punkt des öffentlichen Interesses. So wurde durch die zeitintensive Recherche und die Beobachtung über mehrere Jahre während des Verfassens dieser Arbeit deutlich, dass sich das Interesse an

---

[109] Le Monde: *Poursuivi pour injure, Michel Houellebecq est relaxé*, Ausgabe vom 22.10.2002, aufgerufen am 23.10.2003 unter www.lemonde.fr/recherche_articleweb/1,9687,295252.

[110] Bougard, Roger S.: *Érotisme et amour physique dans la littérature française du XVII e siècle*, Éditeur Gaston Lachurié : Paris 1986.

[111] Waldberg, Miche l: *La parole putanisée*, SNELA la différence: Paris 2002, p.14.

diesem neuen Genre zunehmend legte, die Anzahl neuer Publikationen paradoxerweise aber anstieg. Es war zu beobachten, dass im Rahmen finanzieller Überlegungen zahlreiche themengleiche Werke erschienen, „Tatsachenberichte" von sexuellen Erlebnissen junger, frühreifer Mädchen stellen hierbei den Großteil dar, es gibt jedoch, und dies ist erstaunlich, kaum Neuerungen, sei es formal oder inhaltlich. Die ausgewählten Werke sind trotz der Distanz von drei, vier Jahren immer noch exemplarisch, auch, wenn sogar dieselben Autoren ein oder zwei weitere Romane vorgestellt haben. In der nachfolgenden Untersuchung wird dies besonders am Beispiel von Michel Houellebecq verdeutlicht. So soll durch die nun folgende Analyse auch vor allen Dingen die Grundlage für das Aufzeigen des Potentials dieses Genres untersucht werden: Was ist nach ihnen möglich, ist diese Literaturgattung erschöpft? Sind Rekurse denkbar? Doch zunächst zum aktuellen Stand.

III. Untersuchung aktueller Publikationen: Über die Möglichkeit von Emotionalisierungsstrategien erotischer und pornographischer Texte

Es ist wichtig zu bemerken, dass es sich bei meinen folgenden Überlegungen um Hypothesen handelt, die nie den Anspruch an Vollständigkeit, wie sie wissenschaftliche Expertise eigentlich verlangt, erfüllen können. Dies liegt in der Natur der von der Öffentlichkeit immer noch kontrovers empfundenen Thematik. Grundlage meiner Idee ist es, dass die im nun folgenden Teil zu untersuchenden Werke nicht nur ein literarisches, sondern in gleicher Weise ein soziologisches Phänomen innerhalb der französischen Öffentlichkeit widerspiegeln. Laut einer Studie der Studienleiterin am staatlichen *Centre National de la Recherche Scientifique* (CNRS), Janine Mossuz-Lavau, ist die „Sexuelle Revolution" in Frankreich tatsächlich ein großes Stück vorangekommen. Wenn auch ihre Arbeit auch nicht als tatsächlich repräsentativ für die Gesamtheit der Franzosen gelten kann, so ist sie doch symptomatisch für den veränderten Umgang der Franzosen mit Sexualität. Die in der Literatur beschriebenen Praktiken (Gruppensexualität, bisexuelle Erfahrungen, exzessive Fellation etc.) finden sich, in einer detaillierten Befragung von 140 Probanden aller sozialer Schichten, als eine normal empfundene Körperlichkeit wieder. Es wird jedoch von Mossuv-Lavau ebenso auf die Doppelmoral dieser neu gewonnen Freiheit hingewiesen:

„Es sei schon eine seltsam zerrissene Zeit, so der Tenor der französischen Presse: Einerseits schwelge die Gesellschaft im ultimativen Tabubruch, andererseits verurteile sie Belästigung am Arbeitsplatz oder Prostitution."[112]

Nimmt man diese natürliche Reaktion, wird deutlich, wie verfälscht eine jede Analyse der Emotionalisierungsstrategien von vornherein wäre. Dies bedeutet jedoch nicht, dass man die Hinweise auf mögliche Strategien nicht benennen und näher untersuchen kann. So weist die Soziologin explizit auf eine Kohärenz der neu auftretenden Häufung von Beschreibungen dieser Devianzen und der Realitätsnähe dieser Beschreibung von Gesellschaftsszenen hin: So bezieht sie sich eindeutig auf Autoren wie Houellebecq in ihrer Argumentation, dessen literarische Helden sie zwar als Minderheit

---

[112] Thimm, Katja: *Lust im Land der Liebe*, Der Spiegel Nr. 15 vom 08.04.2002, S. 220, aufgerufen am 22.05.2003 unter http://www.genios.de/cgi-n/websearch?SH=0a0a00006b6c3b071a52e018470cc2&F.

wahrnimmt, jedoch weder als besonders einmalig noch als skandalös empfindet. So meint sie lapidar: „Ich habe sie alle getroffen." (vgl.Thimm). Es bleibt an dieser Stelle zu unterstreichen, dass die traurige Verlorenheit und die pessimistische Grundstimmung der Literatur sich nicht in Mossuv-Lavaus Untersuchungen bestätigte: Im Gegenteil bezeugten die Befragten Selbstsicherheit und Abgeklärtheit im Umgang mit ihren sexuellen Praktiken.

Ist dies ein Hinweis auf die Trennung von Fiktion und Wirklichkeit? Soll Wahrheit dargestellt werden, führt es den Autor unbewusst zum Roman?

Es ist für die nachfolgende Untersuchung wichtig, beide Sachverhalte grundsätzlich als voneinander getrennt, aber auch auch als zusammenhängend und voneinander abhängig zu betrachten. Die aktuellen Publikationen scheinen nicht die Realität widerzuspiegeln, sondern darauf lediglich einen unklaren Anspruch, u.a. durch den Bezug auf autobiografische Hintergründe, zu erheben. Dennoch wäre diese Art von Literatur ohne den soziologischen Wandels in Frankreich undenkbar. Eine Klassifizierung in den Bereich der Pornographie, die auf den ersten Blick nahe liegt, erscheint ebenso schwierig, denn:

„Sofern die Medieninhalte Ausdruck der Erlebnisse und Erfahrungen des Künstlers sind, läßt sich das überwiegende oder ausschließliche Abzielen des Werks auf sexuelle Stimulanz des Rezipienten zumindest anzweifeln." (Liesching/Münch, p.38)

Ein Schluss lässt sich nur aus der Einzelanalyse ziehen: Wie realisieren die einzelnen Autoren die Emotionalisierung ihrer Texte? Ist eine Beurteilung dieser Prozesse, sei es beim Leser, sei es beim Autor, überhaupt möglich? Was kann durch die Rezeption der Werke, ihre Medialisierung erkannt werden? Aus diesem Grunde liegt der Fokus der Sekundärliteratur, den ich zur Untersuchung nutzen möchte, in Artikeln, Interviews und Reportagen.

Innerhalb der Trennung der Begriffe Erotik und Pornographie wurde bereits Emotion als eindeutig subjektiv und nicht messbar definiert. Der Versuch, Begierden oder Vorspiele sexueller Imagination zu fassen, wurde von A. Beilharz als gesellschaftlich determiniert definiert. Anders als bei anderen literarischen Gattungen wäre bei vorrangig das Sexuelle thematisierender Literatur jedoch eine umfangreiche, zeitaufwändige naturwissenschaftliche und soziologische Feldstudie nötig. Die Auswahl der Testpersonen, ihre Sozialisation, ihre Reifeprozesse während der Studie, ihr Alltag, all dies würde in den Leseprozess einwirken, sodass auch hier ein klares Erkennen von Normen der Emotionalisierung schwierig würde. Was unterscheidet die Untersuchung eines „sexuellen" Emotionalisierungsprozesses von anderen Leseprozessen, wie kriminalistischer Literatur oder stark metaphorischen Romanen?

Der Versuch, Emotionen greifbar zu machen, ist per se schwierig: Lektüre ist situativ, nicht jeder Leser nimmt Hinweise auf den Täter in einem Thriller wahr, nicht jede Farbe oder jedes vertiefte Wortfeld führt zu vergleichbaren Reaktionen beim Leser eines romantischen Trivialromans. Intendierte Stimmungen allenfalls können gelesen werden; so wäre es sehr unwahrscheinlich, beim Fehlen von positiven Verben/Adjektiven über lange Strecken hinweg einen lebensbejahenden Charakter eines Texts auszumachen. Undenkbar ist diese Reaktion jedoch trotzdem nicht, und genau in dieser nie belegbaren Resonanz des Lesers liegt der Punkt, der erotische Literatur/Pornographie besonders von anderer Literatur unterscheidet. Abscheu erzeugt bei manchem Leser Lust, Vulgarität beim anderen Leser erst Abscheu, dann Interesse, dann Angst – während des Lesens entwickeln sich Situationen imaginär weiter, verknüpfen sich an eigene Erkenntnisprozesse oder eigenes Erleben, und sind somit nicht greifbar. Metaphern wirken auf die Masse der Leser ähnlich. Liest man als Lehrkraft Gedichtinterpretationen von Schülern, so wird kaum ein Schüler in seinem Text eine glänzende, fette Spinne am verdorrten Ast als Boten des Frühlings entlarven – doch genau mit dieser verblüffenden Reaktion des Lesers erotischer Literatur muss man rechnen. Durch die eigene Sexualität wird das Individuum determiniert – Normen, an denen scheinbar jeder hängt, sind nicht vergleichbar allgemeingültig wie o.g. Beispiel. Es gibt keine sich ähnelnde Reaktion auf Wollust. Der Austausch von Gefühlen, gerade bei den von mir gewählten Themenbereichen, erfolgt ohne möglichen Nachweis im Verborgenen. Dies ist auch im Sinne Freuds, der als erster diese psychologische Verknüpfung des Kognitiven und des Sexuellen mit den Schlagworten Verdrängung und Neurose in Verbindung brachte, eine logische Konsequenz. In seinen Abhandlungen über Sexualtheorie legt er die Grundlage für das Erkennen sexueller Variationen, wie wir es heute nennen würden, dar. Er spricht seiner Zeit entsprechend von Perversionen, was uns hier nicht beirren soll:

„Bei dem Studium der Perversionen hat sich uns die Einsicht ergeben, daß der Sexualtrieb gegen gewisse seelische Mächte als Widerstände anzukämpfen hat, unter denen Scham und Ekel am deutlichsten hervorgetreten sind. Es ist die Vermutung gestattet, daß diese Mächte daran beteiligt sind, den Trieb innerhalb der als normal geltenden Schranken zu bannen (...)."[113]

---

[113] Freud, Sigmund: *Drei Abhandlungen zur Sexualtheorie. I Die sexuellen Abirrungen (1905)*, Reprint Fischer, Sigmund Freud Studienausgabe, Frankfurt/M 2000, p. 71.

Beim Lesen erotischer Literatur sind diese „Mächte" meiner Auffassung nach stärker aktiviert, die Autoren zielen auf sie, ohne genau zu wissen, was sie anpeilen. Denn neu an der aktuellen Strömung französischsprachiger, erotischer Literatur, wie ich im Anschluss an jedes Kapitel der Untersuchungen aufzeigen möchte, sind folgende Elemente:

Zum ersten stellt die Übermediatisierung des Subjekts und der sexuellen Akte eine Hemmung natürlicher Reaktionen dar. Diese Reizüberflutung macht es z.b. den Protagonisten unmöglich, eine unabhängige und autonome Auseinandersetzung mit den Geschehnissen zu erleben, Eigenaktivität findet nicht statt, alles ist Reaktion auf ein determiniertes Umfeld, in dessen Grenzen es sich zu positionieren gilt. Dadurch werden neue Aspekte der Selbstdefinition quasi ausgeblendet, die z.B. durch exzessive Phantasiereisen wie bei den teils erotisierenden Romanen der frz. Minimalistin Marie Redonnet[114] in den Achzigern noch zum Tragen kamen.

Zweitens stellt sich Sexualität nicht als treibender, befriedigender Teil des individuellen Lebens dar, sondern frustriert und langweilt vornehmlich.

Drittens verändert sich der Begriff der *Autofiction*: Autoren wie Arcan verlieren die Kontrolle über das Spiel mit dem „*pacte oxymorononique*" zwischen der Autobiographie und der Fiktion.

Viertens und letztens stehen nun Menschen, die schreiben oder lesen, auf andere Weise als im fiktiven Gespräch Sades mit seinen Lesern im Mittelpunkt: Leser schreiben im Blog auf der Homepage der Autoren, Lesungen dienen mehr denn je als Diskussionsforum, marktwirtschaftliche Belange stehen mehr als der intellektuelle Austausch, den es natürlich immer, auch ohne neue Medien, gab, im Mittelpunkt und sind Auslöser für die Weiterentwicklung (oder den Stillstand) der Autoren.

Der vornehmliche Anhaltspunkt meiner Untersuchung ist daher die Beschäftigung mit dem Außenbild und dem gewählten Fokus des jeweiligen Autoren; eine Möglichkeit zur Dekodierung ihrer Emotionalisierungsstrategie, deren einige sich meines Erachtens aufgrund starker psychischer Störungen nicht bewusst sind, liegt in ihrer PR, ihrer Vermarktungsstrategie. Hierin begründet sich, wie bereits erwähnt, auch die Schwerpunktlegung meiner Sekundärliteratur: Durch die Dokumentation der öffentlichen Diskussion in Artikeln werden solche Prozesse leichter fassbar, eine lückenlose Dokumentation des Forschungsstandes zu jedem Autor verdiente eine eigenständige Arbeit und ist nicht Anliegen dieser Arbeit. Vielmehr soll eine Strömung anhand einzelner Autoren so beobachtet werden,

---

[114] Vgl. hier u.a. Redonnet, Marie: *Rose Mélie Rose*, Minuit, Paris 1987.

dass eine vorläufige Vermutung (denn mehr kann es nicht sein, da die Entwicklung noch nicht abgeschlossen ist) über ihre Neuartigkeit formuliert werden kann. Dazu wird sich am Ende jeder Betrachtung eines Werks ein Rückgriff auf die Emotionalisierungsstrategie des Autors finden. Methodisch möchte ich hierbei bei Nicholas Jones-Gorlin zunächst textimmanent vorgehen. Andere Autoren, wie Catherine Millet und Nelly Arcan, bieten durch ihre autobiographisch gefärbten Texte die Möglichkeit, die Trennung zwischen Erzähler und Autor zu untersuchen. Virginie Despentes ist hierbei eine Sonderrolle einzuräumen. Abschließen möchte ich meine Untersuchung mit dem erfolgreichsten Autor der Szene, dessen Werk *Extension du domaine de la lutte* auch bereits bei Reclam als Schulausgabe existiert und der als einziger der fünf Autoren neben der sexuellen Ebene eine explizite philosophische Doktrin aufstellt.

III.1. Nicholas Jones-Gorlin: *Rose Bonbon* (2002)

III.1.1. Medizinische Definition des Begriffes Pädophilie: Krankheit oder Neigung?

Bevor man sich dem Text nähert und seine problematische Thematik innerhalb der literarischen Kunstform verortet, ist es zunächst notwendig, den Begriff Pädophilie für unsere Zwecke einzugrenzen.

Abseits einer moralischen Bewertung von Sexualkontakten zwischen Erwachsenen und Kindern ist es rein medizinisch gesehen so, dass zwischen der reinen Veranlagung und dem tatsächlich vollzogenen Missbrauch von Kindern unterschieden werden muss.[115] Diese Definition geht auf den Sexualexperten Prof. Dr. R. v. Krafft-Ebing, der den Begriff erstmals in seiner Schrift *Psychopathia sexualis* nannte, zurück und ist wissenschaftlich akzeptiert: Dennoch stützt er sich etymologisch eher auf den Aspekt der „Kinderliebe", heute wird eher von „Pädosexualität" gesprochen.[116]

Prof. Dr. Volker Faust nennt unter Berufung auf die ICD-10[117] der WHO folgende Klassifikation: Es handelt sich demzufolge um eine meist

---

[115] http://www.onmeda.de/sexualitaet_und_partnerschaft/lexikon_der_sexualitaet/paedophilie.html?p=5.
[116] Faust, Volker: *Psychiatrie heute: Seelische Störungen erkennen, verstehen, verhindern, behandeln*, aufgerufen am 27.2.06 unter http://www.psychosoziale-gesundheit.net/pdf/faust1_liebe.pdf.
[117] Die „Internationale statistische Klassifikation der Krankheiten und verwandter Gesundheitsprobleme"(ICD-10) wurde von der Weltgesundheitsorganisation (WHO)

männlich geprägte „stabile Störung der Sexualpräferenz", wobei jedoch das „subjektive Erleben des Betreffenden" (vgl. Faust) als ausschlaggebend für sein tatsächliches Verhalten gilt. Rein biologisch gesehen handelt es sich um ein „abweichendes Sexualverhalten, bei dem sexuelle Erregung und Befriedigung überwiegend oder ausschließlich durch sexuelle Handlungen mit Kindern unter 14 Jahren erreicht werden"[118]. Pädosexuelle sind nicht triebhafter als andere Menschen, Faust meint auch, dass es ihnen gleich Hetereosexuellen in aller Regel möglich ist, sich normativ zu verhalten. Er weist darauf hin, dass es, diagnostisch gesehen, Pädophile gibt, die niemals eine pädophile Straftat ins Auge fassen würden, da sie ihrer Neigung nicht nachgeben. Die Häufigkeit pädophiler Phantasien und Wünsche kann nicht empirisch sicher belegt werden, es muss hier von einer hohen Dunkelziffer ausgegangen werden, auch, weil diese sexuelle Devianz wohl mehr als andere mit einem gesellschaftlichen Tabu belegt ist und mehr als andere, von der Allgemeinheit akzeptiertere Veranlagungen wie beispielsweise dem Sadomasochismus einem Verdrängungsmechanismus unterliegt. Interessant für unsere spätere Betrachtung ist, dass sich Pädophile häufig auf ein Geschlecht konzentrieren, sich vernetzen (vgl. Dutroux-Affäre) und auch soweit gehen, ihre Neigung als gleichberechtigte Beziehungsmuster proklamieren zu wollen. Diese Grundideen werden sich in der literarischen Analyse wiederfinden, ebenso die problematische Evozierung des Begriffes „Liebe" innerhalb dieses Themas. Wichtig bleibt festzuhalten, dass Faust darauf hinweist, dass dies einen Fachmann nicht irritiere, da es zum Krankheitsbild gehöre. Dies sei eine breite Manifestation des psychodynamisch spannenden und im Alltag folgenschweren Narzißmus von Tätern, es handele sich um krankhafte Selbstverliebtheit, die keine Rücksicht kennt, was eigene Bedürfnisse anbelangt. Dieser Definition eines Krankheitsbildes möchte ich mich anschließen: Es handelt sich zweifelsohne um eine krankhafte sexuelle Devianz und kann auch dahingehend interpretiert werden, dass es sich um ein Ausweichverhalten von Menschen handelt, die

---

erstellt und im Auftrag des Bundesministeriums für Gesundheit vom DIMDI ins Deutsche übertragen und herausgegeben. Die Abkürzung ICD steht für "International Statistical Classification of Diseases and Related Health Problems", die Ziffer 10 bezeichnet die 10. Revision der Klassifikation. Die ICD-10 ist Teil der Familie der internationalen gesundheitsrelevanten Klassifikationen. In der Bundesrepublik Deutschland gibt es für die ICD-10 zwei wesentliche Einsatzbereiche: 1. Verschlüsselung von Todesursachen: ICD-10-WHO, 2. Verschlüsselung von Diagnosen in der ambulanten und stationären Versorgung: ICD-10-GM, aufgerufen am 23.08.2007 unter http://www.dimdi.de/static/de/klassi/diagnosen/icd10.

[118] Dressler, Stephan; Zink, Christoph: *Pschyrembel Wörterbuch Sexualität,* Walter de Gruyter, Berlin, New York: 2003, p.380.

Kontakte zu erwachsenen Partnern als unbefriedigend erlebten. Allerdings werden bislang Täter mit sexuellem Missbrauch nur in einer kleinen Minderheit als krank diagnostiziert und deshalb einer entsprechenden Therapie zugeführt (vgl. Faust). Denn gilt hier: „Eine Therapie pädophiler Neigungen im Sinn einer Veränderung der Orientierung ist aus heutiger Sicht nicht möglich; dagegen kann mittels Psychotherapie u. U. die Selbstkontrolle verbessert, die Konfliktverarbeitung erleichtert und der Befriedigungswert sexueller Kontakte mit Erwachsenen erhöht werden" (Pschyrembel, p.381).

Für unsere nachfolgende Untersuchung ist noch Folgendes relevant: Prof. Dr. H.L. Kröber thematisiert die Tatsache, dass Gelegenheitstäter therapierbar seien, „echte" Pädophile jedoch, auch nach Jahren, meist rückfällig würden. Die modernen Therapieansätze konzentrieren sich daher in ihrem Vorgehen auf die Erkenntnis der Patienten, dass zwar keine Schuldfähigkeit für die sexuellen Wünsche, wohl aber für das sexuelle Verhalten besteht: Der Kampf gegen die Neigung ist aufgrund neuronaler Verknüpfungen unmöglich[119], Impulse können lediglich kontrolliert werden.

Inwiefern werden diese medizinisch belegten Tatsachen nun literarisch umgesetzt?

III.1.2. Publikationsskandal

Am 16. Mai 2003 meldete die französische Tageszeitung *Le Monde* unter Berufung auf die *AFP*, dass es bezüglich des Werkes *Rose Bonbon* von Nicholas Jones-Gorlin keine weiteren juristischen Konsequenzen geben werde[120]. Der Roman Jones-Gorlins war nach seinem Erscheinen aufgrund der Tatsache, dass Pädosexualität nicht „objektiv" dargestellt werde, vom Markt genommen worden. Die zuständige Untersuchungskommission des *parquet de Paris* berief sich in ihrer Urteilsbegründung darauf, dass die Geschehnisse nicht ausreichend charakterisiert würden. Es handelt sich hierbei interessanterweise nicht nur um die Feststellung, dass allein ein direkt beschriebener sexueller Akt mit einem Kind ein pornographisches Werk ausgemacht hätte, sondern auch um die Manifestierung der Willkürlichkeit dieses Urteils: Denn wie leicht hätte sich bei einer anderen Sensibilität der Beobachter dieses Urteil ins Gegenteil umwandeln können. Zum Zeitpunkt der erneuten Veröffentlichung im Oktober 2002 lag dem Band noch eine erklärende Notiz bei, in welcher der Leser eine Grundeigenschaft des literarischen Genres Roman kundgetan wurde:

---

[119] Rathgeb, Eberhard: *Knoten im Kopf*, Frankfurter Allgemeine Zeitung, 5.03.2007, p.33.
[120] Le Monde, Vendredi 16 mai 2003, supplément *Le monde des Livres*: Pas de poursuites pour « Rose Bonbon », p.2, siehe hierzu auch Kapitel II.2.2.

« Rose Bonbon est une œuvre de fiction. Aucun rapprochement ne peut être fait entre le monologue d´un pédophile imaginaire et une apologie de la p´deophilie. C´est au lecteur de se faire une opinion sur ce livre, d´en conseiller ou d´en déconseiller la lecture, de l´aimer, de le détester, en toute liberté. »[121]

Allein die Tatsache, dass sich ein Verlag und ein Autor genötigt sehen, diese Grundvoraussetzungen zu erläutern, spiegeln die Unsicherheit der französischen Öffentlichkeit mit dem Phänomen wider. Diese Definition gilt für jede Literatur, ist quasi Grundvoraussetzung für Schreiben. Doch worum geht es inhaltlich in diesem Roman?

Kehren wir zunächst kurz zurück zu unserer Definition von Erotik und Pornographie: Wir hielten fest, dass sich reine Pornographie nur mit der perfekten Darstellung des sexuellen Aktes beschäftigt, ohne die Subjektivität der Figuren zu berühren. Darum geht es hier entschieden nicht.

Der Autor ist hier mit einem Werk konfrontiert, das deutlich mehr suggeriert, als es auf den ersten Blick scheint. Der Roman ähnelt anfangs auffällig der *Lolita* Nabukovs: Aus der Sichtweise des Protagonisten wird hier das Innenleben eines Pädophilen beschrieben, welcher sich seiner Lust hingibt und nach Kontaktanbändelung zur Mutter des Mädchens dieses schließlich ohne echt kriminelle Energie in einer Damentoilette belästigt. Es kommt zur Verhaftung, und der Leser begleitet den Protagonisten, welcher sich seiner potentiellen Straffälligkeit immer bewusst ist, auf seinem weiteren Weg in ein Wohnmobil in einer Waldgegend, in Anlehnung an den amerikanischen Vollzug im eigenen Wohnbereich. Jedoch kommt es im eigentlichen Sinne zu keinem sexuellen Kontakt vor der Inhaftierung, und hierin liegt das Widersprüchliche des Skandals um Jones-Gorlin: Während Humbert Humbert von der minderjährigen, aufreizenden Lolita geradezu verführt wird, kommt es bei *Rose Bonbon* trotz des detaillierten Wunsches, sich des Kindes sexuell zu bemächtigen, allenfalls zu einem kurzen Berühren, bei dem paradoxerweise auch noch die Mutter erscheint und ohnmächtig (geschlagen) wird. Sollte es sich hier noch um einen Pädophilen handeln, der seine sexuellen Sehnsüchte beherrsche und über seinen ersten Schritt in die Kriminalität erschrickt? Erst später wird der vollständige Übergang gewagt, unter Anleitung eines Mentors namens „le vieux", sprich eines alten, erfahrenen und finanziell sehr potenten Pädophilen, dessen Ziel es ist, die Pädophilie zu legalisieren. Hier spiegelt sich die im Vorfeld beschriebene reale Problematik: Der Protagonist gerät scheinbar in ein für ihn schwer zu durchschauendes Netzwerk und wird

---

[121] Jones-Gorlin, Nicholas: *Rose Bonbon*, Gallimard, Paris 2002, Supplément; i.F. Primärtext als JG abgekürzt).

Teil einer Ideologie. Sein neuer Mentor macht den Protagonisten zum Star Dany King, einem Playback-Sänger und führt auch den Leser in eine Welt, in der Pädophilie als Spielart sexueller Orientierung um eine Daseinsberechtigung kämpft. Und genau hier liegt der inhaltliche Kern des Werkes: Der Leser nähert sich schrittweise der Psyche des Protagonisten an, indem man ein umfassendes Psychogramm des Täters, der, wie später erläutert, auch Opfer ist, erhält. Man soll als Leser seine Beweggründe erfahren, mit ihm fühlen, ihn kennenlernen. Er handelt aus Not, hat keine andere Wahl, da der Drang, sein sexuelles Verlangen, die Macht über ihn gewinnt. Daher verzeiht man ihm, durch das sukzessive Erkennen des Teufelskreises, in dem er sich befindet. Nehme man nur diese eine Szene am Anfang.

« Encore un coup, la mère s′est définitivement effondrée à terre; Dorothée hurlait, hurlait maman, maman, et moi : arrête, arrête. Voilà comment ça s′est passé. C′était la première personne que je frappais. Avant que ça m′arrive, j′étais un type de moins de trente ans, qui faisait le VRP dans deux ou trois régions, et vivait dans un HLM, ni beau, ni moche, TV, hi-fi, des copains mais pas vraiment d′amis, avec une petite amie de temps en temps, tous les accessoires d′une vie normale, à peu près confortable, sans besoins surtout, dans une ville moyenne, et une certaine passion pour les gosses, mais sans passage à l′acte, sans rien, que de l′amour platonique en fait. » (JG, p.19-20)

Was ist an dieser Stelle geschehen? Ein Mensch, Simon, der es nicht wagt, seine Passion auszuleben, wagte den ersten Schritt in illegales Terrain und wurde entdeckt, beim grotesken Versuch, zur Luststeigerung in einer öffentlichen Toilette ein Kind beim Urinieren zu betrachten. Ein scheinbar langweiliger Mensch um die Dreißig, der ein durchschnittliches Leben zu führen scheint, gibt seine Leidenschaft erstmals zu und scheitert. (Interessant und bestätigend für unsere Einordnung am Anfang ist die Tatsache, dass der Protagonist für ihn unbefriedigende heterosexuelle Kontakte hatte: Die „petite amie" wird jedoch mehr als ein Accessoire gesehen, nicht als gleichwertige Partnerin.) Die Grundlage zur Indizierung des Buches, die dann gegeben ist, wenn Schriften ihren pornographischen Charakter daher haben, weil sie von « de rapports sexuels d′adultes avec les jeunes enfants » (Code pénal, p.527) handeln, ist im eigentlichen Sinne des Gesetzesartikels an dieser Stelle null und nichtig – wir haben hier die Situation, das es sich beim fiktionalen Werk noch dazu um Wunschvorstellungen des Protagonisten handelt, welcher vor seiner Verurteilung zunächst nicht zum Zuge kam. Dass im weiteren Verlauf mehr geschieht, mag den Rekurs auf den Code pénal rechtfertigen, doch übersieht man die eigentliche „Gefahr", die von diesem Buch hätte ausgehen können: die Sympathie mit dem Protagonisten. Pädophilie könnte beim unreflektierten Leser nicht als ein

Krankheitsbild, sondern als normative sexuelle Devianz wahrgenommen werden. Nicht der offene pornographische Akt stellt somit eine Bedrohung dar, sondern die schrittweise sich herstellende Sympathie mit dem „Opfer" seiner Passion. Goulemot weist auf die Wirkung dieser Technik hin:

« Ironiser, ou faire même sourire, c'est compromettre cette adhésion à distance qui doit être celle du lecteur. L'écriture pornographique implique une stricte focalisation des moyens mis en œuvre : c'est là son contrat et la condition de son efficacité textuelle et extratextuelle » (Goulemot, p.87)

Durch die Fraternisierung mit dem Erzähler gerät der Leser in die unangenehme Situation, mit dem Protagonisten zu lachen, seine Richter zu verachten, da diese die eigentliche Dimension dieser sexuellen Devianz nicht begreifen, ja nicht begreifen können. In einem Schlusswort von Laure Pilon, der „Rédactrice", wird der Leser mit einer Interviewreihe mit der realen Vorlage des Simon oder Dany King konfrontiert. Diese Figur beschreibt, als textinterne moralische Instanz, diesen schmalen Grat zwischen Aversion und Faszination folgendermaßen: « Je n'avais jamais rencontré de pédophile. J'ignorais tout d'eux. De leurs goûts. De leur vie. Et de leur penchant. »[122] Man ist als Leser versucht, das Phänomen als Krankheit zu betrachten, tatsächlich nimmt Pilon auch ihre Tochter Laure mit zu Simon, um ihr den Dämon zu zeigen. Gleichzeitig wird Mitleid mit dem Leidenden beim Kontakt mit dem Kind spürbar:

« [...] ; en présence de Carole, Simon s'enfonçait dans ce qui m'a semblé être un voile mélancholique : les muscles des paupières se relâchent, une pellicule lacrymale recouvre l'œil, c'est l'heure de la mélancholie. Je crois que c'est le moment où un flot de tristesse vient lui ronger le cœur, où il souffre vraiment. » (Pillon, p.170)

Im Folgenden sollen ausgewählte Auszüge aus dem Roman auf diese emotionalisierende Technik hin untersucht werden, um sie anschließend in die Tradition der Darstellung von Pädophilie in der Literatur in Verbindung zu bringen. Innerhalb dieser Arbeit ist eine umfassende Analyse allerdings nicht realisierbar, daher bleibt die Darstellung unvollständig. Die Auszüge können jedoch als symptomatisch für die Erzähltechnik Jones-Gorlins gelten.

---

[122] Pillon, Laure: Note de la rédactrice, in Jones-Gorlin, Nicholas: *Rose Bonbon*, Gallimard: Paris 2002, p.167.

III.1.3. Motive des Romans: Zur Opferrolle des Protagonisten

Folgt man bei der Lektüre des ersten Kapitels der Sichtweise des Protagonisten, so lernt man ein durchaus sympathisches Opfer seiner unmoralischen Begierden kennen – gefangen vom Ideal des Unberührten, Duftenden, Reinen. Hierbei wählt der Autor starke Bilder und eine wohldurchdachte Stilistik. Das Kind Dorothée erzeugt allein durch seinen Anblick beim Protagonisten die Auslösung einer « bombe pleine de pétales de rose qui retombent en pluie sur mon cœur » (JG, p.12), deren direkte Auswirkung die Erektion des „Opfers" dieses visuellen Feuerwerks sein muss; noch dazu wurde als Ort das Kino, Idealkulisse der perfektionierten Imagination gewählt. Das Moment des Irrealen wird hierbei in die Beschreibung der Szenerie aufgenommen: durch typische Begriffe aus der Filmwelt (« *zoom* sur son visage » (Jones-Gorlin, p.12)), im Text ständig genutzte Anglizismen und der Jugendsprache entnommene Wortspiele wie « film numérique je te nique » (JG, p.15) entsteht der Eindruck eines Films im Film – dieser scheint dadurch in seiner Fatalität vorbestimmt und ist somit als Schlüsselszene deutlich erkennbar. Der Instinkt, sich in den „Besitz" des Kindes zu bringen, bringt den durchaus intelligent erscheinenden Erzähler in einen Gewissenskonflikt: Ihm ist durchaus bewusst, dass dieses Verlangen illegitim ist, und durch die Gesellschaft sanktioniert wird; er will sich demnach einerseits der Polizei stellen – andererseits sagt ihm eine innere Stimme, sein Vorhaben zu realisieren: « Vas-y. Attends-là. Suis-la. Prends-la. Elle est à toi. » (JG, p.13) Eine besondere Prägung erhält der Texte durch Parallelismen: So insistiert der Erzähler zunächst auf eine auktoriale Sichtweise (Wiederholung von *Je* (JG, p.16) am Satzanfang); er unterstreicht die Zwanghaftigkeit durch die Wiederholung von *Quand* und bedient sich minimalistischer Stilmittel (« Tout. Contre. Elle. »(JG, p.12). Zur Realisierung seines Vorhabens benutzt er einen Flirt mit der Mutter des Kindes (parallel zu Humbert Humbert), welche er durch sein angenehmes Äußeres für sich einnimmt, und es gelingt ihm, dass sie ihn mit dem Kind vertrauensvoll zur Toilette schickt. Hier treffen wir erstmals auf deutliche Sinnwidersprüche im Räsonnement des Erzählers – so wundert sich der Protagonist, dass das Kind ihm gehorcht und ihn seiner Gegenwart uriniert, obwohl es doch bemerkt haben dürfte, dass er unrechterweise mit in die Damentoilette gekommen ist; dennoch stellt er es als Sexobjekt einer Erwachsenen gleich und impliziert logische Konsequenzen – es fehlt ihm gänzlich am Gespür für die Verhaltensweise eines Kindes. Im Rausch wirft dies „Opfer" pädophiler Passion mit pornographischen Begriffen um sich, steigert seine sexuelle Erregung durch „dirty talk", welcher ursprünglich aus dem Filmbereich zu stammen scheint, und exaltiert sich völlig beim Anblick ihrer Scheide. Zeitgleich mit ihrem Urinieren entweichen ihm erste Spermatropfen, und Wortfetzen brechen aus ihm heraus, von ungeheurer, aufgestauter Gewalt: « Ma putain de langue ! La traîtresse ! Suckant léchant se saoulant de l´urine claire de Dorothée, du sucre de sa virginité ! » (JG, p.18). Minutiös erfährt der Leser, welchen Motiven der Protagonist ausgesetzt wird; wie ihn die Lust auf die unberührte Scheide des Kindes bis hin zum Schlucken ihres Urins animiert, welcher für ihn mit süßem Zucker gleich gesetzt scheint, eine fast kitschig anmutende Metapher. Bewusst steuerte er dies, als er ihr im Eiscafé etwas zu trinken bestellte – und es scheint wie eine lang aufgestaute Erfüllung, die nun zum Greifen nah schien. In seiner Bewegung wird er vom Eintreten der Mutter, der „Königin der Nutten" (JG, p.19), aufgehalten: Und durch seine Schilderung wird sein Film unterbrochen, durch die Perspektivenänderung aus der Sicht der Mutter: « L´univers lui crache son film d´horreur: un monstre embrasse le con de la chair de sa chair. » (JG, p.19). Der Protagonist ist abhängig von seiner abgehackten, mit Anglizismen und Personifikationen durchsetzten Sprache, denn er erlebt die Umwelt nur durch diese Perspektive. Unfähig, sich der realen Welt zu gegenwärtigen, gerät er immer tiefer in den Strudel seiner gestörten Wahrnehmung.[123] Im Laufe des Romans wird jedoch peu à peu die Opferrolle sukzessiv mit dem Bedeutungszuwachs des „Vieux" negiert, da dieser die Pädophilie aufgrund des eklatanten Erfolges Danys als Norm feiert: « Bientôt, la pédophilie sera la norme » (JG, p.104). Der Protagonist löst sich von seiner Opferrolle und gibt sich seinem Verlangen, welches durch starken psychisch-physiologischen Druck modifiziert wurde, stärker hin, versucht, die kleine Rose (die Nichte des „Alten", welche als Köder dort platziert wurde) in der Badewanne zu verführen und reagiert auf ihre Zurückweisung zunächst verbal gewalttätig: « Si près du bout...! J´ai tellement envie de sa langue! Sa toute petite langue rose bonbon ! La lécher sucer avaler ! » (JG, p.109). Nebenbei bemerkt erfahren wir hier den Hintergrund des Titels: Es handelt sich um die Farbe der Kindlichkeit, bon-

---

[123] Er wäre in diesem Stadium noch ein idealer Kandidat einer realen Initiative: Unter dem Slogan „Lieben sie Kinder mehr, als Ihnen lieb ist" versucht man momentan an der Berliner Charité, im Bereich der Sexualmedizin präventiv mit diesem Problem der Wahrnehmungsstörungen umzugehen. Das heißt, man versucht, bei der hohen Zahl der Pädophilen (in Deutschland gleichwertig mit der Zahl der Schizophrenen) im Vorfeld eine Art Verhaltenskontrolle zu erreichen, damit aus Phantasien keine Taten werden. Interessant ist hierbei, dass das Stigma der Pädophilie durch die Arbeit mit Noch-Nicht-Tätern aufgehoben wurde. Sie sind auch Opfer ihres Verlangens, leiden häufig unter dieser auch ihnen selbst abnorm erscheinenden Vorliebe, und werden so zu Straftätern und psychisch kranken Persönlichkeiten.

bonrosa, für Simon primär die Farbe der Zunge. Geifernd sitzt er am Rand der Badewanne, küsst das Kind dennoch, dies wehrt sich, er lässt ab. Laut medizinischer Definition (vgl. Faust) können „echte" Pädophile bereits durch Situationen erregt und befriedigt werden, in denen kein direkter Körperkontakt besteht, der Wunsch nach Vollzug des Koitus ist seltener anzutreffen. Doch wäre Simon/Dany hier weiter gegangen als damals, und genau dies intendierte der „Alte". Mit einem misslungenen Interview Danys endet jedoch im folgenden Kapitel Simons Zeit als Star, er wird entlarvt, muss fliehen, schließlich landet er querschnittsgelähmt in einer Klinik, ohne dass er wahrhaftig seine Wünsche realisieren konnte. Und hier liegt die Gefahr des Werkes: Man verlässt ihn wieder, ohne Ekel. Dominant bleibt das Gefühl des Mitleids, der Erleichterung, selbst nicht an dieser Neigung zu leiden. Fiktiv bleibt die Vorstellung des Protagonisten, Kindern etwas Gutes, Reines anzubieten. Der Gedankengang, Kindern diese sexuelle Erfüllung bieten zu können jedoch scheint weiter möglich, für den Leser nicht undenkbar. Der reale Horror der Pädophilie, körperliche wie seelische Gewalteinwirkungen an Hilflosen verbunden mit sadistischem Humor, bleiben im Text verborgen. Die Leerstelle hat der Leser für sich zu füllen. Eine reale Schilderung des psychischen Martyriums missbrauchter Kinder ist bei Sabine Dardenne, eines der Opfer von Marc Dutroux, nachzuvollziehen, und bedarf keiner weiteren Erläuterung, da die Wirklichkeit der Romanpoesie nicht entspricht:

„Eingesperrt in einen Keller, zur Verfügung gehalten für perverse Spiele, das Leben reduziert auf den Radius einer von Ungeziefer wimmelnden Schaumstoffmatratze. Allein in einem Loch, oft tagelang allein, manchmal ohne Essen, ohne jede Hoffnung, seine Familie wiederzusehen, ein zwölfjähriges Mädchen in äußerster Verlassenheit."[124]

III.1.4. Zur Emotionalisierungstechnik Jones-Gorlins

„Ich respektiere *Geschmäcker, Launen*; wie sonderbar sie auch sein mögen, ich finde sie alle achtenswert, sowohl, weil man nicht Herr über sie ist, als auch, weil noch die merkwürdigste und ausgefallenste, wenn man sie gut analysiert, ursprünglich auf eine Sensibilität zurückzuführen ist." (Lély, p. 253)

Lélys Zitat des Marquis de Sade ist, obgleich Sinnbild der Toleranz, nicht unumstritten. Kann auch diese sexuelle Neigung quasi hoffähig werden, indem man die Beschäftigung mit Werken wie *Rose Bonbon* als Vehikel zur Auseinandersetzung mit den psychischen Prozessen, der Not wie der

---

[124] Mayer, Susanne: *Ich bin doch kein Tier*, in: Die Zeit, aufgerufen am 31.10.05 unter www.zeit.de/2005/13/SM-Dutroux

Brutaliät und Ignoranz des Täters nutzt? Worauf zielt dieser Autor? Ist es Aufklärung, Parteiergreifung für diese sexuelle Ausrichtung, oder gar Aufruf zur Nachahmung?

Sicher ist, dass eine gesellschaftliche Diskussion originär belastet ist. Belegt wird dies durch neue Kommunikationformen wie dem Verfassen für Texte bei freien Enzyklopädie Wikipedia. Hier kann jeder etwas hineinstellen, der glaubt, zu einem Thema Sachkenntnis zu haben – Administratoren überwachen diese Vorgänge, doch kann es durchaus sein, dass über mehrere Stunden oder Tage falsche Tatsachen zu finden sind. Unter dem Stichwort Pädophilie stößt man eingangs allerdings sofort auf folgenden Vermerk: „Die Neutralität dieses Artikels ist umstritten. Die Gründe stehen auf der Diskussionsseite oder auf der Seite für Neutralitätsprobleme. Versuche, diesen Artikel neutraler zu formulieren [...]."[125] Ähnlich wie die Verleger Jones-Gorlins schützt man sich sofort präventiv vor rechtlichen Konsequenzen, dem leisesten Verdacht, verherrlichend über Kinderschänder zu berichten. Doch gibt es den Begriff neutral in diesem Bereich? Ist es möglich, ohne Skrupel nach medizinisch-psychologischen Grundlagen zu fragen, ohne als Mutter, Schwester, Tante betroffen zu sein? Kann man Jones-Gorlins Text emotionslos auf die Strategien der Emotionalisierung hin überprüfen? Meiner Ansicht nach nicht.

Pädophilie wird in medizinischen Fachbüchern als ein sexuelles Phänomen, welches die einseitige Neigung Erwachsener zu Personen vor der Geschlechtsreife beschreibt, angegeben. Dort liegt die erste Schwierigkeit für den Bereich der Literatur: Hier befasst man sich nicht nur mit „klaren" Pädophilen, sondern ebenso mit temporären sexuellen Devianzen, oft kulturell (Antikes Griechenland/Rom) bedingt. So handelte es sich in der Historie nicht immer um Kinder, sondern in der griechischen Gesellschaft beispielsweise um Knaben von 12 bis18 Jahren, und es galt unter erwachsenen Männern als natürlich und wünschenswert, sich von diesen Knaben angezogen zu fühlen[126]. Junge Männer vor einer heterosexuellen Bindung (Ehe) zwischen 20 und 30 nahmen sich als *Erastes* dieser Knaben im erzieherischen und materiell unterstützenden Sinne an. Platon schuf dieser sozialen Instanz in seinem Werk *Symposion* ein Denkmal, noch eindeutiger beweisen Plastiken die gesellschaftlich etablierte Knabenliebe. Im Antiken Rom verschwand der erzieherische Aspekt, Päderastie verlor im Laufe der Jahrhunderte an gesellschaftlicher Akzeptanz. Hier knüpft Jones-Gorlin an, indem er den Mentor des Protagonisten entsprechende Monologe über die

---

[125] http://de.wikipedia.org/wiki/P%C3%A4dophilie, aufgerufen am 31.10.05.
[126] http://lexikon.donx.de/?action=deatils&show=P%C3%A4derastie.

Natürlichkeit halten lässt – unwillkürlich verbindet hier ein Leser möglicherweise ähnliches Vorwissen, er zweifelt, ekelt sich, blendet es anschließend unter dem Hinweis auf unerschlossenes Wissen über die Realität dieser Praktiken wieder aus. Präsent ist dieses Thema bis heute geblieben, wenn auch aufs Äußerste verpönt, bereits ein Hinweis auf Pädophilie erzürnt die Gemüter. In der Literatur wird vornehmlich Nabukovs *Lolita* als Paradebeispiel genannt, doch steht dieses Werk im eigentlichen Sinne außerhalb dieser Tradition, da es sich um die Darstellung eines frühreifen Mädchens handelt, welches abseits der gängigen pädophilen Idealbilder steht. Besonders nach den Skandalen um den Belgier Dutroux und ähnliche Netzwerke in Frankreich muss davon ausgegangen werden, dass es sich um eine hohe Dunkelziffer handeln muss, der Schwarzmarkt für Publikationen, gerade im Internet, blüht. In der Debatte um Datenschutz wird diesem Thema ein Sonderstatus eingeräumt. Im Sinne eines gesunden Konservativismus (im Sinne einer Werterhaltung) sollte meiner Meinung nach für Jugendliche dieser Text von Jones-Gorlin verschlossen bleiben, denn die Heranführung an die Psyche Simons verführt zu einer absurden Frauternisierung, die vom jungen Leser wahrscheinlich nicht eingeordnet werden kann. Die Identifikation mit dem Protagonisten führt möglicherweise zu einer schweren Erschütterung, denn es werden keine deutlichen oder unterschwelligen Signale ausgegeben, wie die Handlungen zu werten sind. Der Ich-Erzähler beansprucht den Leser, zieht ihn auf seine Seite, erschwert es dem Leser, sich zu distanzieren – vielleicht ein raffinierter Schachzug, die Auswegslosigkeit der Betroffenen, die diese Neigung verspüren, greifbar zu machen, dennoch „gefährlich" für den Leser, der sich dem Thema zum ersten Mal nähert. Niemand wird dadurch pädophil, die Abgrenzung zu anderen Formen von Sexualität, die niemanden angreifen, ist aber so nicht mehr gewährleistet. Ohne die Neigungen von Pädophilen, die von ihrem Bedürfnis überwältigt werden und sicher Hilfe benötigen, grundsätzlich als pervers zu verurteilen, muss klar bleiben, dass sich die Realisierung der Fantasien im illegalen Bereich bewegt und hilflose Kinder ihr Leben lang prägt. Kunst (und dabei handelt es sich bei Jones-Gorlins Werk dennoch, denn es zeugt von sprachlicher Kunstfertigkeit, derlei Emotionalität zu erzeugen) müsste an dieser Stelle so lange vorenthalten bleiben, bis ein junger Erwachsener sich selbst sexuell orientiert hat und eine gewisse Stabilität im Umgang mit Sexualpartnern erreicht hat. Dies gilt gerade dann, wenn innerhalb dieser Kunst die tatsächlichen Begriffe und medizinischen Gegebenheiten vermengt werden, beispielsweise, wie bei Jones-Gorlin, plötzlich wahllos auf Jungen und Mädchen zurückgegriffen wird, obwohl sich der Protagonist bereits „spezialisiert" hatte. Für einen echten Pädophilen käme dieser Wandel nicht infrage, wäre vergleichbar mit einer plötzlichen Homosexualität eines Heterosexuellen. Natürlich sind wir hier beim Problem der Zensur und ihres Sinns bzw. Realisierbarkeit angelangt. So kann in einer multimedialen Welt, deren Kanäle nie von allen im vergleichbaren Maße genutzt werden und die nicht zeitlich begrenzt sind (in Bezug auf die Lang-/Kurzlebigkeit der veröffentlichten Dokumente), niemand eine Zensur mehr durchführen. Texte gelangen durch die Anonymität des Netzes viel schneller an die Öffentlichkeit, Zensur wird immer weniger kontrollierbar. Auch scheint es absurd, angesichts der mannigfaltigen Möglichkeiten, virtuell an Kinderpornographie zu gelangen, Jugendliche vor einem Buch, welches das Thema literarisch aufarbeitet, schützen zu wollen. Letztlich gefährdet ein Verbot die Freiheit, sich selbst ein objektives Bild des Problemfeldes Pädophilie in der Literatur machen zu können. Manche Emotionalisierungstechniken, dies muss aber dennoch bemerkt werden, wie die schrittweise Identifikation mit dem Täter können von Jugendlichen noch nicht als solche wahrgenommen werden; sie sind somit einer direkteren Beeinflussung unterworfen als erwachsene Leser. Direkte Appelle an die Leser, Pädophilie als Norm zu empfinden (belegt durch einseitige innere Monologe Simons) und nicht als kulturell überholtes Modell (vgl. Antike), müssen vom Einzelnen abgelehnt werden können. Verbieten kann man es dennoch nicht, auch wenn sich abstruse Theorien hieraus ableiten lassen. Ob durch die Schilderungen Jones-Gorlins direkt zum Missbrauch aufgerufen wird, interpretiert jeder Leser des Werkes in Bezug auf seine sexuelle Sozialisation, seine Wertvorstellungen. Es steht nicht wörtlich dort, dass Pädophilie Norm werden sollte, doch wecken die zum Teil witzig geschriebenen Passagen und Monologe, die diese Idee thematisieren, u.U. Interesse. Ob dies gleichzusetzen ist mit Bilddarstellungen und deren Verbot, bleibt schwierig. So äußert sich Jean-Marie Laclavetine:

« Il n´est pas légitime d´assimiler le monologue imaginaire à la représentation photographique ou vidéographique d´actes sexuels mettant en scène des enfants réels. On peut dénier au livre toute qualité littéraire, critiquer ou déplorer son contenu, sa tonalité, contester son humour, mais en aucun cas son droit à l´existence, sauf à démontrer qu´il enfreint la loi dans un but avéré d´incitation au viol de mineurs. »[127]

Doch ruft der Autor nicht direkt, wie Laclavetine befürchtet, zum Missbrauch auf oder verklärt den Hintergrund der Situationen. Er schildert aus der Ich-Perspektive eine uns fremde Wahrnehmung, durch die wir über

---

[127] Laclavetine, Jean-Marie: „*Rose bonbon*", *noire logique*, in: Le Monde, 5.09.2002, p.15.

dieses Thema, über die Ursachen der Neigung und die Konsequenzen der Realisierung hinzulernen können, wenn wir möchten. Dies wäre gleichsam ein Appell, sich den Betroffenen zu nähern, doch nicht im Sinne einer Akzeptanz sondern des Verständnisses für sie als Opfer. Die Marginalisierung der Täter führt nicht zur Therapie, der Abbau der Prävention sowie der Betreuung der Täter beendet diese fatale Passion nicht[128]. Allein dies zu formulieren evoziert im gleichen Moment allerdings Protest, möchte man doch am liebsten alles, was mit dieser Thematik zusammenhängt, verurteilen, klären und die Gefahren eines zu liberalen Umgangs mit Pädophilie aufzeigen. Zu zahlreich sind Ausbrüche scheinbar geheilter Pädophiler und Wiederholungen der Verbrechen, als dass eine wertfreie Diskussion über diese Neigung möglich wäre. Zu nennen ist in diesem Zusammenhang der Skandal um eine brisante Äußerung von Michel Houellebecq, die lautete: « Ils ont peut-être raison les pédophiles. J'ai pas d'opinion fixe là-dessus. J'ai jamais eu de désir sexuel de ce genre, mais ma première attitude n'est pas une damnation morale, totale et indignée… »[129]. Diese unbedachte Definition während eines Interviews hatte Folgen; eine empörte Leserin, Lehrerin, sprach sich gegen eine Zensur des Gesagten aus, wies jedoch darauf hin, dass eine Klärung des Begriffs neben diesem Auszug erscheinen müsse, da es sich nicht nur um eine illegale Praktik, sondern auch um eine sehr reale Bedrohung und letztlich die Zerstörung von Existenzen handele[130]. Sexuelle Devianzen (im Sinne von *de via abire*, von Weg abkommen; übertragen: von der „Norm" abweichende Formen von Sexualität) haben bei Missbrauch, und dies bleibt ausgelebte Pädophilie, Grenzen. Dies steht in keinem Zusammenhang mit falsch verstandener Moralität. Die Opfer, die allerdings nicht nur die Kinder, sondern auch oder vielleicht gerade die Betroffenen sind, müssen verstanden werden. Im Sinne einer progressiven Aufklärung ist es undenkbar, Romane wie Jones-

---

[128] Kürzlich wurde der Vorstoß der französischen Regierung publik, in Lyon 2009 eine geschlossene Anstalt exklusiv für Pädophile zu eröffnen. Nachdem dies in den Medien ohne nur die vorherige Rücksprache mit den örtlichen Behörden geschah, kam es zu einem Eklat, auch, da in dem simplen Festhalten eine „ forme de retour vers la barbarie" gesehen wurde. Angst vor Ausbrüchen der Gefangenen und Kapitulation vor misslungenen Psychotherapien führen immer noch zu den gleichen Massnahmen wie in den vergangenen Jahrhunderten auch, Romane wie *Rose Bonbon* haben daher sicher eine soziale Funktion. Quelle: *Pédophilie: opposition et majorité émettent des réserves sur les mésures annoncées*, Lemonde, 21.08.2007, aufgerufen unter www.lemonde.fr/web/article/0,1-0@2-3224,36-946079@51-628859,0.html.

[129] Houellebecq, Michel, in : Duval, Jean-François: *Faut que je me lave*, Interview, *Construire*, 45, 7 novembre 2000, p.53.

[130] Chouillet, Sylvie, in: *Construire*, 47, 21 novembre 2000, p.8.

Gorlins zu verbieten, denn hierbei handelt es sich um einen intellektuellen Austausch, der einen verständigen Leser erfordert. Sehr treffend reagierte beispielsweise die Reaktion der Zeitschrift *Construire* auf den Protest der o.g. Lehrerin:

« Notre point de vue
L'interview de l'écrivain Michel Houellebecq, et en particulier ses propos sur la pédophilie, nous ont valu des réactions indignées de lecteurs. Il va de soi que la rédaction de « Construire » ne partage pas ses idées outrancières et provocatrices. Les entretiens que nous publions chaque semaine, pour choquants qu'ils puissent parfois paraître, sont toutefois un miroir de notre société. Michel Houellebecq, qui est lu et porté par des centaines de milliers de lecteurs et suscite partout où il passe les polémiques les plus acerbes, appartient à cette société. C'est la raison pour laquelle nous l'avions interviewé. Fallait-il, dans un encadré, rappeler la nature criminelle et destructive de la pédaphilie ?
La rédaction en chef » (vgl. Chouillet)

Der Roman ist demzufolge ein Paradebeispiel eines neuen literarischen Genres, obwohl die Intention des Autors am Protagonisten nicht klar greifbar ist. Ob er will, dass wir ratlos vor seiner Figur stehen? Hin- und hergerissen sind zwischen Ablehnung, Hass und Mitleid? Will er von uns, dass wir pädophil werden? Oder dass wir diese Kinder beschützen?

Rose Bonbon manifestiert die Abwesenheit der Moralität als Anker für jedes Individuum, die Kinder sind trotz der detaillierten Beschreibung ihrer Physis/ihres Charakters nur Objekte, nie Subjekte einer Szene. Jones-Gorlin spielt mit dem Leser, fügt pornographische Elemente neben erotischen ein und situiert sich so in die aktuelle Bewegung: Sexualität dieser Form bleibt letztlich Misere und innerer Mangel an Glück.

So bleibt festzuhalten, dass neben bloßer Suggestion des pädophilen Seelenlebens des Protagonisten eine Metaebene entsteht, welche sich wiederum mit unserer anfangs definierten medizinischen Grundlage der Pädophilie verbindet. Wir gewinnen einen Einblick in das Krankheitsbild eines sexuell deviant empfindenen Menschen, erleben seinen Zwiespalt zwischen Lust und Realisierung seiner Vorhaben, erkennen den ambivalenten Umgang der Gesellschaft mit diesem Thema und bleiben verstört zurück. Jones-Gorlin ist somit innerhalb der neuen Erotik einzuordnen, die, im Gegensatz zu vorherigen Werken, auch bewusst diese Art von Protagonisten in den Vordergrund stellt: Die Empörung über dieses Werk schließt einen bewussteren Umgang mit dem Sujet ein. Sexuelle Handlungen werden nicht abseits der Realität beschrieben, daher handelt es sich trotz des Hinweises auf riesige Netzwerke nicht um Pornographie: Die Medien schildern tagtäglich, dass es sich hierbei um Tatsachen handelt. Die angesprochenen Leerstellen des Textes füllt der Leser selbst. Jones-Gorlin kann somit trotz des Ausblendens seiner Person aus seinem Werk als Vertreter dieser neuen Gattung angesehen werden, wobei er durch die Brisanz des Themas eine Sonderrolle einnimmt:

« Souhaitons que les lecteurs puissent se faire par eux-mêmes une opinion sur ce livre, qu´ils puissent en conseiller ou en déconseiller la lecture, l´aimer, le détester, l´achteter ou pas. Une chose est en tout cas certaine : le retrait du commerce de Rose bonbon ne ferait en rien progresser la lutte contre la pédophilie, mais marquerait au contraire un inquiétant pas en arrière, vers moins d´intelligence et de compréhension. » (Vgl. Laclavetine)

III.2. Nelly Arcan: *Putain* (2001)

Prostitution, der aus dem Französischen stammende Begriff für die gewerbsmäßige Ausübung sexueller Handlungen[131], stellt ein, wenn nicht das Schlüsselthema der erotischen Literatur der Menschheitsgeschichte dar, ist es doch bereits etymologisch (pornos (griech.) = Hure) ursprünglich mit der Thematik verbunden. Parallel zur literaturgeschichtlichen Relevanz steht in erster Linie die historisch verbürgte Geschichte dieses Phänomens, da Literatur auch als Quelle für den Nachweis des geschichtlichen Umgangs mit diesem Phänomen genutzt wird. Daher möchte ich zunächst die historische und soziologische Dimension des Phänomens untersuchen. Hierbei konzentriere ich mich auf weibliche Prostitution, da diese im Vordergrund des Werkes von Arcan steht. Erst mit einer allgemein gültigen Definition der Funktion der Prostitution im Kontext der Geschichte sowie auch der aktuellen soziologischen Bedeutung scheint mir es möglich, das Werk *Putain* von Nelly Arcan innerhalb des neuen Genres zu situieren und ebenso auf Emotionalisierungstechniken hin zu untersuchen. Die soziologischen Grundlagen beziehen sich allerdings nicht spezifisch auf frankokanadische Gegebenheiten, sondern auf aktuelle Untersuchungen in Frankreich, wobei allerdings vorausgesetzt werden kann, dass sich diese Spezifika auch auf den französischsprachigen Teil Kanadas wie generell auf den westeuropäischen und nordamerikanischen Kulturkreis übertragen lassen. Selbstverständlich können dies nur kurze Hinweise sein, da der Umfang einer vollständigen Analyse des Phänomens Prostitution innerhalb dieser Arbeit nicht sinnvoll eingearbeitet werden kann. Daher werden bestimmte Bereiche, wie beispielsweise Menschenhandel, Sextourismus, Zwangspros-

---

[131] Duden, p.813; Pschyrembel, p.415.

titution und homosexuelle, transsexuelle[132] Prostitution ausgeblendet, da sie für diese Betrachtung irrelevant sind. Da Arcan jedoch bewusst mit zahlreichen Klischees des Milieus spielt und dies Auswirkungen auf ihre Emotionalisierungstrategie hat, müssen diese zunächst erklärt werden. Essenziell erscheint hierbei, dass gerade die sexuelle Devianz der Prostitution die größte Verbreitung und längste Geschichte, die ausdauernsten Kontroversen und die militantesten Gegner kannte, heute jedoch immer noch außerhalb der Anerkennung der Gesellschaft, der Legalisierung oder der moralischen Akzeptanz steht. Jede Beobachtung einer literarischen Auseinandersetzung mit diesem Sujet muss dies mit einschließen:

« [...] tout est fait pour empêcher de comprendre la prostitution ou, plus concrètement, tout est fait pour qu´on ne remarque pas immédiatement à quel point son encadrement est répressif. »[133]

III.2.1. Darstellung von Prostitution in der Geschichte und soziologische Einordnung

Begehren und Liebe sind nicht zwangsläufig auf ein einziges Frauenbild gegründet, und gerade der Bereich der Begierde wurde lange als eigenständig wahrgenommen. Nicht immer stand und steht der Begriff Prostitution im Kontext des reinen Gelderwerbs, es handelt sich auch um eine soziale Instanz. Wie hat sich aber in Europa, namentlich in Frankreich, diese Instanz gebildet, welche Spezifika enthält sie?

Das Anbieten sexueller Gefälligkeiten, welches vornehmlich weiblich geprägt ist, ist in allen Kulturen nachweisbar. Der französische Kulturwissenschaftler Paul Dufour ging im 19. Jahrhundert davon aus, dass bereits um 3000 vor Christus (Assyrer, Griechen) erste kultische Entjungferungen vor der Ehe gegen Bezahlungen stattgefunden haben müssen. Hierbei spricht man von sogenannter „Kultprostitution" (Pschyrembel, p.415) in Tempeln, später, im Laufe der Jahrhunderte, entwickelte sich eine sozial geordnete Daseinsform von Frauen in Schänken, Bordellen, aber auch an Höfen: Es handelt sich im Grunde jedoch um ein ähnliches psychologisches Muster:

---

[132] wobei sich gerade dieser Bereich mehr und mehr ausweitet, Soziologen wie Catherine Deschamps gehen davon aus, dass sich beispielsweise in Paris mehr als ein Drittel aller Proostituierten aus Transsexuellen rekrutiert.
[133] Deschamps, Catherine: *Le sexe et l'argent des trottoirs*, Hachette Éditions: Paris 2006, p.202.

„Ihr Locken, ihr Reizen, ihr ganzes Gebaren gründet sich auf Erfahrung, die sie beim Männerfang gemacht hat, auf Kenntnis der Männerpsyche. Und im Genusse selbst muß sie den Wünschen jedes einzelnen entgegenkommen und seinen Lüsten, mögen sie auch noch so verderbt sein, sich anbequemen. Ihr Geschäft bringt das nun einmal so mit sich." (Englisch, p.486)

Der Umgang mit diesen Lüsten ist jedoch stark von der jeweiligen Epoche abhängig. War Sexualität und profane, gewerbliche Prostitution zunächst innerhalb des Tempelkults kein Tabu, so entwickelte sie sich im späten Griechenland sowie Rom (als Ursprung unserer abendländischen Kultur) als veritabler Geschäftszweig, als erste Bordelle, oft mit Sklavinnen, gegründet wurden. Die Bewertung dieses vorurteilsfreien, lustvollen Umgangs mit käuflicher Liebe wurde von den frühen Christen jedoch als Auswuchs von Dekadenz bewertet und mit einem religiös-moralischen[134] Gegenentwurf beantwortet[135]. Im Mittelalter kam es zu einer Aufspaltung zwischen vorherrschender Moral und Praxis, zu einer Toleranz, selbst bei der Kirche bis hin zur Organisation in Zünften.

„Ludwig IX hatte, wie wir oben schon berichteten, eine Ausrottung der Prostitution in Frankreich versucht. Aber seine Ordonnanz von 1254, in der er die Vertreibung aller Dirnen anbefahl, wurde niemals scharf angewendet, weil sie nicht ausgeführt werden konnte. Die einzige Folge war, wie vorauszusehen und erklärlich, die, dass die Prostituierten ihr Gewerbe ein wenig heimlicher betrieben und unter allerhand Deckmäntelchenden schweren ihnen angedrohten Strafen zu entgehen suchten; um nicht beim flagranten Delikt überrascht zu werden, wendeten sie die verschlagensten Listen an. Wenn auch die Zahl der Prostituierten vorübergehend zurückgegangen sein mag, so blieb doch die Institution selbst bestehen und wusste sich trotz mancher Anstrengungen der staatlichen Autoritäten sehr wohl zu halten."[136]

---

[134] Innerhalb dieses Weltbildes existierten Frauenkörper allerdings weiter als Beute, es sei an dieser Stelle nur kurz auf das *ius primae noctis* verwiesen, dass selbst in Beaumarchais' *Le mariage du Figaro* noch erwähnt wird.

[135] In diesem Zusammenhang ist besonders die Problematik der christlichen Dirnenlegenden, allen voran Maria Magdalena, zu nennen. Ihnen wird verziehen, eine Wertschätzung ihrer Tätigkeit oder auch nur die Akzeptanz bedeutet dies schließlich nicht. Nicht umsonst spielt Dan Browns Roman *Sakrileg* mit dem Mythos, Maria Magdalena sei die Frau von Jesus Christus gewesen: Die Verbindung des Sohns Gottes mit einer „Unreinen" stellt hier den größten Skandal dar. (Brown, Dan: Sakrileg (The Da Vinci Code), 2003, deutschsprachige Ausgabe bei Bastei-Lübbe: Bergisch-Gladbach 2006).

[136] Dufour, Paul (Dufour, P.S., Jakob, P.L.): *Weltgeschichte der Prostitution – von den Anfängen bis zum Beginn des 20.Jahrhunderts*, Reprint der fünften Auflage bei Langenscheidt (Groß-Lichterfelde-Ost:1901/1902), [Bis zur Neuzeit erg. von Franz Helbing. Dt. von Adolf Stille ; Bruno Schweigger], 1. von 2 Bänden, Eichborn: Frankfurt/Main 1995, p.167.

Aufgrund der Reformation, Inquisition und schließlich mit der Ausbreitung der venerischen Krankheiten wie der Syphilis, vor allem im 16. Jahrhundert, wurden Prostituierte jedoch ab Ende des Mittelalters weiter gesellschaftlich ausgegrenzt, als „Tor des Teufels" bezeichnet und als Hexen verdammt:

„Im Hinblick auf die Verwüstungen, die diese schrecklichen Krankheiten in allen Schichten der Gesellschaft anrichteten, konnten die aufgeklärtesten und vorurteilsfreiesten Männer annehmen, dass die öffentliche Unzucht die einzige Ursache eines derartigen Uebels sei, während frömmelnde und leichtgläubige Geister darin die Strafe des Himmels erblickten, der die Ausschweifenden gerade an ihrem empfindlichsten Punkte damit strafen wollte." (Dufour, Bd. 2, p.13)

Prostitution wurde selbst am Rand der Gesellschaft periodisch verdrängt und unterdrückt, jedoch nie ausgerottet: „Die Sitten waren damals in Frankreich viel strenger als in Italien und die Anhänger eines ausschweifenden Lebens, für deren Bedürfnisse man die Bordelle bestehen liess, hielten sich fast ganz ausserhalb des gesellschaftlichen Lebens." (Dufour, Bd. 2, p.36). Eine besondere Rolle spielte im Bezug auf die Syphillis die katholische Kirche:

„Niemals war es die Medizin, die sich der furchtbaren Seuche entgegenstellte, und sie durch energische Mittel zu bannen versuchte, sondern die Kirche: diese ordnete gemeinsame und öffentliche Bussübungen an und verstopfte damit die Quellen der Kontagion; indem sie gegen die Fleischeslust wetterte, griff sie in der Tat das uebel an der Wurzel an. Die eine geraume zeit hindurch beobachtete Enthaltsamkeit von allem Geschlechtsverkehr war zweifellos das allerbeste Mittel gegen die Weiterverbreitung der furchtbaren Krankheit; der Klerus oder vielmehr der französische Episcopat scheint das mit einer gewissen genialen instinktiven Sicherheit herausgefühlt zu haben." (Dufour, Bd. 2, p.15)

Blütezeit war, wie auch im Bereich der erotischen Literatur, die Zeit der Renaissance, wobei das Kurtisanenwesen eine gesellschaftlich akzeptierte Form der Prostitution war, die bereits Agnes Sorel (vgl. Dufour, Bd. 2, p.54) bei Karl VII kennzeichnete. Es handelte sich über Jahrhunderte hinweg um sehr starke politische Einflüsse der Mätressen bei Hofe (siehe hier u.a. in Frankreich Gabrielle d´Estrées, Maria Mancini, Louise de La Vallière, die Marquise de Montespan, Madame de Maintenon, die Schwestern Mailly-Nesle, aber auch die Gräfin von Cosel im Sachsen des Augusts dem Starken). Wie sehr diese dennoch mit dem gemeinen Dirnenwesen vernetzt war, zeigt das Beispiel der Madame Dubarry oder du Barry:

„Die Nachfolgerin der Marquise de Pompadour als erklärte Maitresse des Königs wurde die Gräfin Dubarry, die Verächtlichste von allen Frauen, die das grosse Liebesbedürfnis

Ludwigs XV. erfüllten. „Die Gräfin Dubarry," schreibt die „Geheime Chronik", wurde aus der gemeinsten Klasse der Gesellschaft, aus der der Kurtisanen letzten Ranges herausgesucht. Ihre Herkunft, ihre Erziehung, ihre Sitten und Gebräuche, alles verriet einen gemeinen und schamlosen Charakter." (Dufour, Bd. 2, p.122)

Sie wurde dem König bewusst von Hofdienern zugeführt, pro forma verheiratet und dann benutzt, um unliebsame Gegner auszuschalten:

„Der Herzog von Choiseul wurde entlassen und nach Chanteloup exiliert und der Herzog von Aiguillon, der die Gräfin in die Höhe gebracht hatte und ihr Protektor war, an dessen Stelle designiert.[...] Kaum war die neue Favoritin dem Hofe von Versailles vorgestellt und hatte ihre Gemächer im Schloss erhalten, als es von allen Seiten Gedichte und Epigramme regnete. Voltaire selbst, der sich später nicht entblödete, der schönen Gräfin Weihrauch zu streuen, war einer der Ersten, der sie, und sogar den König selbst, lächerlich und verächtlich machte." (Dufour, Bd. 2, p.123)

Die Scheinheiligkeit im Umgang mit dem Phänomen wird an der literarischen Umsetzung der Skandale um die berühmte Madame de Pompadour deutlich: Als sie Louis XV in einem Haus im Parc-aux-Cerfs junge Gespielinnen zuführt, führt die Verschriftlichung zur Legendenbildung:

„Und die Federfuchser, die mit dem Verfassen von pornographischen Romanen, Skandalchroniken und bestellten Schmähschriften ihr Leben fristeten, ließen der Phantasie die Zügel schießen, um mit geschickter Doppelzügigkeit sowohl die Neugierde der Leser auf schlüprige Geschichten zu befriedigen als auch ihre moralische Entrüstung zu provozieren. *Cour* und *ville* trugen im gleichen Maße dazu bei, die Sache mit obszönen Details auszuschmücken, und schnell machten Geschichten von Orgien, entführten Mädchen und luxuriösen Ausschweifungen die Runde. (...) Die Hauptverantwortliche unter diesen „Ruchlosen", der Deus es machina dieses Ortes von „verwerflicher Zuchtlosigkeit", wo Staatsgelder in Strömen flossen, war natürlich Madame de Pompadour."[137]

Dieses französische Phänomen, welches sicher auch zum Ruf des Landes als „Quell der Unsittlichkeit" (s. u.a. Begrifflichkeiten wie „französische Krankheit" für Syphilis etc.) beitrug und auch Marie Antoinette traf, erhielt sich bis in die Neuzeit, die Gräfin Castiglione, die als Mätresse Napoleons III. großes Aufsehen erregte, starb erst 1900.

Natürlich war der Bereich der „gehobenen" Prostitution aber nicht auf den Hof beschränkt. Im Laufe des 18./19. Jahrhunderts entwickelten sich auch vornehme, bürgerliche Bordelle, die durchaus mit der etablierten Gesellschaft vernetzt waren:

---

[137] Craveri, Benedetta: *Königinnen und Mätressen*, Carl-Hanser-Verlag. München 2008, p. 368.369.

„Einige dieser Häuser werden von ehemaligen Damen der Halbwelt betrieben, und sind auf grossem Fusse eingerichtet. Dort finden elegante Diners, Soupers und Bälle statt, die reichen Fremde, insbesondere Amerikaner, besuchen, die wissen wollen, wie es in der Pariser eleganten Welt zugeht. Dort findet man übrigens nicht bloß Damen der Halbwelt. Ich habe einen Amerikaner gekannt, der in einem solchem Hause eine Dame näher kennen lernte, der er einige Tage später auf dem Empfangsabend eines Ministers von seinem Botschafter förmlich vorgestellt wurde. Es war die Frau eines sehr hohen Staatsbeamten und er hatte sie einfach für eine Dame der Halbwelt gehalten." (Dufour, Bd. 2, p.123)

Abseits dieser mystifizierten Welt des Luxus´ war Prostitution ebenso immer ein Massenphänomen. Ähnlich wie in den sogenannten Drittweltländern im 20. Jahrhundert ist heute Armutsprostitution Symptom einer Bevölkerungsexplosion. Die vorherrschende Reglementierung, die dazu überging, für eine gesetzliche Überwachung zu sorgen, ist gleichzeitig Ursache für die bis heute gültige Doppelmoral, die Prostituierte gesellschaftlich ächtet, die Tätigkeit jedoch insgesamt als ein für Männer notwendiges Übel ansieht. Triebe und Affekte müssen unterdrückt werden, das Sozialverhalten wurde somit über Jahrhunderte hinweg im Umgang mit Prostitution konditioniert. Hierbei gibt es heute z. T. absurde Haltungen verschiedener Organisationen, die von der moralischen Verachtung bis zur Glorifizierung der Tätigkeit reichen. Zahlreiche Pariser Organisationen stellen sich beispielsweise im abolutionistischen Sinne der Prostitution völlig entgegen, wobei sie teilweise mit religiösem Hintergrund, teilweise auch zum Schutz von drogenabhängigen oder von illegal in Frankreich lebenden Frauen arbeiten (vgl. Deschamps). Auch kanadische Autoren wie Richard Poulin definieren sie als einen « acte marchand soumis à une organisation hiérarchique »"[138] und setzen sie mit moderner Sklaverei gleich, Ziel ist immer letztlich die Abschaffung der Prostitution. 1975 begannen in Frankreich erste öffentliche Kundgebungen der Prostituierten selbst, so war diese erste Mobilmachung gegen die Korruption der Polizei gerichtet. 2002/03 kam es im Zuge des sogenannten *Loi Sarkozy*, welches die Schließung von Bordellen und andere Maßnahmen zur Überwachung und zwangsweisen Anmeldung des Gewerbes mit sich brachte, zu einer starken medialen Präsenz von Prostituierten. Typische Ansatzpunkte der Diskussionen sind hierbei Begriffe wie Moralität, Opfer oder Feminismus, wobei gerade der letztgenannte in diesem Kontext wohl am kontroversesten diskutiert wurde. In modernen Gesellschaften stellt das Phänomen der Prostitution eine wenn auch nicht allgemein geachtete, heute jedoch z.T. sogar arbeitsrechtlich legitimierte Tätigkeit dar, wobei allerdings gerade der nicht angemeldete,

---

[138] Poulin, Richard: *Abolir la prostitution*, Éditions Sisyphe : Montréal, Québec 2006, p.8.

heimliche Bereich Umsätze in zweistelliger Milliardenhöhe (Pschyrembel, p.415) erwirtschaftet. Skandalös bleibt hierbei, dass z.b. Prostuierte in Frankreich, wenn sie Steuern abführen, im Gegenzug keine soziale Sicherheit erhalten, oft sogar Repressionen durch die Polizei ausgesetzt sind[139]. Dennoch bleiben die Zahlen der Prostituierten hoch. Die Gründe für Menschen, sich zu prostituieren, sind vielfältig:

„Seitens der Prostituierten stehen wirtschaftliche Notlagen, das Fehlen beruflicher Alternativen (z.B. für transvestitische Männer) u. ein erhoffter hoher Verdienst im Vordergrund, z.T. werden ungünstige familiäre Verhältnisse u. frühe sexuelle Aktivität als häufige Vorbedingungen beobachtet; seitens der Kunden gelten fehlende Gelegenheiten zu sexuellen Begegnungen anderer Art (Verbot vorehelicher Sexualkontakte, berufsbedingte Isolation z.B. in Seefahrt, Armeen u. Wanderarbeit), ein Bedürfnis nach sexueller Abwechslung, das mit Zahlung eines Preises verbundene Machtgefühl u. die daraus entstehende Freiheit von moralischer Verantwortung als entscheidende Motive." (Pschyrembel, p.416)

Die gänzliche Isolierung der Prostitution von den jeweiligen Werten einer Gesellschaft ist demnach bis heute aktuell, sonst wäre das Streben nach einer Abspaltung, gerade bei den Kunden der Prostituierten, von diesen Idealen unnötig. Die angesprochene Freiheit von diesen Werten stellt sich jedoch in unserer Zeit als heuchlerisch dar, denn im Kern stellt es keinen Akt der Rebellion mehr dar, zu einer Prostituierten zu gehen. Unterstellt man einem Gesprächspartner diese Art von Moralität, kommt dies einer Beleidigung gleich, denn dies unterstellt demjenigen, man wüsste nichts von der neuen Notion individueller Freiheit seit der sexuellen Revolution der 60/70er Jahre. Michela Marzano stellt dieses kontemporäre Paradox als « décalage entre l´apologie de la liberté individuelle et la glorification d´un certain nombre de nouveaux conformismes »[140] dar. Man kann alle Werte fallen lassen, sich prostituieren, selbst diese Dienste in Anspruch nehmen, denn der aktuelle Umgang mit der Prostitution stellt an sich eine kulturelle Errungenschaft dar, die auch ökonomischen Gesichtspunkten treu ist:

« Vive la liberté! Ajoutent ceux qui considèrent la prostitution comme un métier semblable aux autres oubliant ainsi que leurs positions se calquent de façon caricaturale sur le modèle de l´économie libérale – modèle selon lequel rien ne doit limiter la libre entreprise et où tout individu n´est qu´un consommateur. » (Marzano, p.13)

---

[139] Hierbei nennt Catherine Deschamps zum Beispiel die Praxis, den Wohnwagen der Prostituierten am Bois de Boulogne mehrere Strafmandate am Tag zu erteilen, sodass diese hohe Schulden anhäufen.

[140] Marzano, Michela: *Malaise dans la sexualité : Le piège de la pornographie* , JC Lattès: Paris 2006, p.11.

Gerade der Aspekt der Ökonomie und der gesellschaftlichen Akzeptanz spielt bei der psychologisierten Darstellung Arcans eine große Rolle. Sie zelebriert ihn geradezu. Die wissenschaftlich gesicherten Folgen der Prostitution[141] werden ausgeblendet, und die Freiwilligkeit der Ausübung der Tätigkeit steht im Vordergrund. Doch ist die Realität vor allem durch physische und psychische Gewalt definiert, nicht durch die Lust am Beruf aus apathischer, lakonischer Protesthaltung an der Gesellschaft, wie bei der detaillierten Schilderung der Gedankenwelt der Protagonistin Arcans deutlich wird.

Catherine Deschamps hat in ihrer Untersuchung von 2006 eine erstaunliche Parallele zu literarischen „Berichten" entwickelt. So versucht sie, durch die Beschreibung des Straßenstrichs, auch durch die Einbeziehung noch so kleiner Details, für ein besseres Verständnis in der Öffentlichkeit zu werben: « Le pari que je fais ici, c´est que la description au plus près des trottoirs, des petits détails apparement anodins, peut nous aider à comprendre. » (Deschamps, p.14). So gelingt es ihr in ihrer Abhandlung, Stimmungen und die Subtilität der Austäusche zu verdeutlichen, wenn auch die literarische Kunstfertigkeit fehlt. Dabei bedient sie sich vornehmlich tagebuchähnlicher Eintragungen, die Momentaufnahmen von Gesprächen mit Prostituierten zeigen, wobei sie sich nicht auf Aufzeichnungen oder Tonbandaufnahmen stützt, da diese von den beteiligten Frauen und Männern abgelehnt werden. So kann sie einige Pauschalannahmen zu belegen. Die über 600 befragten Personen definieren ihre Würde in einem subtilen hierarchischen Gebilde. So bestimmen sie, welche Leistung für welchen Kunden was kostet; die marktwissenschaftliche Grundlage, dass der Kunde König sei, entfällt. Eine Fellation hat in etwa bei Pariser Prostituierten den gleichen Preis, jede zusätzliche Leistung jedoch wird persönlich preislich situiert und stellt folglich eine Unabhängigkeit der einzelnen Prostituierten dar. Es ist eine komplizierte Rangordnung innerhalb des Milieus erkennbar, hierbei wird sehr genau zwischen „bonne pute/mauvaise pute" unterschieden, Kriterien sind hierbei Kleidung, körperliche Kompetenzen, der Ort der Arbeit, Alter, Ausdrucksweise: Dies geht bis zu einer Charta der Association France Prostitution, in der Diskretion, Respekt der Örtlichkeiten/ „guten Sitten" im Sinne einer „tranquilité publique" (Deschamps, p.34) festgehalten werden. Auslöser für den Weg in die Prostitution sind in der Tat häufig Gewalt und Missbrauch in der

---

[141] lt. Pschyrembel handelt es sich hierbei zum einen um körperliche Risiken wie sexuell übertragbare Infektionen und körperlicher Gewalt sowie andererseits um psychosexuelle Risiken (Substanzabhängigkeit, sexuelle Funktionsstörungen, psychische Konflikte, Beziehungsstörungen, Gewohnheitsbildung) und auch ökonomische Folgen.

Familie, daraus folgender Selbsthass, Selbstzerstörung (Drogen) sowie der Ekel vor dem eigenen Körper wurden häufig beobachtet. Körperlichkeit war oft der entscheidende Teil der Erziehung und Selbstwahrnehmung. Konform zur der Definition des Begriffs Prostitution, welcher impliziert, dass man sich zeigt (Deschamps, p.63), wird gerade die Tatsache der Bestätigung durch die Blicke der Freier als angenehmer Teil des Gewerbes empfunden. Körperlichkeit ist allzeit präsent:

« Le corps n´est pas seulement, dans la prostitution, le premier des outils, [...]. Sujet agissant, il est aussi objet de projection, bannière des émotions éprouvées ou provoquées. Il est là pour appâte ou repousser le chaland, en même-temps qu´il faut le défendre contre les aggressions extérieures, humaines et sanitaires. Même stationné et habillé, il révèle parfois déjà l´activité prostitutionnelle. » (ebd.)

Obwohl Eskortagenturen und Minitel sowie Internet eine immer größere Rolle einnehmen, findet der Großteil der Prostitution auf der Straße statt, die Protagonistin Arcans stellt also gerade durch ihre Exklusivität als Edeldirne eine privilegierte Ausnahme dar. Prostitution ist heute durch die Anonymität ein städtisches Phänomen. Anders als beispielsweise in Deutschland, wo Swingerclubs meist streng vom Prostituiertenmilieu getrennt agieren, gibt es in Frankreich keine ähnlich strenge Trennung: « À la différence des boulevards des maréchaux, les deux bois[142] figurent des implantations anciennes semi-mondaines, Boulogne, surtout, a connu au fil des siècles mille ébats, payants ou non. » (Deschamps, p.71). Der Beruf wird im Alltag oft negiert, viele Prostituierte führen ein Doppelleben; an dieser anderen Identität hängen viele stark. Durch die wachsende Gefährdung durch Aids ist der Begriff der Sauberkeit infolge des Benutzen von Kondomen gefährdet; viele Prostituierte waschen sich zwischen den einzelnen Kunden nicht mehr regelmäßig. Im Gegenzug waschen sich die Frauen häufiger die Hände, da sich ihrer Meinung nach eher hier der letzte tatsächliche Haut-/Flüssigkeitskontakt abspielt: Derartige Wahrnehmungsstörungen sind, wie auch die verdrängte Angst vor HIV oder die Negierung von Abhängigkeitsverhältnissen, im Vormarsch. Einige Frauen nehmen zu Anfang ihrer Tätigkeit gerade ihre Verführungsgewalt auf Männer als Machtmittel wahr, hieraus ergibt sich ein Teufelskreis aus dem Zwang zu verführen und dem Drang, diese Verzauberungskunst durch den Fluss von Bargeld bestätigt zu sehen. Gerade Massen von Geldscheinen spielen eine große Rolle: « L´étalage des billets et le plaisir de les voir accumulés que manifestent nombre de personnes prostitués sont peut-être une façon de camoufler l´accusation de

---

[142] gemeint sind hier der Bois de Boulogne und der Bois de Vincennes bei Paris.

souillure derrière le paravent du papier fiduciare. » (Deschamps, p.157). Hierdurch gelingt es vielen Prostituierten, den Anstrich des Schmutzes zu verdrängen; auch der exzessive Konsum von (Luxus-) Artikeln trägt dazu bei. Ohne Zuhälter zu arbeiten, was auch relativ selten im Metier ist, bedeutet für die Frauen Unabhängigkeit von emtionaler und monetärer Devotion; da Arcan dies ausblendet, ist ihre Protagonistin diesem Fakt ebenso unterworfen. Des Weiteren kann man laut Deschamps, die sich auf Soziologen wie Éric Fassin und Clarisse Fabre beruft, das Andauern der Prostitution als Indiz für das Scheitern der sogenannten sexuellen Revolution sehen. Gérard Mermet definiert diese folgendermaßen:

« La « révolution des mœurs » qui s´est produite dans les années 70 a d´abord transformé l´image de la sexualité. Elle a été favorisée par l´emergence de la littérature et du cinéma érotiques, ainis que par la liberté croissante de l´imagerie pubilitaire. L´exploration des diverses pratiques sexuelles (bisexualité, sadomasochisme, échangisme) s´est développée tandis que le culte de la virginité disparaissait et que la nudité faisait son apparition sur les plages et les magazines. »[143]

Diese Revolution der Sitten hat auch Einfluss auf das Gebiet der Prostitution. Das religiös konditionierte Frauenbild verschiebt sich, so könnte man grob vereinfacht im Bereich der Prostitution von der Zweiteilung in Marien und Evas ausgehen:

« Ce que nous enseigne la Genèse, c´est que la femme ne peut pas résister, qu´elle est l´esclave de ses sens, qu´elle cède à la tentation.[...] En effet, notre civilisation a scindé la femme en deux : Eve la pécheresse et Marie la pure. Elle refuse d´admettre la vérité, à savoir que les mères font l´amour et que les prostituées accouchent. Elle a construit une vision si pure de la mère, issue de l´image de la Vierge, qu´elle a dû lui donner un pendant: la prostituée. [...] qu´en grande partie l´impuissance, la passivité, la soumission des femmes mises en scène dans la prostitution et la pornographie constítuent une réaction à ceci : [...] »[144]

Durch die Liberalisierung der Sexualität wird dieses System durcheinandergebracht. Die Regeln für den Umgang zwischen Mann und Frau wurden im gleichen Zuge der verschärft: So nennt Deschamps folgendes Phänomen:

« Depuis une trentaine d´années, l´évolution des moeurs requiert qu´ils se conduisent mutuellement, voire simultanément, à l´orgasme. Face à cette nouvelle injonction

---

[143] Mermet, Gérard: *Francoscopie 2006 – Pour comprendre les français*, Larousse: Paris 2006.
[144] Nancy Huston, in: Duval, Jean- François: « *La maman et la putain ne font qu´un !* », Interview mit Nancy Huston, in: Construire 8, 17 février 2004, p.71.

sociale, ce que les hommes peuvent acheter auprès des prestataires des services sexuels entre en contradiction avec le modèle général: avec elles ou eux, il est possible de prendre du plaisir sans en donner. » (Deschamps, p.159/160)

Es kann daher die These aufgestellt werden, dass Freier im Halbwelt-Mythos der Prostitution von einem archaischen Frauenbild profitieren, welches ihnen eine Auszeit von modernen Anforderungen bietet: Die Funktion der Prostitution hat sich demnach gewandelt, bleibt jedoch in ihren Kernpunkten konstant, da es sich immer noch um ein gesellschaftliches Tabu handelt: « Aujourd'hui, « aller aux putes », c'est faire l'aveu de la faillite de l'épanouissement sexuel et affectif non payant. Injurier les prestataires de services sexuels permet de leur signifier que la somme versé dépasse leur valeur réelle. » (Deschamps, p.173). Letztlich bleiben Prostituierte « boucs émissaires » (Deschamps, p.203) der Gesellschaft, welche deren Bedürfnisse kompensieren, ohne dafür einen angemessenen Respekt zu genießen. Nelly Arcan selbst definiert diese Tätigkeit in einem ähnlichen Kontext:

« La prostituée, c'est celle qui se donne à tout le monde, c'est une tentatrice. Elle fait peur, pour ça qu'il y a tout un discours de honte autour d'elle et qu'elle est associée au déchet. Lorsqu'un client est avec une prostituée, il la couvre de compliments, veut lui plaire et lui faire plaisir. Mais lorsqu'il la croise dans la vraie vie, il la méprise. »[145]

Die Autorin Arcan nutzt diese soziale Nische, um einen anders gelagerten Protest zu formulieren, als man bisher erwarten konnte. Wir haben es mit keinem Tatsachenbericht oder verfremdeten Dossier des Alltags zu tun. Inwiefern Arcan ein Protest gelingt, den ihre Protagonistin am Anfang ihres Werks postuliert, soll im Folgenden untersucht werden:

« [...], que je me suis faite putain pour renier tout ce qui jusque-là m'avait définie, pour prouver aux autres qu'on pouvait simultanément poursuivre des études, se vouloir écrivain, espérer un avenir et se dilapider ici et là, se sacrifier comme l'ont si bien fait les sœurs de mon école primaire pour servir leur congrégation ? »[146]

---

[145] Arcan, Nelly, in: Couture, François : *Nelly Arcan 3D (2)*, Interview mit Nelly Arcan, in: Le papier pressé, Volume 1, no.19, 24 janvier 2002, Montréal, p.11.
[146] Arcan, Nelly: *Putain*, Éditions du Seuil: Paris 2004, p.7-8, i.F. unter *Arcan* abgekürzt.

III.2.2.1. Préface: Zur realistischen Darstellung der Prostitution im Kontext der Erfahrungswelt der Autorin

Auffällig an Arcans Roman ist zunächst, dass ihrem Text eine Art Vorwort vorangestellt ist, in dem die zentralen Motive des Textes vorgestellt werden. Bei der Lektüre werden folgende Parameter deutlich: Es handelt sich um eine 20-jährige blonde und blauäugige Studentin, die, nachdem sie in die Großstadt, die nicht näher benannt wird, zog, ihren luxuriösen Unterhalt durch Prostitution innerhalb eines Eskortservices bestreitet. Die Tätigkeit als Prostituierte umfasst meist eine Fellation, dann Sodomie. Der Leser erfährt Details über die diversen körperlichen Reaktionen, das Schminken, die Räumlichkeiten. Diese Darstellung wird verbunden mit einer intensiven Selbstreflexion über ihr Leben und ihre Kindheit, wobei die Komplexität ihres Seelenlebens, ähnlich klassischen pornographischen Motiven, auf drei zentrale Punkte reduziert wird. Offenkundig handelt es sich zunächst bei ihrer Tätigkeit um eine Kompensation eines unbewältigten Mutter-/Vater-/Schwesternkonflikt, aus dem wiederum ein sehr geringes Selbstwertgefühl resultiert. Dieser wiederum mündet in die Schilderung einer liebesfeindlichen und auf ihre Dienstleistungen reduzierte Umwelt, die sich vornehmlich durch ihre Freier definiert, die sie zum Selbstschutz in einer unüberschaubaren Zahl verallgemeinert und in einer Art *mise en avant* innerhalb existierender Klischees der Prostitution verortet. Die Thematik ist an sich nicht neu, nur wagt Arcan einen schockierenden Perspektivenwechsel: Während im 19. Jahrhundert aus dem Pariser Studentenproletariat einige Jugendliche nur durch Prostitution ihren Unterhalt bestreiten konnten[147], liefert sich die Protagonistin Arcans dem Metier scheinbar freiwillig und ohne Nöte aus – lediglich der Konsum von Luxusartikeln rechtfertigt ihr Handeln. Doch zeigt sich diese erste Präsentation vielschichtiger, als es auf den ersten Blick erscheint. So schafft die Autorin eine Subebene des Bewusstseins der Protagonstin, welche die Erzählerebene an sich als nicht-existent entlarvt; sie benennt konkret, und dies bedeutet analog zu ihrer eigenen Biographie und Physiologie ihr persönliches Umgehen mit ihrer eigenen Prostitution. In Gesprächen untermauert sie diese Idee und stellt die Parallelität ihrer Protagonistin zu ihrem Selbstbild in den Vordergrund, nicht ohne dabei zu verwirren: „In Interviews lässt Nelly Arcan die Frage nach dem Autobiographischen freilich

---

[147] Englisch, p. 510: „So erzählt z.B. Poritzky von dem Pariser Studentenproletariat, daß manche seiner Angehörigen sich nur dadurch über Wasser halten, daß sie auf dem Gebiet der Erotik leistungsfähig sind." Interessant hierbei ist, dass es sich um Studenten beiderlei Geschlecht handelte.

hübsch in der Schwebe. Ja, ja, sie habe diese Erfahrungen gemacht. Nein, nein, Literatur käme ohne Lüge nicht aus."[148] Jedoch äußert sie sich in anderen Interviews sehr dezidiert zur Technik ihres Romans:

„Der größte Teil des Buches ist autobiographisch, die Erzählweise ist aber ziemlich exzessiv. Die Fiktion steckt in der Übertreibung. Die Interpretation der Welt in diesem Buch gleicht einem Delirium: Alle Männer sind Kunden, die Frauen sind Huren oder Mütter. Ich habe dieses Buch geschrieben, weil ich die Schnauze voll hatte."[149]

Es handelt sich, geht man von der Genese des Werks aus, um ein mündliches *Récit* der Sitzungen Arcans bei ihrem Psychoanalytiker, welcher die Gedanken verschriftlicht las und sie ermunterte, sie als Buch zu publizieren[150]. Den Leser führt sie direkt an das Geschehen und löst sich bewusst von einem Tatsachenbericht, erläutert jedoch die Rolle der Assoziationen in dem folgenden Werk:

« Voilà pourquoi ce livre est en tout entier construit par associations, d'où le ressassement et l'absence de progression, d'où sa dimension scandaleusement intime. Les mots n'ont que l'espace de ma tête pour défiler et ils sont peu nombreux, que mon père, ma mère et le fantôme de ma sœur, que la multitude de mes clients qu'il faut réduire à une seule queue pour ne pas s'y perdre. » (Arcan, p.17)

Ferner sorgt ein direktes Ansprechen des Lesers für eine verwirrende Vertrautheit und eine verstörende Wahrnehmung der offensichtlichen Fähigkeit zur Selbstreflexion: « [...] ne sommes-nous pas tous piégés par deux ou trois figures, deux ou trois tyrannies se combinant, se répétant et surgissant partout, là elles n'ont rien à faire, là où on n'en veut pas? » (Arcan, p.17). Psychische Prozesse und Neurosen werden glaubhaft geschildert, sogar relativiert. Im Kontrast dazu wird die Existenz von Prostitution als modernes Phänomen charakterisiert, welches unabhängig von finanzieller und psychischer Abhängigkeit existiert. Der Ton des Textes « se veut plein d'assurance. C'est celui d'un discours truffé d'affirmations péremptoires exprimées en formules-chocs. »[151] Von Anfang an verstrickt sich die Autorin, die Erzählerin oder die Protagonistin in Widersprüche, die für den außenstehenden Leser leicht zu entschlüsseln, für die Beschreibende selbst

---

[148] Lutz, Cosima: *Weiblichkeit ist Anpassung*, in: Die Welt, 23.11.2002, p.24.
[149] Radelmaier, Steffen: *Liebe, Lust und Literatur*, Interview mit Nelly Arcan, in: Nürnberger Nachrichten, p.19.
[150] Asmuth, Nicole: *Zu viel Sex in der Literatur?*, in: Rhein-Neckar-Zeitung, Nr.224, 29.09.2002.
[151] Chartrand, Robert : *Romans québécois: La solitude natale des sexes*, unter www.le devoir.com aufgerufen am 15.9.2001.

jedoch offenbar nebulös bleiben. Dies erscheint gerade insofern erstaunlich, dass mit einer großen Offenheit sexuelle Details offenbart werden, die Gefühlsebene jedoch unreflektiert bleibt. Mal genießt die Protagonistin jubelnd ihre Tätigkeit und nimmt sie als Rache an ihren Eltern wahr, mal sieht sie allein im Selbstmord einen Ausweg aus ihrem Dilemma. Größere Gefühlsschwankungen sind schwer denkbar und versetzen den Leser mit der Protagonistin in einen anstrengenden Verstehensprozess dieser Neurose, denn nichts anderes wird in dem Roman geschildert.

Laut Laurent Guyenot, welcher Pornographie harsch verurteilt, ist die Prostitution auf eine gewisse Weise das symbolische Produkt unserer Gesellschaft, zum einen durch die dominante Ideologie des sexuellen Liberalismus, zum anderen durch die Omnipräsenz und die Macht der Bilder und zuletzt durch die frenetische Suche nach Unterhaltung und Zerstreuung.[152] Im Sinne der Reflektion Arcans ist ihm durchaus zuzustimmen. Die von Arcan entworfene Protagonistin ist nach der sexuellen Revolution der 60er Jahre geboren und wirkt als Bild der aktuellen Situation. Mermet definiert sie auch so: « L´érotisme n´est plus clandestin. La recherche du plaisir sexuel est devenue socialement acceptable, voire nécessaire. » (Mermet, p.114). Demnach agiert die Protagonstin Arcans im Dienst ihrer eigenen Lust, nimmt sich selbst jedoch als lustunwürdig wahr und nutzt gleichzeitig die Errungenschaften ihrer Umwelt. Außerdem ist sie frei von sexuellen Einschränkungen, ohne soziale Bindungen oder Verpflichtungen. Dennoch lehnt sie den Zerstreuungscharakter des Medienalltags gerade durch ihre Tätigkeit als Prostituierte ab, welche als Aufschrei gegen Eltern, Gesellschaft und eigenen, verabscheuungswürdigen Körper wirkt. Prostitution wird bei ihr zum Symptom eines psychischen Defektzustandes. Abseits der klassischen Pornografie, in der Huren Fantasiegebilde von Autoren sind, wandelt Arcan dies durch ihren autobiografischen Bezug ab. Dieser Gedanke findet sich bei Gotthard Feustel wieder:

„Hatte die Prostitution in früheren Jahrhunderten wenigstens neben der sexuellen auch noch weitgehend eine erotische Komponente, wurden damals im prostitutiven Kontakt neben Lust auch noch Gespräche, Zärtlichkeiten oder gar Tänze ausgetauscht, so ist von alledem die käufliche Liebe heutzutage »freigestellt«. Es geht nur noch um den schnellen Lustgewinn auf der einen und den schnellen Geldgewinn auf der anderen Seite."[153]

---

[152] Guyenot, Laurent: *Le livre noir de l'industrie rose – De la pornographie à la criminalité sexuelle*, Éditions Image: Paris 2000, p.22.
[153] Feustel, Gotthard: *Käufliche Liebe: Eine Kultur- und Sozialgeschichte der Prostitution*, Edition Leipzig: Leipzig 1993, p.165.

Interessant dabei ist, dass das Bild der Hure in der Öffentlichkeit nach und nach zu einem selbstauferlegten Ideal wird, Fremdbild und Eigenbild verschmelzen. Hierbei bedient sich Arcan einfacher psychologischer Prozesse, die im Grunde die Bereiche familiärer Konflikt, ein vermindertes Selbstwertgefühl und die Beschreibung des Milieus und der Umwelt umfassen. Diese drei Punkte möchte ich kurz vorstellen. Der familiäre Konflikt rührt vordergründig von der konfliktbeladenen Paarbeziehung der Eltern, wobei dargestellt wird dass die Mutter, „Larve" genannt, ihre Tage auf dem Bett verbringt und scheinbar schläft. Der Vater verbleibt innerhalb einer übertriebenen christlichen Verbundenheit bei seiner Gattin, missachtet sie jedoch und, was für die Protagonistin auf ihre Entwertung als Frau hindeutet, schläft nicht mehr mit ihr. Die Protagonistin verdächtigt ihn einer Doppelmoral, so wird auch im Folgenden ihre Angst thematisiert, ihrem Vater als Kunden zu begegnen. Schließlich wird ihre ältere verstorbene Schwester Cynthia erwähnt, die mit acht Monaten verstarb, aber dennoch immer präsent schien: « ma soeur aînée qui a pris le relais de tout ce que je suis devenue, sa mort lui a tout permis, rendant possibles tous les avenirs. » (Arcan, p.12). Die Protagonistin nimmt ihren Namen, Cynthia, während ihrer Identität als Prostituierte an: « Je ne parle jamais de Cynthia car il n´y a rien à en dire mais je lui ai pris son nom comme nom de putain et ce n´est pas pour rien, chaque fois qu´un client me nomme, c´est elle qu´il rappelle d´entre les mortes. » (Arcan, p.12). Dies ist ein deutlicher Hinweis auf Verdrängungsmechanismen für die als unerträglich empfundene Tätigkeit, letztlich spielt die Protagonstin so eine Rolle, die sie nur abzulegen braucht, um sich des Unfassbaren zu entledigen. Die Minderwertigkeit der Protagonistin hat ihre Wurzeln in der Kindheit, die durch ihr Gefühl, in mehreren Bereichen als „klein" wahrgenommen zu werden, bestimmt ist. Sie empfindet es als unsinnig, dass jemand sie als Person wertschätzen könnte und überträgt diese Einschätzung auf ihre Kunden: « [...] je cherche mais je ne trouve rien de ce qui a été approuvé, noté, salué. » (Arcan, p. 25). Dieser Einstieg in ihre Schilderung ließe jeden Psychoanalytiker jubilieren, sie nimmt auch im folgenden Roman häufig Rekurs auf psychoanalytische Grundlagen, breitet beispielsweise den Vater-Tochter-Konflikt in seiner sexuellen Ebene aus. Aus ihrer Position als Prostituierte ist ihr scheinbar eine Verarbeitung gelungen: « Et aujourd´hui je me suis bien sortie de ce besoin d´être petite, j´ai même porté pendant plusieurs années des souliers plate-forme pour me grandir, mais pas trop, juste assez pour regarder mes clients en face. » (ebd.). Die Notwendigkeit, selbst ihren Kunden zunächst auf Augenhöhe zu begegnen, obwohl sie seitenlang über auf Knien ausgeübte Fellationen schreibt, lassen auf eine starke Wahrnehmungsstörung ihrer Macht und ihrer tatsächlichen Position, gar im wörtlichen Sinne, schließen. Dabei wird zunächst eine „normale" Kindheit umrissen, mit Freundinnen, Pubertätsproblemen und alltäglich wirkenden Konflikten. Allein der Protest gegen den Vater, der in der Großstadt Übel wie Homosexualität oder Prostitution (!) vermutet (Arcan, p.13/14), scheint als Motivation für die anschließende Prostitution unglaubwürdig. Ein fundamentales Missverständnis, welches innerhalb der Umweltbeschreibungen zu verorten ist, offenbart sich bereits zu Anfang: Prostitution wird als Mittel zur Integration in die Arbeitswelt, ja teilweise zum Erwachsenwerden wahrgenommen:

« [...], j´ai passé des cours entiers à plonger sur la masse des travailleuses de sexe, quelle trouvaille que cette appellation, on y sent la reconaissance des autres pour la plus vieille des fonctions sociales, j´aime l´idée qu´on puisse travailler le sexe comme une pâte, que le plaisir soit un labeur, qu´il puisse s´arracher, exiger des efforts et mériter un salaire, des restrictions et des standards. » (Arcan, p. 14)

Die Beschreibung der Faszination des persönlichen Verführungspotentials und die anschließende Abhängigkeit davon erinnert in seiner Authentizität an die Berichte Deschamps´. Die erste Ausübung der Tätigkeit wird von der Protagonistin als Alterungsprozess empfunden, eine nie gekannte Einsamkeit offenbart sich durch die scheinbare Komplizität mit anderen Prostituierten, die jedoch außerhalb des Milieus schlagartig an Glaubwürdigkeit verliert. Frauen sind Feindinnen, es gibt keine Freundschaft. Bevor ich das Frauenbild und seine besondere Metaphorik vorstelle, möchte ich jedoch vertiefter auf die inneren Prozesse, die durch die Prostitution veranlasst werden, eingehen.

III.2.2.2. Innenwelt einer Prostituierten durch die Protagonistin

Es sind zunächst einfache psychologische Strukturen, die dem Leser auf den ersten Seiten offenbart werden. So ist es für eine sich prostituierende Person selbstverständlich einfacher vorzugeben, ihre Tätigkeit basiere auf dem Prinzip der Freiwilligkeit, als die eigene Unfähigkeit, sozio-ökonomische Unsicherheit oder psychische Fragilität einzugestehen. Schon bald verspürt der Leser den Wunsch, dieser Figur die Lächerlichkeit ihres Gebahrens mitzuteilen, und diese Evozierung einer emotionalen Reaktion ist intendiert. Laut Winko[154] lassen sich letztlich nur kognitive Prozesse und

---

[154] Winko, Simone: *Über Regeln emotionaler Bedeutung in und von literarischen Texten*, in: KulturPoetik, Zeitschrift für kulturgeschichtliche Literaturwissenschaft, BD. 5 (2005), Heft 2, p.329-348.

solche literarischen Strukturen analysieren, die sich dem rationalen Zugriff anbieten, nicht aber ihr emotionales Potential. Der kognitive Prozess des Lesers beim Wahrnehmen der Fakten führt jedoch dazu, dass dieser zu einer Emotionalisierung führt. Hinter der Selbstdarstellung „Autorin in der Protagonistin" entsteht eine neue Art Kunstwerk, was damit zusammenhängt, dass die emotive Bedeutung eines sprachlichen Ausdrucks immer etwas über den Sprecher selbst aussagt. Was heißt das?

Eine Autorin behauptet, sie sei ihre Protagonistin, und ist sich trotz einer brillanten Schilderung, ja einer kognitiven Schilderungsebene des doppelten Selbstbetruges nicht bewusst: Auf der einen Seite manifestiert sich eine starke Psychose aufgrund ihrer Tätigkeit, die an dieser Stelle natürlich kein Sujet zur Analyse sein kann, auf der anderen Seite offenbart sich die Tatsache, dass sich die Aussagen im Text nicht auf ihren wirklichen Gefühlszustand beziehen, da sie, mit Winko gesprochen, „nicht an reales Erleben eines Subjekts gebunden ist" (Winko, p.334), da sie ja eine Figur schafft, die nie in letzter Konsequenz ihr eigenes Ich darstellen kann. Somit wird eine unbewusste innere Haltung des Sprechers reflektiert und wirkt direkt auf den Leser. Aus literaturwissenschaftlicher Sicht kann nun eigentlich das, was die Gefühle des Rezipienten auslöst, der literarische Text, in einem emotivistischen Rahmen nicht analysiert werden. Daher ist in diesem Falle ein Umweg nötig:

„Emotionale Bedeutungsprozesse werden in literarischen Texten >regelhaft< im Sinne von >konventionsgeleitet< eingesetzt, indem sowohl literarische Konventionen als auch kodebasierte alltagssprachliche Muster genutzt werden, und ebenso ist ihre Aktualisierung im Leseprozess von emotionsbezogenen Verarbeitungsstrategien geleitet, die keineswegs nur von individuellen Vorgaben abhängen, sondern weitgehend konsensuell sind." (Winko, p.346)

Die Konventionen, die in Arcans Text geschildert werden, greifen nach dem Moralverständnis des Lesers. Sie selbst sieht sich in der Traditition de Sades (« sachez que je suis dans la cent vingt et unième journée », Arcan, p.25), spricht auch wiederholt andere Autoren an, die sich mit dem gleichen Sujet beschäftigen.

Im Folgenden soll nun anhand des Frauenbildes des Werkes dargestellt werden, welcher Methodik sich Arcan bedient, um das o.g. Moralverständnis im 21. Jahrhundert zu illustrieren.

III.2.2.3. Verzerrtes Frauenbild: Von Larven, Schlumpfinen, Huren und Puppen

« [...] c'est surtout qu'elles me font peur, parce qu'elles ne veulent pas de mon sexe. » (Arcan, p.18)

Die offensichtliche Mysogynie der Protagonistin erklärt sich zunächst durch den Hass auf die Mutter, der in sich einen Selbsthass enthält, welcher der Protagonistin paradoxerweise auch bewusst ist. Die Mutter spielt innerhalb des Kampfes um die Aufmerksamkeit der Männer keine Rolle mehr und steht ursächlich für das fehlende Selbstvertrauen der Protagonistin, an eine Korrelation Liebe-Sexualität zu glauben. So schildert diese, wie sie massenhaft Männer als Kunden betreut, allerdings selbst davon überzeugt ist, dass die Erregung dieser Männer nicht ihr geschuldet ist, sondern der Hurerei, die sie praktiziert. Frauen können ohne dieses Attribut nicht attraktiv sein, sie sind zur „Larve" verdammt, können sich nicht entfalten und dämmern vor sich hin. Die Angst vor diesem Schicksal wird sprachlich geschickt präsentiert: Über den gesamten Roman hinweg bedient sich Arcan teilweise ganze Seiten umfassender Kettensätze, in denen Parataxen dominieren. Bei dem o.g. Beispiel wird die Dimension emotionaler Kälte anhand von paratraktischen Konstruktionen, die jeweils den vorherigen Gedanken weiterführen, deutlich:

« [...] J'ai tout vu et ça continue encore, tous les jours ou presque, des bouts d'homme,leur queue seulement, des bout de queue qui s'émeuvent pour je ne sais pas quoi car ce n'est pas de moi qu'ils bandent, ça n'a jamais été de moi, c'est de ma putasserie. » (Arcan, p. 19)

Dieser Auszug erinnert stark an ein mündliches Exzerpt, gleich einem Gebet, intendiert so Authentizität, Unmittelbarkeit: So wird zum einen der Verlust der Identität inhaltlich beklagt, zum anderen wird ihm durch die sprachliche Realisierung verzweifelt entgegengewirkt. Die Beschreibung des Anderen, des Kunden oder anderer Frauen, steht im Vordergrund und wird bestimmend für das persönliche Denken und Empfinden[155]. Als

---

[155] Die starke Emotionalisierung des Textes durch diesen besonderen Stil findet sich wiederholt in den Kritiken zum Roman; so beschreibt Jochen Thomas seine Leseimpressionen in seinem Artikel *Die sprachliche Schönheit des Widerwärtigen*, erschienen am 14.09.2002 im Holsteinischer Courier: „Was sie geschrieben hat, ist in seiner Intensität manchmal kaum auszuhalten. Man legt das Buch immer wieder zur Seite, muss verschnaufen, verdauen. Liest weiter, fasziniert von der sprachlichen Schönheit des Widerwärtigen. Nelly Arcan möchte kein Mitleid, kein Verständnis.

besonders bedrohlich werden hier Frauen empfunden, und die Mutter ist wohl die einzige Figur im Werk, die keine Gefahr darstellt, dadurch auch die einzige, die innerhalb der von Selbstzweifel geprägten Hierarchie herabgesetzt wird. Gegen die Protagonistin stehen scheinbar Tausende: « [...] c´est donc toute une armée de femmes qu´ils baisent, c´est dans cet étalage de femmes que je me perds, que je trouve ma place de femme perdue. » (Arcan, p. 21).

Gegensätze werden bewusst positioniert, um den inneren Zwiespalt der Protagonistin zu verdeutlichen: Zwischen der Reduktion auf eine unter vielen, mit denen geschlafen wird und dem Bewusstsein der persönlichen Verführungskünste, zwischen der Klarheit darüber, dass die Tatsache sich zu prostituieren Hilflosigkeit ausdrückt und gleichzeitig eine Positionierung, wird durch diese semantische Ordnung beim Leser die Wahrnehmung für die Komplexität des Charakters schrittweise geschult.

III.2.2.3.1. Die Mutter als Larve

« [...] mais pour qu´elle se tue il lui faudrait du courage, il lui en faudrait beaucoup pour reconnaître son poids d´être là sans y être, pour qu´elle ne soit plus une larve l´instant d´en libérer le monde. » (Arcan, p. 81)

Die Mutter der Protagonistin steht für eine Totalverweigerung des Systems des ewigen Strebens nach Jugend, Begehren und Schönheit. Nachdem sich der Vater, schon vor der Geburt der Protagonistin, von ihr abgewandt haben soll, scheint sie dem Wettkampf um Attraktivität aufgegeben zu haben. Die Leerstelle, die dem Betrachter hierbei auffällt, ist die Zeit vor ihrer Selbstaufgabe: Der Vater als für die Protagonistin wichtige Instanz des gesellschaftlichen Urteils über Frauen hat das Interesse an ihrer Person, d.h. heißt an ihrer Identität verloren. Dies scheint Auslöser für eine Störung des Selbstwertgefühls gewesen zu sein, sie weigert sich, sich wie andere Frauen um die Aufmerksamkeit des Mannes zu bemühen (« elle aurait pu comme les autres se prêter à ce genre d´exercices, parader devant les hommes pour les exiter », Arcan, p.78), und gibt somit im eigentlichen Sinne eine Stärke, eine Unabhängigkeit vom System preis. Da sie allerdings sonst nicht handelt, erlangt sie keinen anderen, gleichwertigen Respekt der Tochter, die Kommunikationslosigkeit führt zu einem fehlendem Austausch zwischen Mutter und Tochter über Alternativen der Lebensplanung, es findet kein Wertetransfer statt. Für die Protagonistin erscheint

---

Sie legt keine Beichte ab und kein Bekenntnis. Man spürt, dass sie diesen Text schreiben musste, um ihr Leben zu retten.".

es daher logisch, dass sie sich analog zum vorherrschenden Werbeideal der Medien nur durch Jugend definieren kann; eine panische Angst vor einer eigenen Tochter lässt sie das Muttersein kategorisch ausschließen, da es ein verhasstes sogenanntes „Larvendasein" mit einschließt. Was bedeutet dies aber für sie?

« [...] et si je la déteste à ce point ce n´est pas pour sa tyrannie ou pour un pouvoir dont elle jouait traîtreusement, non, mais pour sa vie de larve, sa vie de gigoter, à la même place, se retournant sur son impuissance, sa vie de gémir d´être elle-même, ignorée par mon père, sa vie de penser que mon père de veut rien d´elle, rien pour elle, il ne la déteste ni ne l´aime, seule la pitié le retient de partir là-bas, » (Arcan, p.36)

Die Rückkehr in einen unmündigen sowie unwürdigen Zustand begründet den fehlenden Respekt der Tochter, die sich von diesem Dasein, welches nicht einmal die Konsequenz des Selbstmordes zulässt, angewidert abwendet. Die Individualität der Mutter wird negiert und allein die körperlichen Attribute einer Frau bleiben fassbar und beeinflussbar. Die spätere Prostitution als soziologische Reaktion hierauf ist auch hierin begründet; auch Deschamps erlebte in ihrer Befragung eine Häufung der Konzentration der Invudualität auf den Körper allein. Dieser Larve im Bett, die klagend dahinvegetiert, ist keine Progression möglich, dabei ist gerade diese Bezeichnung gebunden an ein Stadium des Vorsorgens für eine Periode der Blüte. Ein Entpuppen der tatsächlichen Person scheint undenkbar und unförmig wiederholt sich jahrelang ein Schema, welches der Tochter keinen Raum zur persönlichen Entfaltung lässt. Die Mutter ist als Larve zum Sterben verdammt, hat hierauf jedoch keinen aktiven Einfluss. Durch die unklare Paarbeziehung der Eltern gibt die Protagonstin im Folgenden an, eine Partnerschaft im eigentlichen Sinne nicht zu kennen und begründet so ihr Alleinsein. Partnerschaft an sich wird auch nicht definiert, da sie in ihrem Leben durch die Abscheu vor der Elternbeziehung nicht neu entwickelt werden kann, hierfür gibt sie explizite, beispielhafte Erklärungen, wie sie in einer Therapiesitzung[156] üblich wären. Und auch

---

[156] Die Sitzungen beim Psychoanalytiker, die ebenfalls thematisiert werden, sind allerdings von einer großen Sprachlosigkeit geprägt; ein mündliches Offenbaren scheint ihr unnatürlich. Hier verdichten sich die Hinweise darauf, dass es sich bei ihrem Schreiben um therapeutisches, automatisches Schreiben handelt, dessen Zweck erst bei der Umsetzung deutlich wird und durch welches eine Verarbeitung erst möglich scheint; der Einsatz wird allerdings offen ironisiert: « Alors je parle de tout et de rien car le règlement veut que j´associe librement ce qui me vient à l´esprit, et qu´est ce qu´associer librement, je ne le sais pas, personne ne le sait. », Arcan, p.99.

hier geht sie über eine normale Schilderung hinaus, denn, wie bei einem unvollständigen Puzzle, liefert die Protagonstin auch hier die Gegenseite. Ihr ist durchaus bewusst, wie grausam ihr Hass ist, sie fragt sich, wie sie es zulassen konnte, sich so weit von ihr zu entfernen: « [...] comment ai-je pu te laisser seule dans ce lit où tu meurs » (Arcan, p.83). Ferner entwirft sie Vermutungen über die Zeit, in der ihre Mutter jung und begehrenswert war, da sie sich daran erinnert, sie als Kind schön gefunden zu haben. Auch werden zum ersten Mal Charakterzüge nicht ausgespart, die eine Frau begehrenswert machen könnten; hier nennt sie Charme, Fröhlichkeit, Hoffnung und Zärtlichkeit (Arcan, p.107), die eine Frau würdig machten, geliebt zu werden. Doch diese spielen aktuell keine Rolle mehr, es bleibt bei Hypothesen. Sie wird zur Mutter, ihr Vater unterstreicht ihre Existenz als « l´unique lien de mon père avec le cadavre de ma mère » (Arcan, p.124) durch sein Handeln; so nennt er sie in seiner Wut beim Namen ihrer Mutter und umgekehrt. Sie revoltiert dagegen (« Que mon père se tue à raconter comment il est possible pour l´homme de connaître une vie pire que la sienne, pire que la vie sur cette terre[...] », Arcan, p.163) erträgt seinen Egoismus nicht, bleibt jedoch unfähig, sich wahrhaft zu lösen und einen echten Appell an ihn zu richten. Der Appell ergeht allein an ihre Mutter, wird jedoch nicht ihr gegenüber ausgesprochen. Diese hätte agieren müssen, als die Protagonistin als Kind, wie eine Art Puffer zwischen Vater und Mutter im Bett lag: « [...] elle aurait dû me mettre hors d´état de nuire et me donner la chance d´être normale, de vivre une vie de femme avec un homme » (Arcan, p.176). Die Protagonistin möchte sich aus dem ihr vorherbestimmten Larvendasein befreien. Arcan selbst weist auf die bewusste Wahl der Termini hin:

« Attention avec les thèmes des larves et des schtroumpfettes, car ils sont pris forme dans une histoire entre les parents et sont ensuite plaqués sur l´ensemble de la société. La narratrice est à la fois larve et schtroumpfette, elle veut sortir sa mère de la dépression et elle conquiert pour elle le plus d´hommes possible. » (vgl. Couture, François)

Sie erkennt, dass ihr Vater auch ihr Hurendasein als weiteren Punkt seines misslungenen Lebens entdecken würde und verzweifelt über dieses Bewusstsein. Doch warum der Terminus *Putain*?

III.2.2.3.2. Die Tochter als Hure
Die Wahl des Wortes *Putain* anstelle mehrerer anderer semantischer Möglichkeiten, auch für den Titel des Werks, steht in direkter Verbindung zur Bedeutung des Akts Prostitution für die Protagonstin. Pierre Guiraud liefert uns hier einen wichtigen Hinweis:

« Le mot *pute*, auquel remonte toute la série, vient du latin *putida* « puant ». C'est un des sémantismes fondamentaux du français qui fait de la prostituée une « ordure » et un objet de dégoût. Pour aussi évidente que cette idée puisse paraître à certains, il faut réléver qu'elle est loin d'être universelle. Elle est particulairement forte dans nos cultures chrétiennes, judaïques et islamiques. On a relevé dans ce dictionnaire plus d'un millier de mots pour désigner la « prostitué ». La presque totalité est dénigrante et la plupart des mots sont franchement ignobles. »[157]

Für die Tochter steht ihr Vaterkomplex im Zentrum ihrer Tätigkeit als Hure, umfasst die körperliche Ebene doch ihr einziges Ventil, ihm nahe zu sein. Die christliche Bindung des Vaters macht den Begriff Putain zu einer Notwendigkeit, gebraucht er ihn doch selbst und sieht er, wie Guiraud uns mitteilt, in der monotheistischen Tradition. Der Mythos des Fremdgehens gegenüber ihrer Mutter löste, laut ihrem eigenen Bekunden, bei der Protagonistin Neid aus; sie legte für sich fest, dass nur ihre Eigenschaft als sexuelles Wesen väterliches Interesse auslösen könnte. Als Hure ist sie immer noch hochwertiger als die verlassene Mutter, wobei sie ihr diese Aktivität gewünscht hätte: « [...] mieux aurait valu qu'elle le fasse, qu'elle devienne une putain » (Arcan, p.78). Der Wunsch zu sterben resultiert aus der Unmöglichkeit, dieses inzestuöse Verhältnis auszuleben und dadurch die Paarbeziehung der Eltern zu retten. Ein echtes inzestuöses Verhältnis scheint es jedoch nicht gegeben zu haben, wenn auch zahlreiche Anspielungen in Text darauf vorhanden sind. Ein klarer Beleg findet sich aber auf Seite 165:

« Et c'est bien vrai que mon père ne m'a jamais violée alors que j'étais sur ses genoux, les petites fesses qui bougent sur sa queue pour trouver un point d'appui, il ne m'a pas violée mais il a fait pire, il m'a prise sur ses épaules pour m'enseigner son point de vue sur le monde, son point de vue qui prend plaisir à traquer les gens heureux et à écraser les fleurs pour l'unique raison qu'elles ont pousée dans une serre et non selon la volonté divine [...] »

Sie wünscht sich jedoch anstelle dieser geistigen Vergewaltigung, deren mystische Ideen sie verfolgen, einen tatsächlichen, körperlichen Kontakt. Dieser ist eine Folge der misslungenen Erziehung des Vaters „Gewohnt vom Vater als Prinzessin hofiert zu werden, beginnt sie in der Pubertät ihren Körper zu hassen. Erst später erkennt sie, dass ihr fremde Männer, ihre Freier, die Bewunderung schenkten, die ihr Vater ihr nicht mehr gab."[158]

---

[157] Guiraud, Pierre: *Dictionnaire érotique*, Éditions Payot: Paris: 1978, p.528.
[158] Jung, Ina: *Nelly Arcan: Hure*, aufgerufen am 14.Oktober 2002 unter www.br-online.de/kultut/literatur/lesezeichen.

Im Zentrum der verbotenen Hurerei steht für die Protagonistin die Fellation des Vaters, wobei sie sich ihrer Zähne bedient, letztlich verletzen möchte, es aber nicht schafft. Sie fühlt sich durch ihre Fellationen mit dem Vater verbunden: «[...] je ne sais que serrer les dents toujours plus sur l'insistance des queues dans ma bouche, sur la queue de mon père qui commerce avec les putains.» (Arcan, p.85).

Sie wartet auf ihren Vater, der durch jede, jedoch nicht seine eigene Frau erregt wird, um ihn zu ihrer Mutter zurückzuführen, und leidet unter dieser «[...] impuissance à ne pas mourir de la destitution de ma mère qui se rejoue sans arrêt.» (Arcan, p.86). Sie gleicht einer Hysterikerin, die sowohl (im Freudschen Sinne) ödipal[159] fixiert als auch psychotisch ist, da sie gleichzeitig ein christlich orientiertes Büßerverhalten imitiert. Durch diese Selbstzerstörung, die Lösung des Mutterkonflikts erhofft sie sich letztlich eine eigene Identität. Dieses neurotische Verhältnis als Hure ihres Vaters führt zu einem Teufelskreis der exzessiven Wiederholung des Akts; ihr Abhängigkeitsverhältnis zu den Eltern wird durch ihre neue Identität als Prostituierte verschoben, ihr Geist und ihr Wille gebrochen und trotz ihrer inneren Transparenz («[...] et pour toutes ces raisons mon esprit meurt aussi, il meurt du poids de ma mère.» (Arcan, p.81). Sie stellt durch diese Niederlage eine «larve devant les femmes» (Arcan, p.95) dar, ihre Psychoanalyse führt es ihr vor: («[...] ma mère est comme moi et je suis comme ma mère, mais oui c'est vrai que je finis par me perdre dans tous ces jeux de miroir.» (Arcan, p.98). Die Angst des Verlusts wird allerdings weiter konkretisiert. Arcan arbeitet bei ihrer Darstellung der Psychose mit Wiederholungen, die stets an bereits Erläutertes anknüpfen; ihre Angst vor dem Tod als Konsequenz ihres Hurendaseins verknüpft sie mit ihrer durch die religiöse Bindung des Vaters enstandene Furcht vor dem Fegefeuer:

«[...] et si j'hésite encore à me tuer, c'est aussi parce que j'ai peur de ce qui m'attend, enfin il me semble, j'ai la tête pleine des histoires de mon père sur l'enfer et ses tourments, des sept couloirs des sept péchés capitaux qui se referment sur des centaines de milliers de corps en chute libre vers un brasier fait de centaines de milliers de corps écrasés là depuis des siècles.» (Arcan, p. 145)

---

[159] Auf die stark auf psychoanalytischen Grundlagen basierende Selbstanalyse angesprochen, erwidert Arcan selbst, dies sei nicht von vornherein intendiert worden, sondern sie sei sich dessen beim Schreiben bewusst geworden. Die Beurteilung dieser Aussage fällt indessen schwer, da sie direkt daran anschließt, dass dies wohl einige Wahrheiten offengelegt habe (vgl. Interview Péan) und sich diese Hellsichtigkeit an der Methode der Psychoanalyse reibt: Ganz offensichtlich integriert sie in ihre Aussagen auch Ergebnisse der Gesprächstherapie mit ihrem Psychoanalytiker.

Mystik spielt trotz der Doppelmoral des Vaters dennoch eine entscheidende Rolle, letztlich ist es das Festhalten an der Illusion einer Moralität, welche sie am Leben erhält. Und doch reflektiert sie über ihre misslungene Adoleszenz und sieht klar die Gründe für das Ungleichgewicht ihrer Körperlichkeit, ihre Bulimie und ihre Prostitution, den Vater als Auslöser: « [...] c'est lui qui a fait de moi une schtroumpfette, qui m'a élevée minuscule et bleue au milieu de grands champignons blancs, de forêts immenses habitées par les fées et les sorcières. » (Arcan, p. 166). Doch wie erklärt sich diese diffuse Einteilung in die Phantasiefigur Péyos und dem allgemeingültigerem Begriff *Puppe*?

III.2.2.3.3. Frauen als Schlumpfinen und Puppen

Die Differenzierung der verschiedenen Frauentypen dient im Endeffekt zur Denunziation nicht nur der Unsäglichkeit der Tätigkeit als Prostituierte, sondern auch zur Verdeutlichung des unnatürlichen Frauenbildes der Moderne. So ist ihr erster Impuls nach der Prostitution der Wunsch nach dem baldigen Tod: « [...] je veux seulement mourir au plus vite mais pas ici, pas dans cette chambre » (Arcan, p. 27). Nachdem sie täglich um die acht Kunden bedient, ca. 500 Dollar verdient, stellt sie sich vor, wie diese sich auf dem Flur begegnen, mit einer Miene, als sei es das Normalste der Welt, sich eine Frau zu kaufen. Sie formuliert einen expliziten Vorwurf der Doppelmoralität an ihre Kunden, die sie gleichzeitig als Väter wahrnimmt: « [...] et que faites-vous ici dans cette chambre à me jeter du sperme au visage alors que vous ne voudriez pas que votre fille en reçoive à son tour. » (Arcan, p.108). Arcan übt anhand der Protagonistin nichts weiter als einen Appell an ein zu erneuerndes Frauenbild, welches sich folgendermaßen definiert: « [...] oui, une femme c'est tout ça, ce n'est que ça, infiniment navrante, une poupée, une schtroumpfette, une putain, un être qui fait de sa vie de larve qui ne bouge que pour qu'on la voie bouger. » (Arcan, p.43). Guiraud jedoch setzt in seinem Dictionnaire érotique die Grenze dieses Appells, dessen sich die Autorin auch bewusst zu sein scheint:

« Cette dévalorisation de la femme – conséquence de son aliénation- est un fait culturel considérable. Sans poser ici ce problème, on peut observer que la femme est un bien de consommation d'une très faible valeur ; des centaines de millions d'hommes par le monde, après une gamelle de haricots ou une calebasse de manioc, ont le choix – pour leurs derniers centimes, cents ou centavos-, entre une cigare, un verre de gnole, un ice-cream ou une femme. Et, si dans nos pays les tarifs de la prostitution peuvent paraître parfois excessifs, ils correspondent, aux différents échelons de la société et des moyens de fortune, à celui d'un repas ou d'une place de spectacle. » (Guiraud, p.97)

Doch es handelt sich um noch mehr als eine Kritik an der Prostitution. Anhand des Bildes der weißgekleideteten Schlumpfine wird dies deutlich. Diese hält als das einzige weibliche Wesen im Schlumpfdorf das Sexualmonopol, ist in der Lage, durch ihre alterne Schönheit alle zu verzaubern und muss keine Konkurrenz mehr fürchten, ist sie doch allein. Arcan nutzt diese Phantasiefigur, um das Streben nach ultimer Perfektion zu illustrieren. Um dieses Ideal zu erreichen, müssen sich laut der Protagonstin Frauen heute mit Magersucht, Schönheitsoperationen und der Aufgabe freundschaftlicher Verhältnisse zu anderen Frauen abfinden, und auch dann werden sie keine Würde erreichen: « [...]ma petitesse de schtroumpfette qui aime faire gonfler ses lèvres avec du silicone, les lèvres et les seins, avoir ce que ma mère n´a jamais eu » (Arcan, p.92).

Als Puppen wiederum werden vor allem Hausfrauen charakterisiert, die ihren Mann analog zu ihrer Mutter (die allerdings nicht so schön ist wie diese Puppen) fortwährend lamentieren: « [...] mais pourquoi n´es-tu jamais là, ta carrière est plus importante que ta famille, je suis si seule et j´ai besoin de toi, je m´ennuie car je n´ai rien d´autre à faire que me faire belle pour toi. » (Arcan, p.102). Arcan komplettiert somit ihr Bild, indem sie auch die Frauen kritisiert, die dieses Bild mit tragen und es willig akzeptieren, ohne auch nur den Versuch einer Emanzipation zu wagen. Der Angriff fällt hierbei ungewöhnlich harsch aus:

« [...] les femmes ont souvent trop de ce qu´elles ont, elles sont toujours trop ce qu´elles sont, rivées à leur sexe, à ce qu´on en dit, incapables de réinventer leur histoire ou de penser la vie en dehors de sondages des magazines de mode, inéuisablement aliénés à ce qu´elles croient devoir être, des poupées qui ont telle taille, telle coiffure, qui ne veulent rien et qui veulent toujours plus, [...] » (Arcan, p. 42)

Die Protagonistin schließt sich in ihrer Misogynität nicht aus, karikiert ihre Geld- und Konsumsucht analog zu den Beobachtungen, die Deschamps bei realen Prostituierten gemacht hat (« [...] là je compte les billets un par un, plusieurs fois de suite [...] encore et encore jusqu´à ce qu´il ne reste plus qu´un chiffre unique que je décompose ensuite en une multitude de choses à acheter [...] » (Arcan, p. 60)) : Sie ist Larve, Puppe, Schlumpfine und Hure in einem, und laut ihrer Definition gibt es nichts unter ihr. Die Autorin Arcan schließt sich in diesem Frauenbild weiter an, sie hat ihre narzisstische Störung erkannt, jedoch nicht verarbeitet:

„Es ist ein klassischer Elektra-Komplex, den Arcan in ihrem Buch ausbreitet, den sie analysiert und durchschaut, aber trotzdem nicht bewältigt: [...] Sie sei so depressiv wie früher auch, sagt sie, die Psychoanalyse hat sie nach zwei Jahren abgebrochen. Doch seit „Hure" erschienen ist, prostituiere sie sich nicht mehr – weil sie genug Geld habe und weil sie die Rache der Freier fürchte, die nun lesen müssen, dass jedes Lustgewinsel gespielt war und wie sehr das scheinbar willige Weibchen mit der sexy nachoperierten Figur von den „faltigen Schwänzen" der Kerle angewidert war."[160]

III.2.2.4. Zur Emotionalisierungstechnik Arcans

Was bleibt von der Gesellschaftskritik Arcans, ist die Tatsache, dass sich an der moralischen Bewertung des Metiers nichts verändern wird und dass jegliches Potential zur Progression an der Besonderheit der Tätigkeit selbst scheitert. Als besonders geeignet für eine Konzentration auf die Emotionalisierungstechnik Arcans scheint die Schlusssequenz, in der die Protagonistin ihre Tätigkeit in Hinblick auf Pornographie und Zweierbeziehungen resümiert und wertet. Prostitution wird hier zunächst in den direkten Kontext heterosexuellen, partnerschaftlichen Verkehrs gesetzt, wobei es nur um die Notion der Lust geht, nicht um technische Details. So wird berichtet, dass auch in der Situation eines freiwilligen, auf Liebe und Lust basierenden (und somit für die Protagonistin unbekannten) Geschlechtsverkehrs gerade Frauen besonders stöhnen, als wollten sie sagen: « [...] écoutez-moi comment je sais jouir, écoutez combien il n´y a que moi qu´on puisse entendre, comment je suis la seule ici qui sache faire bander. » (Arcan, p.180/81). Hier wird direkt auf tierisches Revier- und Fortpflanzungsverhalten angespielt; Ängste anderer, sich nicht prostituierender Frauen werden an den Pranger gestellt. Die unterschwellige Idee dahinter lautet, dass, ähnlich eines röhrenden dominanten Hirsches, nur die Hure zur reinen Lusterfüllung geeignet ist, andere Formen als starke Verlautlichung des Aktes führen zum Ausschluss aus einem Qualitätsverfahren. So kommt es bei der Leserin, doch auch beim aufmerksamen Leser zur einer Auseinandersetzung mit dem internen Konfliktpotential der Prostitution – Frauen werden generell, auch ohne eine expliziten Prostitution, als Lusterfüllerinnen der Männer verstanden, die sich noch dazu in einem Rangordnungszwang befinden. Eigene Hemmungslosigkeit als Ursache der Verlautlichung steht nicht zur Diskussion. Missgunst und Verachtung anderer Rivalinnen gründen hierbei häufig auf Verlustängste. Doch findet auch hier wieder eine parallele Auseinandersetzung mit der Gültigkeit dieser Doktrin statt. Die Protagonistin fragt sich anschließend explizit, warum die Stimmen, die sie hört, immer Frauenstimmen sind. Doch nicht die Ursachenforschung steht dabei im Vordergrund, sondern die Ideali-

---

[160] Wellershoff, Marianne: *Die bitterböse Schlumpfine*, in: Der Spiegel 40/2002, p.186-188.

sierung des männlichen Umgangs mit Sexualität. Männliches Begehren bleibt still, als ob Männer die Affirmation ihrer Lust nicht nötig hätten. Die Intonation weiblichen Verlangens während des Sexualakts, ob gespielt oder echt, wird daher mit der „Kunst" der Hurerei in direkte Beziehung gesetzt: Männer hätten dies nicht nötig, es läge in dem Begehren der Frauen, das zu Gehör zu bringen, was man mit ihnen macht, um diese zu bestätigen. Im Sinne des passivisch angelegten Frauenbilds der Protagonistin wird so die These dargeboten, dass Frauen nicht in der Lage sind, sich selbst zu definieren, nicht einmal, sich gehenzulassen: Selbst in einer gesicherten Zweierbeziehung gäbe es diesen Kampf um Geltung, analog dazu immer auch das Bemühen um die Aufmerksamkeit anderer Männer. Eine erfüllte, entspannte und gleichberechtigte Partnerschaft kann somit nicht existieren, diese Philosophie entwickelt Arcan, indem sie ihre Protagonistin am Ende diese Überlegungen anstellen lässt. Und so überzeugt uns Arcan, denn rein kognitiv gibt ihr der Leser an dieser Stelle recht: Es gehört zur gesellschaftlichen Konvention, dass eine Frau sich hingibt; die Werbung um Konsumgüter spielt mit dieser Rolle, Solidarität und Großzügigkeit spielen in der sexualisierten Öffentlichtkeit keine Rolle. Anders als bei Jones-Gorlin wird hier anhand der Protagonistin eine Facette der Sexualität dargestellt, die den Leser nicht in ein begrenztes Feld der Metapherlosigkeit zwängt; der Spielraum wird durch klar sichtbare psychische Prozesse erweitert. Ursachen der Neurosen werden deutlich – wie es zur Pädophilie Simons kam, ist unklar. Dennoch spielt auch Arcan mit uns, denn es ist mehr als die bloße Psychologisierung der Protagonistin, mit der wir an dieser Stelle konfrontiert werden:

So ist die oben besprochene Passivität der Weiblichkeit ein wiederkehrendes Motiv, auch in der Literatur. Stöhnen beim Geschlechtsakt gilt zunächst als Ausdruck der Hingabe, des Erobertwerdens und erfüllt ein klassisches männliches Motiv, gerade in der Pornographie. Hier deckt Arcan eine Scheinheiligkeit auf und vollzieht, nach ca. 180 Seiten der Kettensätze und Wiederholungen den scheinbaren Beweis für die fehlende Neurose der Protagonistin: All diese Klischees, die Urangst des Mannes (dass Frauen in der Lage sind, einen Orgasmus vorzutäuschen, ohne dass sich der Mann dessen bewusst ist), die Übernahme von Stereotypen aus Werbung und Film, sind kognitiv nachzuvollziehen, und hierin liegt die Kunstfertigkeit des Romans. Sie überzeugt den Leser abschließend, dass eine Sicherheit über die echte Hingabe, die wahre Liebe, die in dieser ihren Ausdruck findet, in der multimedialen Gesellschaft, in welcher alle Sinneseindrücke käuflich und visuell gefälscht sein können, abschließend zu negieren ist. Die Protagonistin widerspricht nicht nur der Möglichkeit, dass lautes Schreien ein Begleitumstand des Orgasmusses sein kann, sie verweist explizit darauf, dass sie in aller Stille einen Orgasmus haben oder ohne jede Erregung schreien kann, es also untypisch sei, diese Reaktion zu zeigen.

Gleich im Anschluss dieser Überlegungen, ohne sichtbaren Bruch, folgt der Übergang zu einem Rollenspiel: Ein fiktiver, wahrscheinlich männlicher Leser soll sich vorstellen, er sei der Wolf, die Protagonistin Rotkäppchen. Arcan füllt hier zum Ende ihres Romans ein pornographisches Motiv an, welches erstmalig die Kriterien der Pornographie erfüllt. Konzentriert auf die Visualisierung erscheint das Bild einer Frau, deren Tun und Denken allein auf die Körperlichkeit gerichtet zu sein scheint: «[...] la petite blonde au grand capuchon rouge, les lèvres fardées de rouge et les nattes qui volent en tous sens sous les coups de reins, les yeux révulsés et la bouche entrouverte [...] » (Arcan, p. 181). Die gesamte Szenerie entpuppt sich als Farce, das eigentliche Bestreben der Akteure gilt der Selbsttäuschung. Sinnlos scheint die Aufmachung des Rotkäppchens, es würde im Sinne Arcans nicht einmal vom mordenden Wolf erhört. Es bleibt nur ein jämmerliches Etwas zurück.

Durch gezielte Emotionalisierungstechniken, die frei sind von der erzwungenen Identifikation Jones-Gorlins, zeigt Arcan, dass Sexualität aufgehört hat, etwas Natürliches zu sein, alles ist vorherbestimmt und planbar. Es vollzieht sich nichts als eine ermüdende Wiederholung der Techniken. Begehren zwischen Männern und Frauen, in einem positiven Sinne, gibt es nicht, da dieses, auch nach Arcans eigenen Worten, an „Verrat, Verlassen und Inzest gebunden ist."[161] Der Protagonistin kann ein Wandel dieser Gegebenheiten nicht mehr passieren, da ihr Dasein eng mit dem Tod verknüpft ist und selbst ihr Psychoanalytiker keinen Ausweg mehr weiß. Es ist der Zweifel an dieser Suggestion, die Arcans Werk in die Begrifflichkeit der erotischen Literatur einreiht. Die Mündlichkeit ihres *Récits* provoziert den offenen Widerspruch:

„Den Titel „Hure" schleudert sie dem Leser vielmehr so gleichgültig wie provokant ins Gesicht und stimmt dann statt prickelnder Detailschilderungen eine atemlos murmelnde Litanei an, dahinströmend, seitenlang ohne auch nur einen erlösenden Endpunkt, Bilder tauchen geisterhaft auf, um wieder zu versiegen.[...] Während die Worte bei Millet raumgreifend Gruppensex betreiben, pressen die worte Arcans die Schenkel zusammen." (vgl. Lutz, Cosima)

---

[161] Tiedemann, Aileen: *„Der erste Leser war mein Psychiater"*, Interview mit Nelly Arcan, in: Hamburg Pur, 29.08.2002, p.15.

Sexuelle Handlungen bleiben nur zu real, pornographische Elemente werden nicht nur kaum genutzt, sie werden zudem reflektiert. Wir werden Zeuge einer Verschmelzung der Figur, der Erzählerin und der Autorin, sie ist somit klar in das neue Genre der französischsprachigen Erotik einzuordnen, wenn man diese Kriterien anwenden möchte. Sie selbst nennt es puritanisch, stellt es außerhalb einer Einordnung in beide Genres: „There´s nothing erotic or pornographic about my book. I´d even so far to call it puritanical."[162] Im Text selbst findet sich ein letzter Hinweis auf das Neue an ihrer Taktik: Nicht mehr die Erregung des Lesers ist ihr Ziel, sondern die Verzweiflung desselben, der sich daher wieder in eine natürliche Sexualität flüchten könnte: « [...] qui sait s´il ne se masturbe pas en silence pour donner un peu de vie à mes récits. » (Arcan, p. 186).

Abseits von Millets *Porno chic* und Houellebecqs *Lamentos* über den moralischen Niedergang der Zivilisation wird sie auch innerhalb eines « Pro-Sex-Feminismus »[163] gesehen, wobei ihre Kritik zwiespältig ist:

> „Arcan schwankt zwischen Machtausübung und Unterwerfung, hadert mit der aufgezwungenen und einengenden Rolle als Frau. Ihr Versuch, sich als Edel-Prostituierte von der religiösen und provinziellen Borniertheit des Elternhauses zu befreien, muss dabei unweigerlich scheitern. Der Teufel lässt sich eben nicht mit dem Belzebub austreiben. „Es dürfte nur noch ein Geschlecht geben, oder die Frauen brächten sich angewidert alle auf einmal um", formuliert sie in „Hure" die monströse Konsequenz, die sie aus der industriellen Vermarktung der Sexualität zieht. Um sie dann flugs wieder zu relativieren, denn „schließlich kommt es darauf an, sich der Realität anzupassen". Für die erotische Literatur bedeutet das Schock statt Schick, Kampf statt Krampf."(vgl. Freuler, Regula)

Laut Robert Chartrand wird man vergeblich nach einem „érotisme coquin ou excessif" (vgl. Chartrand) suchen, wie man ihn in französischen Romanen eher findet. Doch aufgrund des großen Erfolgs des Werks, gerade in Frankreich und in Deutschland[164], wird dieser kanadische Roman jedoch gleichsam zu einem europäischen Phänomen, denn er gleicht einem psychoanalytischen Familienroman und wäre wohl auch in der Bretagne denkbar. Obwohl er seine Eigenständigkeit besitzt, gehört er wie bereits erwähnt dennoch zum beobachteten Genre, denn er bedient sich der gleichen

---

[162] Arcan, Nelly, in: Paiement, Géneviève: *No bed of roses*, Interview mit Nelly Arcan, in: Mirror, Montréal, 4.04.2002.

[163] Freuler, Regula: *Lust? Aber immer! Porno? Danke, nein!*, in: SonntagsZeitung (Zürich), 22.9.2002.

[164] siehe Péan, Stanley: Nelly Arcan: *Les hommes qui passent, maman*, (Interview mit Nelly Arcan),in: Le magazine, aufgerufen am 26.06.2002 unter www.librairiepantoute.com/magazine7rencontres/arcan.asp: « [...] premier livre de Nelly Arcan, qui fait la manchette à Paris ».

Mechanismen der Vermarktung, basiert auf autobiographischen Fakten und entkräftet seine Einzigartigkeit[165] durch den wohlkalkulierten Folgeroman *Folle*. Dies ist vielleicht von Arcan nicht ursprünglich intendiert, wurde aber sicherlich billigend in Kauf genommen. So äußerte sie sich selbst überrascht, als sie in eine Reihe mit Autorinnen wie Millet oder Angot gestellt wurde.

« Je ne connaissais même pas ces auteurs il y a quelques semaines, confesse Nelly Arcan sans fausse modestie. J´ai écrit mon livre un peu à l´écart de tout cela, j´étais dans mon monde; j´étudie la littérature et ne lis presque pas de contemporains, vu les programmes de lectures déjà chargés. »[166]

Dies bedeutet allerdings nicht, dass er keine literarische Leistung darstellen würde, er bleibt jedoch durch seine Medialität ein Sonderfall:

« Mais il ne suffit pas d´être remarqué par les médias. Encore faut-il qu´ils apprécient. Or, indépendamment du fait qu´il soit « scandaleux », le roman de Nelly Arcan se situe à un très haut niveau littéraire. [...] Un fond à la fois très noir et très brillant, sorte de diamant noir qui étonne par sa profondeur, surtout de la part d´une jeune femme de 26 ans qui en est à son premier roman. »[167]

Zudem enthält er einen expliziten moralischen Appell gegen die Institution der Prostitution, den Arcan auch selbst nannte: „Ich wollte diese Scheinheiligkeit anprangern und sagen, dass diese Väter das Beste auch für die Töchter der anderen wollen sollen."[168]. Publiziert zu einem anderen Zeitpunkt, wäre Arcans Werk sicherlich anders wahrgenommen worden. Innerhalb der fünf vorgestellten Werke handelt es sich um eine autonome Form literarischer Qualität, die nicht nur innerhalb der neuen französischen Erotik eingeordnet werden kann: So las sie 2002 in Hamburg mit Fritzi Haberlandt zusammen aus ihrem Werk in der Diskothek „Mojo Club" (vgl. Wellershoff, Marieanne), einer Lokalität, in der normalerweise Popliteraten wie Benjamin Stuckrad-Barre auftreten. Momentan publiziert sie in einem Blog[169] kürzere Artikel über breitgestreute Themen wie Pädophilie, Michael

---

[165] Diese wurde dadurch definiert, dass der Roman als « récit vitriolique » gefeiert wurde, der weder durch einen « exhibitionisme sordide » noch durch « autoapitoiement » auffallen würde (vgl.Péan).
[166] Arcan, Nelly; in: Navarro, Pascale : *Nelly Arcan, Journal intime*, aufgerufen am 25.07.2007 unter http://www.voir.ca/livres/livres.aspx?iIDArticle=17468.
[167] Robitaille, Louis-Bernard: *Le diamant noir*, in: Cyberpresse.ca vom 9.9.2001.
[168] Arcan, Nelly, in: Diller, Christiane: *Aufruhr um die „Hure"*, Interview mit Nelly Arcan, in: Münchner Merkur, 23.09.2002.
[169] http://divertissement.blogue.canoe.ca/?author=150.

Moore oder den USA-Russland-Konflikt. In ihrem jüngsten Werk *À ciel ouvert*, welches im August 2007 erschien, entwickelt sie ihre Motive der Kritik moderner Wettbewerbsmechanismen unter Einbeziehung zweier Protagonistinnen in Montréal, die sich einander im Kampf um Schönheit und die Gunst eines Mannes näher kommen und sich bekämpfen. Hierbei erscheint

« […] le monde comme un four, tourné vers l´enfer, mais surtout comme des milliards d´existences à côtoyer en un voisinage planétaire, comme un harassement d´opinions et de réclamations, de différences et de dénonciations, avec ses bulletins de nouvelles et ses bilans de morts, sa pression à tenir à l´écart et son vacarme à fuir, ses incessantes manifestations à repousser si on tenait à la vie. »[170]

Hierbei wird vor allem die Vergänglichkeit der Schönheit und das Muttersein als Existenzwechsel (und nicht, wie in *Putain*, als Sterben des Seins) entwickelt, wobei sich die Autorin immer noch auf die Bedrohlichkeit der Präsenz anderer Frauen bezieht. Frauen werden als Ikonen der Werbung und der modernen Stilisierung gewertet (« Cette femme était vraiment belle mais d´une façon commerciale, industrielle, avait-elle noté sans la juger puisqu´elle en faisait elle-même partie, de cette famille de femmes dédoublées, des affiches. », Arcan, 2007, p.16). Die Körperlichkeit bleibt weiter im Vordergrund der Betrachtung Arcans, doch die Sprachgewalt wird perfektioniert, sie scheint, auch wenn das männliche Interesse weiter Dreh- und Angelpunkt allen handeln bleibt, fähig zur Progression; dies beweist sie durch Metaphern wie « cicatrice de cœur manquant » (Arcan, 2007, p.16); die Wunden, die sie aufriss, scheinen heilbar und reflektierbar. In klassischem Gewand erscheint eine Vorstellung der Protagonistin Rose, deren Kindheiterlebnisse als Ursache für ihr Handeln aufgedeckt werden; die innere Leere beider Frauen wird sukzessive aufgebaut (« Julie était une femme qui s´ennuyait parce que son corps avait survecu à la mort de son âme. » Arcan, 2007, p.32). Als Lösung erscheint Passivität, die Panik vor der eigenen Seelenlosigkeit, die unbegründete, sinnlose Existenz. Die Frau als Kunstwerk der plastischen Chirurgie ist eine logische Weiterentwicklung der Puppen, Schlumpfinen und Larven, die Arcan in ihrem ersten Werk vorstellte. Die neue Frauenfigur entledigt sich im Folgenden des Mannes, nicht ihrer Selbst. Ähnlich wie im Werk von Virginie Despentes wird im Zerstören der letzte Ausweg aus der als grausam empfundenen Realität gesehen; rudimentäre menschliche Regungen verschwinden angesichts des Kampfs um Schönheit und Anerkennung, so die Botschaft

---

[170] Arcan, Nelly: *À ciel ouvert*, Édition du Seuil: Paris 2007, p.8/9.

Arcans: « Dans ce vide le mouvement n´existait plus ou si peu: l´amour et la haine, les sentiments de base, avaient été remplacés par deux monolithes, la somnolence et l´agacement » (Arcan 2007, p.32). Arcan gelingt es somit, ihre Ansätze gesellschaftskritisch zu verorten, sich zu positionieren; hierbei wiederholt sie ihre Thesen zwar, ähnlich wie (später ausgeführt wird) Houellebecq, doch belegt sie literarische Qualität. Das Motiv der Gewalt wird bei der Autorin Despentes um ein vielfaches potenziert, was nun thematisiert werden soll.

III.3. Virginie Despentes: *Baise-moi* (1994)

Die literarische Verknüpfung der Bereiche Sexualität und Gewalt evoziert ein zweifaches Stimulans beim Leser[171]: Zum einen enthält sie das verkaufsfördernde Element des Voyeurismus, dem sich der Nutznießer der Literatur hingeben kann, ohne selbst zu leiden, zum anderen ist innerhalb dieses Mediums die Konzentration auf eine sexuelle Devianz ohne Ablenkung von außen möglich. Im Falls des Werkes *Baise-moi*, durch welche Despentes sowohl durch die Verfilmung als auch durch die literarische Vorlage Interessenten anzog, wurde bewusst mit beiden Medien gespielt, wodurch sich die Notwendigkeit einer näheren Betrachtung beider Werke ergibt: Inwiefern ergänzen sie sich, wodurch wird welche Befriedigung beim Leser intendiert?

Die Fragestellung ergibt sich, wie bei den bislang vorgestellten Autoren auch, durch die medienwirksame Selbstdarstellung der Autorin, die an beiden Projekten direkt beteiligt war. In einem ersten Schritt soll das Werk an sich vorgestellt und in Hinblick auf mögliche Verknüpfungen zum innerliterarischen Auftreten von Filmelementen untersucht werden, in einem zweiten der Film. Der Vergleich wird sich schwerpunktmäßig mit der oben beschriebenen Stimulans beschäftigen, die für eine etwaige Einordnung der Autorin Despentes durch dieses Werk von Bedeutung sein wird. Abschließend werden die Ergebnisse in Hinblick auf die Emotionalisierungstechnik Despentes´ betrachtet.

---

[171] Ob dieser hauptsächlich männlich oder weiblich ist, möchte ich an dieser Stelle nicht festlegen. Zum einen fehlen gesicherte empirische Erkenntnisse, zum anderen birgt dieses Sujet zu viele Klischees. Es kann heute davon ausgegangen werden, dass sich die Zahl der weiblichen Leser gewaltbeladener Erotik mit den männlichen im Gleichgewicht hält, eine alleinige Fixierung auf männliche Leser halte ich für unwahrscheinlich.

III.3.1. Analyse Teil 1 (p.5-86): Über die Negation der romantischen Liebe

Der Einstieg in den Roman ist geprägt durch offene pornographische Hinweise: Eine durch die Realität gelangweilte Protagonistin namens Nadine sieht einen Erotikfilm, deren Themen an klassische pornographische Motive erinnern (Domination einer blonden, dann einer schwarzen Frau, Zwang zum Urinieren/zur Fellation, körperliche Unterdrückung durch einen omnipotenten Darsteller). Nadine betrachtet anscheinend gezielt und aufmerksam diese Szenerie, geprägt von ihrer Wahrnehmung wird diese geschildert: « Puis il l´empargne par les cheveux et la force à le sucer. »[172] Die junge Frau lebt zusammen mit Séverine, dem Prototyp einer arbeitsamen und naiven Jugendlichen in einer Wohngemeinschaft, die als Zweckgemeinschaft definiert ist. Nadine provoziert, gibt an, vor Séverine masturbieren zu wollen, diese ekelt sich und ist gleichzeitig durch die Unhöflichkeit und Dreistigkeit ihrer Mitbewohnerin fasziniert. Die Prostitution, die Nadine ausübt, wird von Séverine ignoriert; ihre Anfeindungen banalisiert. Séverine glaubt an die durch die Medien propagierte „wahre Liebe"; nach einem One-Night-Stand wartet sie vergeblich auf einen Anruf des Mannes, dessen Gleichgültigkeit ihr unbegreiflich erscheint: « On avait super bien discuté. Je comprends pas pourquoi il rappelle pas. C´est dégueulasse, comment il s´est servi de moi. » (Despentes, p.8). Es handelt sich bei der Schilderung der Enttäuschung von Séverine um eine Ironisierung romantischer Motive einer Liebesdefinition die von gegenseitigem Respekt, Wohlwollen und Interesse geprägt ist. Die Realität, die von Nadine wahrgenommen wird, schließt einen Liebesbegriff in diesem Sinne nicht ein. Sexualität und Liebe treten isoliert auf, die Bejahung einer zärtlichen Relation zweier Menschen wird belächelt und unter Vulgarismen als Banalität abgewertet: « A croire qu´elle a le con trop raffiné pour qu´on lui fasse de bien avec une queue. » (Despentes, p.8). Über den Umweg der Figur Séverine wird die Moralität des Romans entwickelt, und nur in diesem Zusammenhang ist die Figur Nadine und ihr späteres Handeln zu betrachten: Traditionelle Muster wie Heirat werden dezidiert abgelehnt, das Bemühen um den anderen als lächerlich empfunden, ein Feindbild Mann wird indirekt aufgebaut, um dessen willen Frauen sich Schönheit, Reiz und Sinn erkämpfen.

Parallel hierzu wird eine weitere Protagonistin vorgestellt, Manu, eine ebenfalls junge Alkoholikerin, deren Selbstbild völlig zerstört scheint. Der Sinn ihrer Existenz ist das Vergessen, Alkohol und Sex konsumiert sie

---

[172] Despentes, Virginie: *Baise-moi*, Éditions Florent-Massot: Paris 1994, p.6.

wahllos: « De foutre, de bière ou de whisky, n´importe quoi pourvu qu´on la soulage.» (Despentes, p.14). Ein Kind spricht sie auf den Mord an einem Freund an, sie reagiert aggressiv, kann Gespräche, die emotionale Reaktionen erwarten, nicht ertragen. Das Paradoxe an dieser Figur definiert sich folglich daraus, dass sie eine Osmose mit ihrer Umwelt eingeht, die sie zur Befriedigung ihrer Bedürfnisse nutzt, wobei sie im Vorfeld diese zu vergessen suchte. Die Wahrnehmungsänderung der Person wird auch hier durch das Medium Film unterstrichen: Sie glaubt, quasi in einer Art Kompromisslösung zwischen den Positionen von Séverine und Nadine, an eine verborgene Liebesdefinition, die sie jedoch aufgrund ihrer Sucht nicht entdecken kann, es bleibt ein vages Gefühl, dass die Realität, im Gegensatz zum Film, etwas Liebenswürdiges enthalten müsse (« Le pire, avec les cons, c´est qu´ils ne sont strictement antipathiques que dans les films. Dans la vraie vie, il y a toujours quelque chose qui traîne de chaleureux, d´aimable.» (Despentes, p.18)). Diese Ahnung spiegelt konträr die aktuelle Tendenz in der Gesellschaft, Werte und Institutionen wie Familie, Harmonie, konservative Traditionen wieder mehr in den Vordergrund zu rücken[173]. Gleichzeitig sträuben sich viele gegen diese Tendenz, da sie die

---

[173] Laut der Shell-Studie 2006 wird beispielsweise der Familie eine stärkere Bedeutung zugemessen: „Entgegen der These von der Auflösung von Ehe und Familie lässt sich bei den heutigen Jugendlichen eine starke Familienorientierung feststellen, die in den vergangenen vier Jahren sogar noch etwas angestiegen ist. 72 % der Jugendlichen sind der Meinung, dass man eine Familie braucht, um wirklich glücklich leben zu können (2002: 70 %). Angesichts der relativ schlechten Wirtschaftslage sind junge Männer und Frauen vielfältigen Anforderungen von Bildungsinstitutionen und Arbeitgebern ausgesetzt. Trotz aller Leistungsanstrengungen können sie keiner garantiert sicheren Zukunft entgegensehen. Der Rückhalt im privat-familiären Bereich ihrer Herkunftsfamilie bietet den Jugendlichen die Möglichkeit eines Spannungsausgleichs. Die Familie kann Sicherheit, sozialen Rückhalt und emotionale Unterstützung bringen. Mädchen und junge Frauen sind im Vergleich zu Jungen und jungen Männern weiterhin stärker familienorientiert (76 % zu 69 %), wünschen sich häufiger Kinder (69 % zu 57 %), kommen häufiger sehr gut mit ihren Eltern aus (41 % zu 35 %) und befinden sich früher in festen Partnerschaften. Mädchen werden früher als Jungen selbständig und ziehen eher aus ihrem Elternhaus aus (33 % zu 24 %). Gleichzeitig wächst die Zahl junger Erwachsener in Deutschland, die auf die Realisierung von Kindern und Familie verzichten. Ein Wunsch nach eigenen Kindern existiert vor allem aus emotionalen Gründen. Ungünstige gesellschaftliche Rahmenbedingungen können die Erfüllung des Kinderwunsches bei vielen jungen Menschen jedoch verhindern. Insbesondere junge Frauen sind bei der Familiengründung mit vielfältigen Schwierigkeiten konfrontiert, weil Ausbildung, berufliche Integration und Partnerschaft mit Familiengründung in einem sehr kurzen Zeitfenster komprimiert sind, der so genannten »Rush Hour des Lebens«." (http://www.shell.com/home/content/de-de/society_environment/jugendstudie/2006/jugendstudie2006_familie.html).

Gefahr der Selbstaufgabe, der Offenlegung persönlicher Schwächen birgt. Die Sehnsucht nach Geborgenheit, die Manu nicht ausleben will oder kann, lässt sie grausam handeln. Die Monster, die Despentes heraufbeschwört, sind letztlich im Sinne Marzanos zu bewerten, denn sie

« ne sont que le produit ultime d'une société qui considère comme « normal » de faire l'apologie d'une sexualité où les partenaires se « consomment » réciproquement, où tout est permis, au nom du plaisir, la pornographie est considérée comme une représentation parmi d'autres, la preuve du fait que nous vivons dans une société « libérée », que rien n'est interdit, et qu'au nom de la jouissance, je peux détruire l'autre et me détruire avec. » (Marzano, p.19)

Die im Roman dominante Gesellschaft, die eine derart befreite Sexualität propagiert, ist in sich archaisch strukturiert. Es handelt sich in beiden Fällen um eine Art Ghetto, in dem Männer mit Drogen dealen, imponieren wollen, bedrohen. Im dritten Kapitel, welches in einer Bar spielt, beobachtet Nadine ein junges Pärchen. Ein Mädchen versucht seinen Freund nach fünf Tagen davon zu überzeugen, nach Hause zu kommen; dieser spielt stoisch an einem Automaten. Sie wirbt um ihn, stellt sich sprachlich auf ihn ein, schenkt ihm Geld zum Spielen: Doch aller Erniedrigung zum Trotz ignoriert er sie: « Nadine sait qu'elle restera jusqu'à la fermeture du bar et que, plusieurs fois dans la soirée, elle essaiera maladroitement d'attirer l'attention du garçon. » (Despentes, p.23). Die Perspektiven, die sich durch die Darstellung der beiden Frauencharaktere ergeben, sind klar vorprogrammiert: Eine Progression oder ein Stillstand erscheinen unmöglich, zu sehr ist der Hass, die Gleichgültigkeit und die Wut in den Figuren zementiert. Im Folgenden springt die Handlung bis zum Kapitel 13 immer zwischen den beiden, wobei ab dem vierten Kapitel die Körperlichkeit einen größeren, beunruhigenden Raum einnimmt: Nadine bedient einen alten Freier, wobei diese Tätigkeit, obwohl ekelerregend, doch als angenehmer als Arbeit empfunden wird (« Mais leur bite pue le moisi quand elle les prend dans sa bouche. Ça reste quand-même moins pénible que d'aller travailler. » (Despentes, p.61). Ihr Mangel an körperlicher Pflege, ihre Unachtsamkeit, sich nach dem Geschlechtsverkehr, obwohl Haare des Mannes an ihrer Brust kleben, zu waschen, läutet eine Kehrtwendung der Geschichte ein, denn weder körperlich noch seelisch ist sie in der Lage, diesen Zustand weiter zu ertragen. Ihre Beobachterrolle, die dem Leser bis dahin präsentiert wurde, entpuppt sich als Schutzfunktion vor ihren Erfahrungen, die sie nicht verarbeiten kann. Ihr Freund, Francis, ruft sie im Anschluss an ihr Treffen mit dem alten Freier an, da er einen Menschen umgebracht hätte – er bestellt sie in ein Hotel. Sie reflektiert praktische Konsequenzen eines bereits vollzogenen Mordes, beschreibt sich innerlich die Trauer der Ehefrau, die konkreten Handlungsmuster, spart hierbei jedoch jede Idee an die Tat an sich aus. Es scheint hier, als ob sie mehrere Sequenzen eines Films laufen ließe und sich für keine Version entscheiden könne: Die Fiktion dieses Zustands erscheint ihr zu stark. Wie in Trance erwürgt sie selbst im Anschluss an einen Disput Séverine:

« A califourchon sur elle, Nadine la maintient au sol. Sans rien penser. Concentrée, appliquée. Quand elle baise, des fois, elle a l'impression d'être sortie d'elle-même, de s'oublier un moment. Elle déconnecte la partie qui observe et commente. Ça lui fait cet effet. Quand elle revient à elle, elle est en train d'étrangler Séverine. » (Despentes, p.64)

Loslassen, sich vergessen geschieht hier nicht allein im sexuellen Bereich, sondern gerade in einer weiteren exzessiven körperlichen Tat: dem Mord. Diese Verbindung erinnert an den Protagonisten aus *American Psycho* von Bret Easton Ellis, welcher beide Ebenen ebenso in eine starke Verbindung bringt: Mord bedeutet in diesem Kontext die letzte verbotene Bastion, nachdem alle Devianzen sexueller Formen gesellschaftsfähig geworden sind. Die Figuren erleben innerhalb ihrer Degeneration einen letzten Reiz, etwas Neues, Unbekanntes. Hier allein ist für die Figur Nadine eine Grenzüberschreitung möglich, die sie aus ihrem unerträglichen Rhythmus befreit und die es ihr ermöglicht, zu fliehen, denn dazu ist sie jetzt genötigt. Langeweile, Missbrauch und Exzesse waren hierzu zu schwach. Auch Manu lebt dieses Extrem des Tötens, wenn sich ihr Weg dahin auch anders ausnimmt. Körperlich ebenfalls ungepflegt, hat sie jedes Zeitgefühl verloren, empfindet jedoch immer noch Mitgefühl. So erlebt sie bei einem Gang durch ihr Viertel ein anderes junges Mädchen, welches früher studierte und sich voller Lebensmut ihre Zukunft ausmalte, als gescheitert und nimmt ihre Situation als noch auswegloser als ihre eigene wahr, denn diese ist die « dernière personne à croire en elle-même, qu'elle peut encore s'en sortir. » (Despentes, p. 28). Ihre eigene Empfindlichkeit überrascht sie eher: Als ihr Freund Lakim sie auf der Straße schlägt, beendet sie diese Beziehung zwar, jedoch doch eher aus Langeweile, nicht aufgrund dieser Aggression: « Elle est surprise d'être aussi vulnérable, encore capable de douleur. Au début, on croit mourir à chaque blessure. On met un point d'honneur à souffrir tout son soûl. Et puis on s'habitue à endurer n'importe quoi et à survivre à tout prix. » (Despentes, p.37). Dieser Überlebenswille scheint bei dieser Lakonie erstaunlich, doch er ist es, der sie von Nadine differenziert und der sie letztlich rettet. Denn völlig betrunken wird sie mit einer Freundin, Karla, anschließend Opfer einer Vergewaltigung, wobei ihre Freundin im Anschluss von den Tätern überfahren wird. Sie scheint es gewohnt zu sein, ihren Körper und ihre Persönlichkeit anderen zu überlassen, wundert sich lediglich, dass sie trotz ihrer Gleichgültigkeit so stark geschlagen wird. Ihre Emotionalität in dieser wiederum sehr körperlichen Szene gilt ihrer Freundin, die sich heftig, körperlich wie verbal wehrt und so ihre Situation verschlimmert. Es fallen die gleichen Motive wie im anfangs erwähnten Pornofilm auf, den Nadine sich ansah: Wieder wird eine Frau an den Haaren gezogen, wieder wird der Penis des Mannes als ultimes Glücksmittel innerhalb der Vergewaltigungsszenerie beschrieben. Auffällig ist an dieser Stelle jedoch die Körperlichkeit, wobei Manu devot gehorcht und so Schlimmerem entgeht, Karlas Leiden jedoch klar illustriert und von Manu erschüttert wahrgenommen wird:

« Elle a le visage rouge, congestionné, plein de larmes. Un peu de morve coule dessous le nez, et du sang plein la bouche. Quand elle essaie de parler, elle bave du sang. Entre ses dents, ça bave du sang.(...) Terrifié, implorant, Manu dit : » Laissez-la, foutez-lui la paix » » (Despentes, p.53)

Das minutiöse Miterleben der Vergewaltigung durch das Gespräch zwischen den beiden Frauen verdeutlicht auch hier, dass es sich keineswegs um pornographische Literatur handelt, denn die psychische Ebene Manus steht im Vordergrund. Ihre Emotionalität gegenüber anderen, die sie innerhalb ihrer desolaten Situation noch fühlen wird, stirbt mit ihrer Freundin Karla. Selbst wenn eine sexuelle Anregung durch die Schilderung der Vergewaltigung möglich scheint, die anschließende Fokussierung auf ihre Rekonstitution macht diese unmöglich. Es gibt keinen Höhepunkt innerhalb der Schilderung, es wird keine Spannung aufgebaut, die Sorge um Karla bricht, als sie überfahren wird. Sie stiehlt Lakim Geld und eine Waffe, tötet im Anschluss Moustaf, der Radouan, einem Freund, Säure ins Gesicht schüttete, und flieht zur Wohnung ihrer Mutter. Sie trifft am Bahnhof auf Nadine, die Francis im Hotel traf, der allerdings in einer Apotheke erschossen wurde. Beiden Frauen fehlt ein Ziel, zunächst täuscht Manu vor, nach Paris zu wollen, doch dann bedroht sie Nadine mit ihrer Waffe: Sie fahren in die Bretagne.

III.3.2. Rencontrer sa pareille (Despentes, p.248): Analyse Teil 2 (p.87-239):

Die Beziehung der beiden Protagonistinnen verfestigt sich im Sinne eines modernen Road-Movies im Stil der *Natural Born Killers*[174]: Jede der beiden erhält die Rolle für die Schlacht, die mit Charles Bukowski eingeläutet wird: « Faites votre destin, âmes désespérées, et fuyez l'infini que vous portez en vous. » (Despentes, p.87). Auffällig hierbei ist, dass die Namen der Figuren kurzzeitig verschwinden und Nadine „la grosse" und Manu „la rousse" wird; die Beobachterin und die Agierende manifestieren sich auch, als Nadine bemerkt, Manu aus einem sodomitischen Pornofilm zu kennen: « - J'étais sûre de t'avoir déjà vue. Dans un film, avec des chiens. - Et un cheval, ouais. N'oublie pas le cheval, ça serait dommage. Comment ça se fait que tu connais ça ? » (Despentes, p.88). Es entwickelt sich innerhalb eines Zeitraums von nicht einmal einer Woche eine groteske Sympathie zwischen den beiden Protagonistinnen, denn anders als beispielsweise bei ihrer Freundin Karla muss Manu sich nicht verstecken, sondern erlebt Interesse an ihr, wenn auch nicht geklärt wird, worin dies genau besteht: Voyeurismus, Nachvollziehen der Situation oder Neid. Manu erkennt Nadines Autonomie an, sie bewundert es, dass sie Pornofilme ohne Partner ansieht. Nadine schmeichelt im Gegenzug Manus erotischem Habitus. Sie geben sich die Hand und besiegeln so ihre Komplizenschaft: Sie teilen eine Vorliebe für Amphetamine, Hardcorepornos und ungepflegte Körperlichkeit. Manu spürt selbst den Schock, den Nadine erlebte, wünscht sich allerdings, dass sie diesen verdrängt. Die Liebe zwischen den beiden gestaltet sich im Folgenden vor allem als psychisch: Letztlich gibt es keine Körperlichkeit zwischen ihnen, sie masturbieren nebeneinander, spüren so ihre Einigkeit, berühren einander dennoch nie wirklich, um die Illusion der Perfektion zu erhalten. Nadine gibt ihr gegenüber ihre Prostitution zu, Manu erkennt ihre masochistische Neigung, und beide definieren ihre Sexualphilosophie: Manu träumt davon, einen jungen blonden Surfer während des Cunnilingus eine Waffe an die Schläfe zu halten und dabei Videoclips zu betrachten, Nadine wird mit ihrer Minitel-Botschaft (« Jeune fille vénale mais très docile cherche monsieur sévère » (Despentes, p.105) gleichgesetzt. Beide konzentrieren sich innerhalb ihrer persönlichen trau-

---

[174] Natural Born Killers, USA 1994; Drehbuch Quentin Tarantino; Regie Oliver Stone; gilt als Satire der Medienwelt, wurde allerdings vor seiner Verbreitung unter FSK 18 verboten, da vor allem die Kommunikation der Ironisierung unter Kritikern umstritten war; es handelt sich hier ebenfalls um ein mordendes Pärchen, welches auf traumatisierende Einflüsse mit exzessiver Gewalt reagiert.

matischen Erfahrungen auf ein ähnliches Muster und gelangen nur noch auf diesen Weg zur Lust. Sie definieren für sich aus diesen Traumata typisch männliche Verhaltensmuster und können sie nur noch imitieren: Eine eigene, autonome Sexualität, phantasiereichere Aktionen werden negiert. Traditionelle Muster wie ein starkes Kommunikationsbedürfnis der Frauen geraten zur Groteske, indem Manu einem Sexualpartner die Attraktivität abspricht, da er zuviel spricht (Despentes, p.107). Nadine beobachtet Manu und sieht sie letztlich als ihre Retterin an, das Bild des sterbenden Francis, welches ihr in regelmäßigen Abständen erscheint, verschwindet schließlich. Ihr zunächst als sinnlos erscheinendes Umherfahren wird geadelt, indem eine Art Zielvereinbarung geschlossen wird: «– Comment on fait pour l'argent? – Des casses pourris, plein. Faire couler le sang, à flots. Du grand spectacle, on va foutre une émeute dans toutes les petites communes. On va braquer des épiceries, des petites vieilles...» (Despentes, p. 112). Ziel der beiden ist der Selbstmord als eine Art Rachfeldzug für ihr Leiden, doch geschieht dies nicht bewusst, denn beide handeln immer spontan, nie geben sie sich überlegt einem Mord hin. Dieser Rachefeldzug wird jedoch erst gegen Ende des Romans von Manu benannt, sie nennt hier explizit Nadine «Très Ange de la vengeance.» (Despentes, p.226). Sie reagieren, wie sie es bislang gewohnt waren, auf ihre Umwelt. So ist auch ihr erstes gemeinsames Opfer zwar zufällig, jedoch prädestiniert für eine Attacke: Eine Dame, mit Kostüm, Dutt, parfümiertem Haar. Sie repräsentiert für beide die Verachtung, die ihnen entgegengebracht wurde, die Blicke, die ihre ungepflegte Äußerlichkeit auf sich zieht, wobei diese Unhygiene eine Konsequenz ihrer Opferrolle ist. Die *tenue correcte* dieser Frau wird bewusst zerstört, und wieder handelt es sich hierbei um eine Körperlichkeit, die im Vordergrund steht. Es fehlen Dialoge, Beschreibungen der unmittelbaren Umwelt, das kognitive Bewusstsein. Diese Aussparungen haben einen Sinn, die Leere hinter der Physis des Opfers erscheint den Protagonistinnen grausamer als die Zerstörung derselben, daher zerstören sie dieses, auch, weil dies greifbar ist. Die Doppelzüngigkeit der Gesellschaft, die durch die Frau repräsentiert wird, ist es nicht. So übertreiben beide aus Wut den Mord: «Les yeux intacts surplombent un carnage de visage, le sang coule abondamment, épongé par le tailleur bien coupé.» (Despentes, p.118). Zunächst bleiben beide unter dem Eindruck ihrer Tat, doch sofort stellt sich der fiktive Charakter ihrer Tat dar: Manu vergleicht das Gefühl, welches sie just nach dem Mord hatte, mit der Unfähigkeit, sich nach einem guten Film über diesen zu äußern (Despentes, p.118). Der Geschmack, den beide am Morden empfinden, schließt sie letztlich in die Aktionen nicht direkt ein: Sie bleiben außen vor und geben sich einer Rolle hin, die sie vorher vereinbarten. Dies ist das einzige Gesetz, welches für sie gilt: Was für beide stimmt, wird getan. Manu nimmt hier die dominante Position ein, Nadine scheint beeinflussbarer, nimmt beispielsweise den Flirt mit einem jungen Verkäufer an, tötet ihn doch anschließend und entwickelt einen Größenwahn, bei dem «tout est permis» (Despentes, p.124). Manu weist sie auf geistige Gefahr der Taten hin und erdet sie innerhalb des Wahnsinns, den beide erleben. Die gesamte Szenerie des zweiten Teils des Romans weist erhebliche Parallelen zu einem Pornofilm auf, da die reale Welt peu à peu ausgespart wird. Niemand verfolgt sie, niemand leistet offenen Widerstand, sie befinden sich in einer Art sexuell-gewaltbeladenen Nirwana, welches zwar diffus von Zeitungsartikeln bedroht wird, jedoch durch Umkleiden, Haarefärben etc. bestehen bleibt. So bleibt Raum für das Entwickeln einer neuen Dimension der Verhaltensstörungen: Während des Geschlechtverkehrs mit einem Unbekannten denkt Manu an Nadine und ihren gemeinschaftlich begangenen Raubmord und baut eine direkte Verbindung zwischen Sex und Mord auf. Er ist für sie « Bestial, vraiment. Bon comme de la baise.» (Despentes, p.128). Anders die Schüchternheit Nadines: Sie spielt zunächst wie ein Kind mit ihren Partnern, um sie dann umzubringen; sie genießt den Schauer des Begehrens und lässt den Partner anschließend buchstäblich platzen. Unfähig, selbst Nähe zu ertragen, bevorzugt sie die Fellation und nimmt fremde Lust wahr; befriedigt sich selbst jedoch im eigentlichen Sinne homoerotisch, da es vor allen Dingen pornographische Frauendarstellungen sind, die sie erregen[175]. Nichts schockiert sie, nichts überrascht sie. Manu nimmt es «vicieuse» (Despentes, p.153) und als «large d´esprit» wahr, und dies hilft Nadine, ihre Identität zu ertragen. Konvention wird als nicht mehr vorhanden empfunden, keine Scheu trennt beide, Manu kauert selbst in Stöckelschuhen in der Ecke des Hotelzimmers und beobachtet ihren Menstruationsfluss, verschmiert ihn im Zimmer, während die beiden Waffenmagazine studieren – es gibt kein Limit mehr, jede Konvention ist aufgehoben. Ihr einziges Ziel ist der gemeinsame Selbstmord: «Mais le 14, on pourrait se payer un mur» (Despentes, p.155). Die Diskussionen beinhalten, sehr an entsprechende Roadmovies erinnernd, philosophische Gedanken («Faut abuser. Mais faut pas abuser tout le temps. Y a un équilibre savant à trouver.» (Despentes, p.161), und der Entschluss, ein Kind zu töten, wächst in ihnen. Nadine zögert nicht mehr, sie dient Manu. Sie ist überrascht, sich vorzustellen, dass die Szene lieber in Zeitlupe ablaufen solle, ein weiterer Hinweis auf die Omnipräsenz der Filmsprache im Roman. Sie agiert wie ein

---

[175] Despentes, p. 139.

moderner Jesus, definiert die Umwelt als wertfrei und weist ihre Schuld von sich, sie könne nicht mehr für sie tun. In einer Art Tour de France gelangen die beiden Protagonistinnen schließlich nach Marseille und machen die Bekanntschaft mit Fatima, einer jungen Araberin: Diese erkennt ihre Bindung und versteht ihren Schmerz:

« Fatima n´ose pas leur demander si elles couchent ensemble. C´est ça qu´on pense quand on les voit. Elles ne se touchent jamais mais gardent un oeil l´une sur l´autre, se cherchent à tout instant. Quand elles rient, c´est toujours de la même chose, et leurs corps se rapprochent souvent. » (Despentes, p.188)

Das Ende ähnelt einem beliebigen Actionfilm: Die drei schließen einen Pakt, Fatima soll den letzten Wunsch Francis´ erfüllen und Noëlle am Gare de Nancy treffen, Manu und Nadine überfallen einen reichen Bourgeois und nehmen ihm Diamanten ab, die für Fatima und ihren Bruder bestimmt sind. Auf dem Weg zum Treffpunkt überfällt Manu eine Tankstelle und wird getötet, Nadine begeht im Anschluss (Teil 3 des Romans) Selbstmord.

Ein letzter Punkt, der die Opferrolle der beiden illustriert, stellt die Reaktion der Figur des Bourgeois dar, welcher ihr letztes gemeinsames Mordopfer ist. Diese Person soll nun abschließend die Funktion der Figuren innerhalb dieses Romangenres illustrieren.

III.3.3. Fiktion und Wirklichkeit

« Je n´ai jamais rencontré de femme qui vous ressemble. Vous ne ressemblez sans doute à personne. Ce que vous faites est…terriblement violent. Vous devez avoir beaucoup souffert pour en venir à ces extrémités, à ces ruptures. Je ne sais quel désert vous avez traversé, je ne sais ce qui me pousse à avoir confiance en vous. » (Despentes, p.222)

Innerhalb weniger Minuten, in der Extremsituation eines Überfalls, gelingt es einer männlichen Figur, Zugang zur Protagonistin Nadine zu finden. Das ist innerhalb dieses Romans eine Neuheit. Männer wurden zumeist als Sexualpartner, Vergewaltiger, Kunden definiert, denen eine Reflexion über die Persönlichkeiten Nadine oder Manu innerhalb ihrer Determination unmöglich schien. Die Sinnlosigkeit des Mordens und der Existenz wird angesichts dieses Mannes unterbrochen, beide werden zum ersten Mal mit Nonchalance behandelt, obwohl sie es durch ihr Verhalten während des Überfalls nicht verdienen. Er bietet ihnen Vertrauen, auch noch, als sie die Waffe auf ihn richten. Zunächst, trotz ihres heruntergekommenen Auftretens bittet er beide, die eine Umfrage als Grund ihres Kommens angeben, herein und serviert ihnen Kaffee. Die Surrealität der Situation wird durch die Physis und die Umgebung unterstützt: Der Architekt spiegelt hier seine Umwelt wieder. Sein Haus entspricht der Wahrnehmung seines Wesens («Une demeure modèle au fond d'une propriété modèle.» (Despentes, p.212). Es ist von mittlerer Größe, ebenso repräsentabel wie sein Garten. Interessant scheint hier ein imaginärer Monolog, welcher seine Position gegenüber Nadine und Manu reflektiert: «Je respecte mon corps, je mange sainement depuis ma plus tendre enfance, je baise bien, de préférence des femmes de qualité que je fais souvent crier pendant ma besogne, j'ai un travail qui m'intéresse, la vie me va bien. Je suis beau.» (Despentes, p.215). Ein schier unerreichbarer Idealtypus wie aus dem Katalog, privilegiert und dabei stilvoll, reflektiert und aufmerksam. Diese Figur lässt das Weltbild der beiden Protagonistinnen platzen und stellt es von Grund auf in Frage. Der Körper steht hierbei in direktem Zusammenhang zum Geist, der Respekt vor der eigenen Gesundheit stellt einen Zukunftsglauben dar, allein der Gedanke, die eigene Existenz sei erhaltenswert, muss Aversionen auslösen, da diese Existenz für Manu und Nadine mit Schmerz und unbewältigbaren Traumata verbunden ist. Hier wird eine Figur präsentiert, die eine Aufarbeitung möglich machen würde, doch dieses wäre mit Anstrengung verbunden, und dazu sind beide nicht bereit. Besonders hassenswert für Manu ist hier vor allem die Zufriedenheit, die sie niemals erreichen wird; die Figur strahlt eine Ausgeglichenheit aus, die ihre eigene Unsicherheit entlarvt, daher scheint ihr ein Handeln eilig und alternativlos: «Celui-là, j'ai hâte de lui voir les yeux s'agrandir et tacher sa chemise avec ses tripes.» (Despentes, p.216). Die Auflösung der Perfektion enthält jedoch eine andere Akzentuierung als das Zerstören der Sauberkeit der Frau im Kostüm: Denn diesmal reizt die Figur ihre Sensibilität; nicht umsonst wird auf Nadines Überlegung hingewiesen, dass Serienmörder, einmal mit einem Namen und einer Identität konfrontiert, nicht mehr kalt töten können. Er bleibt völlig ruhig und erlangt so Nadines Respekt. Sie möchte mit ihm schlafen, erklärt ihm die Schönheit der Geste des Tötens, welche im Vordergrund ihres Tuns stünde, möchte ihm imponieren. Sie erklärt ihm die Vulgarismen Manus, stellt ihr gutes Herz in den Vordergrund. Sie stellt sich den sexuellen Kontakt mit ihm vor, sieht ihre eigene Körperlichkeit im Kontrast dazu als ekelerregend an: Ihr mangelndes Selbstbewusstsein wird vorgeführt, doch anders als Manu stellt sie sich diesen Überlegungen. Manu kompensiert ihr Minderwertigkeitsgefühl durch Verbalattacken und Gewalt, Nadine reagiert nur auf sie, innerlich ist sie noch, genau wie bei dem Erwürgen von Sévérine, in einer Art Fiktion gefangen, was sich gerade durch ihre filmsequenzähnlichen Überlegungen definiert. Manu bricht die Situation ab, sie schlägt den Architekten und bewirkt so, dass seine Angst offenbar wird. Sie fordert Nadine auf, ihn zu erschießen, was diese unmittelbar erfüllt. Manu uriniert auf den Mann, sie war es auch, die sich über die Genitalien eines früheren Opfers erbrach; ihre Missachtung ist direkt mit Körperflüssigkeiten verbunden, die dadurch ihren intimen Charakter verlieren. Nadine empfindet diese Vorstellung als Hommage auf die Persönlichkeit des Architekten, wobei sich das Ausmaß ihrer Perversion verdeutlicht: Der Urin ihrer Komplizin wirkt wertsteigernd, ihr Opfer wird dadurch auf suspekte Weise geadelt. Sie bleibt demnach bis zuletzt in ihrer Beobachterrolle, ohne tatsächliche Beteiligung. So handelt sie seit dem Mord an Séverine in Trance, ohne Ziel, ohne Sinn: Dieser wird erst von ihrem letzten gemeinschaftlichen Opfer geäußert: « Je vous vois si belle, jusqu'au plus profond de vous. » (Despentes, p.222). Allein die angebliche Eleganz der sexuellen Devianz des lustvollen Tötens offenbart die innere Größe der Protagonistinnen, ihre ursprüngliche charakterliche Schönheit wird nur durch die Perversion deutlich. Selbstbeherrschung steht letztlich im Zentrum des Handelns und dient zum Schutz: Es handelt sich hintergründig um den Wunsch, begehrt zu werden. Sie exponieren sich, spielen mit eingespielten Mustern der Mann-Frau-Beziehung, geben sich zum Schein zunächst Konventionen hin und entblößen ihr Inneres, um gleich im Anschluss in ihr verschlossenes Sein zurückzukehren. Hierin wiederholt sich eine Idee Évrards, nach der meiner Meinung nach auch beide als « naturistes » gelten können: « Les « habits psychiques » développés par les naturistes ont pour fonction la maîtrise de soi, le contrôle des émotions sexuelles et la désérotisation du regard. » (Évrard, aus Dadoun, p.72). Ihr Körper erscheint losgelöst von ihrer Seele, spontane Reflexe werden negiert, Blicke als Fenster zu Gefühlsregungen vermieden. So bleibt ihr Verbrechen ein letzter möglicher Aufschrei gegen die Gleichgültigkeit ihrer Umwelt gegenüber ihrem persönlichen Leid.

III.3.4. « Mis à disposition des mineurs et publicité interdites selon arrêté du ministre de l'Intérieur du 26 mars 2001 » – Die Verfilmung

2000, sechs Jahre nach dem Erscheinen des Romans, wurde der Stoff nahezu analog zum Werk verfilmt, ebenfalls von Virginie Despentes in Kooperation mit Coralie Trinh Thi. Er löste eine Welle des Protests aus:

„Als Virginie Despentes *Baise-moi* vor zwei Jahren in die Kinos kam, was die öffentliche Entrüstung groß. Der Nouvel Observateur veröffentlichte sofort einen flammenden Appell zum Verbot der Pornographie. Der Film, eine Hardcore-Version von Ridley Scotts feministischem Road-Movie *Thelma und Louise*, wurde vor allem durch seine pornographischen Szenen und eine in aller Ausführlichkeit und Drastik gezeigten Vergewaltigungsszene berüchtigt."[176]

Bestellt man heute die DVD, so weist der Vorspann den Betrachter darauf hin, dass es sich bei diesem Film im rechtlichen Sinne um Pornographie handelt, zunächst wurde er mit einem *visa d'exploitation* des Kulturministeriums belegt und erst ab 16 freigegeben, da er das öffentliche Moralempfinden empfindlich störe und zur Gewalt aufrufe (gegen Art.227-24 des Code Pénal), dann wurde der Film in die Kategorie X eingeordnet, was bedeutet, dass dieser Film nur in Pornographiekinos gezeigt werden darf.

Explizit wird im Vorspann darauf hingewiesen, dass « toute représentation publique étant expressement interdite »[177] sei, wobei es sich hier um ein doppeltes rechtliches Problem handelt: Nicht nur, dass eine DVD nicht gezeigt werden darf, die Präsentation dieses Films greift im Bereich der strafrechtlichen Verfolgung auch das Verbot des Films im öffentlichen Rahmen an. Besonders auffällig ist nahezu lineare Kopie der Literaturvorlage. Es wird weder eine direkte Ansicht der Penetration der Vergewaltigung noch das Aufplatzen der Köpfe nach der Detonation der Schüsse ausgespart; der Vorwurf der Pornographie ist rein rechtlich abgesichert. Der Konsument des Films wird Zeuge offensichtlicher sexueller Darbietungen, die zur Luststeigerung des Betrachters dienen können. Die Gewaltszenen scheinen realistisch und könnten daher zu Angst/Panik und starker Identifikation führen. Was jedoch völlig fehlt, ist die Fokussierung auf das Innere der Protagonistinnen, wie es im Buch geschieht. Möglich wäre hier ein innerer Monolog gewesen, ein Zoom auf Gesichter und deren Mimik, ein Innehalten im Erzählen. Der Zuschauer baut durch die starke Realitätsanbindung keine emotionale Bindung zu den Frauenfiguren auf, wie es im Roman gelingt. Paradoxerweise wird durch das bildliche Darbieten der gewaltbeladenen Szenen die Beschreibung im Text unterboten. Es wird nicht klar, wie sich ihre Körperlichkeit definiert, denn es unterbleibt ein Schwenk auf Details. Es gibt nahezu keine Nahaufnahmen, der Nagellack, den sich Manu aufträgt, erleben wir nicht als klebrig und später als ungepflegt, vielmehr scheint das Auftragen zu gelingen, scheint diese Frau sauber. Wir sehen, wie die Protagonistinnen Fellation betreiben, doch wird hier kein Detail gezeigt. Allein das Darbieten der Körperlichkeit erzeugt diese noch nicht, es fehlen haptische Impulse, die im Roman be-

---

[176] Baumgartl, Annette: *Hunger nach Liebe*, in: Neue Gesellschaft Frankfurter Hefte, 1+2/2003.
[177] Despentes/Trinh Thi: *Baise-moi*, C 2000 Pan-Européenne Production Ciné Valse PAN-Européene Distribution.

schrieben werden, die Geruchsebene wird nicht ausreichend visualisiert. Der Film führt den Betrachter schnell durch die Szenen, nie hält er inne oder variiert die Länge einer Szene bspw. durch eine Totale. Nie konzentrieren sich die Filmemacher auf eine Figur, es wird keine Mimik fokussiert. Und hierin liegt die Idee des Films: Er erfüllt eine andere Funktion als der Roman. Die Harmlosigkeit der Frauen wird spürbar. Sie erscheinen wie Nachbarinnen, kichern wie befreundete Teenager, wirken bei Weitem nicht ungepflegt, eher unachtsam gekleidet. Manu lässt ihr Menstruationsblut nicht an sich herunterlaufen und kauert auch nicht in der Ecke: Sie plaziert sich gepflegt auf den Badewannenrand. Die Protagonistinnen erleben eine zusätzliche Szene: Sie ermorden Besucher eines Swingerclubs, penetrieren einen Besucher mit der Waffe, bevor sie ihn töten. Und hierbei handelt es sich auch um die bekannteste Szene des Films, dabei ist sie im Werk schlicht und einfach nicht vorgesehen, hat auch keine weitere Funktion, da keine der beiden sich gerade auf diese Praktik fokussierte. Warum diese wiederholte Demütigung, wo doch die anderen Szenen diese Idee bereits erfüllten? Dieter Wenk fragt sich in einer Kritik, was man hierbei hätte kürzen können:

„Die Initialzündung der Doppelvergewaltigung? Wenigstens die Schwänze bisschen kaschieren? Oder gleich das erste volle Draufhalten von Schwanz in Möse kappen, kastrieren? Nein, eigentlich nicht. Der Bösewicht muss in voller Größe gezeigt werden, dieses klein-große Stück Fleisch, dieser Wicht an Verwandlungskünstler im Zwangsstadium der Muss-Produktion – nicht unbedingt von Kindern. Alte Geschichte, dass sich die Frauen über dieses obskure Para-Subjekt lustig machen."[178]

Wenk beobachtet richtig, dass im Fokus des Films die Lächerlichkeit des Männlichen steht. Doch dies ist im Roman nicht zentral, dort erleben wir eine Emotionalisierung, die im Film völlig ausgespart wird. Dominant in diesem Werk ist der Sex, nichts anderes. Doch hier genügt er nicht, gerade nicht einem männlichen Zielpublikum:

„Als Sexszenen kann man diese Stellen dabei eigentlich kaum noch bezeichnen, da die Regisseurinnen Virginie Despentes und Coralie Trinh Thi (auch eine Ex-Pornodarstellerin) kein Detail auslassen und mit machtvoll erigierten Penissen und offenen Vaginen versuchen, ihrem Film den Anschein einer Provokation zu verleihen. Da solche Einstellungen in einschlägigen Filmen aber nicht nur besser, ästhetischer und professioneller gefilmt sind, sondern auch, um dem Zielpublikum bestmöglich zu Diensten sein zu können, weniger auf die männlichen als auf die weiblichen Geschlechtsorgane fokussiert sind, versagt *Baise-moi* auch als Porno auf ganzer Linie und langweilt nur,

---

[178] Wenk, Dieter: *Verführung, nein danke*; aufgerufen am 13.04.07 unter http://www.textem.de/baise-moi.0.html.

statt in irgendeiner Form zu erregen – einer realistischeren Darstellung menschlicher Sexualität in Filmen sind diese Szenen ihrer mangelhaften und uninspirierten Darstellung wegen nicht dienlich."[179]

Die Sexszenen dienen nicht zur Erregung, und genau dies definiert diesen Film. Es handelt sich um ein mäßig interessantes Roadmovie, doch nicht um eine adäquate Romanverfilmung. Dies ist vielleicht auch gar nicht denkbar, da sich hier, wie bei Houellebecq, Arcan, Millet und Jones-Gorlin, die Autorebene in das literarische Werk gemischt hat. Despentes´ Blick auf die Sexualität ihrer Figuren ist nicht frei von Schemata, so wenig, wie es der Blick ihrer Protagonistinnen auf ihr Inneres ist.

Despentes arbeitete selbst im Milieu, ist von klischeehaften Darstellungen geprägt und versuchte sie im Film adäquat darzustellen. Es ist eine klare Linie von ihrer persönlichen Vita zu ihrem filmischen Impetus spürbar: „Mit siebzehn wurde Virginie Despentes vergewaltigt, als sie zusammen mit einer Freundin von London nach Hause trampte – eine Erfahrung, aus der sich jetzt ihr Furor speist."[180]. Ihre Wut über Vergewaltiger soll durch den Film transparent werden, nicht die innere Zerissenheit der Protagonistin. Die Tränen Nadines am Ende sind nicht nachvollziehbar, da die langsame Annäherung der beiden Figuren unterblieb: Gleich zu Anfang ihrer Bekanntschaft umarmten sich im Film die beiden Frauen, eine Geste, die im Roman aus guten Grund fehlt. Der Aufbau ihrer jeweiligen Identität als Heldin, die sich in eine Art Liebesbeziehung zu einer weiteren weiblichen Figur stürzt, würde empfindlich gestört.

Freundschaftliche Bindungen können innerhalb pornographischer Darstellungen gar nicht existieren, Despentes nutzt derlei Gesten dennoch, um zu provozieren: Den Wert der literarischen Vorlage erreicht sie nicht. Beide Figuren gehen eine Bindung ein, die zu oberflächlich bleibt, um die wahren Ursachen ihres Handelns, im letzten ihrer Psychosen, zu beleuchten.

Der Pornofilm ist, wie Despentes selbst betont (vgl. Enke 2007), ein in Wahrheit Angst hemmendes Mittel, ein Ort der Sicherheit, da er klar vorhersehbar ist. Die Demonstration der sexuellen Akte sind durch ihre Realitätsorientierung nicht im diesem Sinne pornographisch, denn sie verstören, bieten nur sehr bedingt Lustgewinn. Daher langweilt der Film, denn er zeigt nichts wirklich Intimes, noch bietet er Anlass zur Auseinandersetzung mit dem Inhalt.

---

[179] Filmkritik, ohne Autorangabe: http://www.moviebazaar.de/filmbais.htm.
[180] Encke, Julia: *Provozierte Körper- Porno und Bekenntnis: Eine Begegnung mit der Schriftstellerin Virginie Despentes*, in: Frankfurter Allgemeine Sonntagszeitung, 30.09.2007, Nr. 39, p.29.

III.3.5. Zur Emotionalisierungsstrategie Despentes´

War die Quintessenz der Analyse der Werke von Jones-Gorlin und Arcan die eher verborgene Existenz von Meta-Ebenen zur schrittweisen Emotionalisierung des Lesers, so handelt es sich hierbei um eine sehr rüde, offensichtliche und intendierte Emotionalisierungsstrategie, die wie bei Arcan an der Person der Autorin festzumachen ist. Anders als bei den bislang betrachteten Autoren bewegt sie sich allerdings, durch ihre vorherige Tätigkeit bedingt, zwischen zwei Medien, die getrennt voneinander betrachtet werden müssen; im Zusammenhang dieser Arbeit interessiert nur das Vorgehen im literarischen Werk.

Zusammenfassend, innerhalb einer Einordnung in ein neues erotisches Genre in Frankreich, bleibt vom Werk *Baise-moi* die Wut einer feministisch-orientierten Weiblichkeit, die, unfähig sich von männlichen Klischeevorstellungen zu lösen, versucht, diese zu zerstören. Eine starke Identifikation des Lesers mit den Protagonistinnen wird durch die isolierte Beschreibung der Hoffnungslosigkeit beider Charaktere nicht intendiert, vielmehr bleiben wir Zeugen, lösen uns nicht aus der Rolle des Lesers. Die Betroffenheit bleibt ohne Anbindung an das Individuum, die Handlungsweise der Protagonistinnen erscheint nicht logisch. Despentes scheitert letztlich an einer eigenen Neudefinition, sie liefert keine Emotionalisierungsansätze im Sinne Arcans, die uns mitten in ihre Figur zieht. Dennoch bleibt vom Werk mehr als Suggestion, es ist innerhalb der bisherigen Analyse als erotische Literatur einzustufen, denn sexuelle Handlungen werden keinesfalls abseits der Realität dargestellt: Im Gegenteil, es ist klar festzustellen, dass gerade Missbrauch, Vergewaltigung und Lustmorde detailliert geschildert werden und durch ihre Authentizität eine Erregung des Lesers unmöglich erscheinen lassen. Dies gilt im Besonderen für die Zielgruppe dieser Art von Vergewaltigungserotik, die ihre Visionen des Akts an sich nicht allein sexuell konnotiert, sondern emotionalisierend dargeboten bekommen, was den Reiz der Vorstellung in sich tötet. Filmisch scheint dieser Effekt eher möglich zu sein; ihr Roman allerdings wird die Zielgruppe aufgrund seiner offensichtlichen Psychologisierung verfehlen.

Despentes ist Vertreterin eines neuen Genres, doch bleibt durch ihre Beteiligung an der filmischen Interpretation die Vermutung bestehen, dass der Autorin die zentralen Emotionalisierungsstrategien ihres Werkes selbst nicht bewusst sind: Innerhalb der zitierten Interviews werden diese von ihr nicht verdeutlicht. Es ist demnach meiner Meinung nach eine unbewusste Emotionalisierung wie bei Arcan, weniger direkt, da sie durch die Vermischung von Genres (die starke Filmpräsenz im Roman wurde bereits angesprochen) mit beiden Potentialen spielt, der schriftlichen wie der bildlichen Metaphorik der Pornographie.

Es ist festzuhalten, dass alle drei bislang besprochenen Autoren in ihrer Intention sehr unklar bleiben; ihr Anliegen, welches gezeichnet werden konnte, ist vor allem bei den beiden Autorinnen durch ihre mediale Präsenz und ihre Äußerungen zu ihrem Werk nachprüfbar.

Eine andere Autorin, die vor der Veröffentlichung ihres Werkes vor allem als Expertin für Moderne Kunst und Chefredakteurin des Magazins Art Press bekannt wurde, bietet uns im Folgenden einen weitaus klareren Einblick in eine weitere Dimension der Emotionalisierungsstrategien der neueren erotischen Literatur Frankreichs: des literarischen Exhibitionismus.

III.4. Catherine Millet: *La vie sexuelle de Catherine M.* (2001)

III.4.1. Publikationsskandal

« Catherine Millet conte ses talents de pipeuse chez Pivot » (Deleu, p.53)

Ein grundsätzlicher Konflikt der neuen erotischen Literatur Frankreichs besteht in der Intimisierung öffentlichen Lebens. Stellt man sich vor, ein geachtetes Mitglied der deutschen Kulturszene veröffentlichte eine detaillierte Beichte über seine exzessiven Erfahrungen mit Gruppensex, so wäre die Aufregung groß. Undenkbar scheint eine solche Verbindung, denn die individuelle Ethik der persönlichen sexuellen Freiheit reibt sich hier an der gesellschaftlichen Norm der Diskretion. In der Tat ist der Verstoß Millets, auch in feministischer Hinsicht sehr ambivalent zu betrachten, denn, mit Marzano gesprochen: « (...) le récit est celui de l´activité de Catherine M. selon le « nombre », l´ « espace », l´ « espace replié » et les « détails » et montre très bien les paradoxes de la liberté de la femme. » (Marzano, p.37). Angesprochen werden hier die Titel der jeweiligen Kapitel ihres Romans, in dem sie, sich selbst dem Gebot einer subjektiven Vollständigkeit unterwerfend, ihre sexuelle Vita erörtert. Die Autorin stellt sich selbst als Protagonistin dar und schildert ohne emotionalen Bezug intimste Kontakte, wobei sich in der Tat die Anzahl, der eingeschlossene wie der offene Raum und die Details als stark deviant herausstellen. Was ist unter dem von Marzano angesprochenen Paradox der weiblichen Freiheit zu verstehen?

Zum einen könnte man behaupten, ihr Werk stelle einen mutigen Vorstoß dar, denn abseits eines männlich definierten Sexkonsums zelebriert hier eine Frau ihre wechselnden Sexualkontakte. Doch abseits dieser pseudofeministischen Wertung trennt Millet hier, wie Marzano in ihrem Werk richtig bemerkt[181], die sexuellen Beziehungen, die sie durchläuft, vom Genuss, den sie beim sexuellen Akt empfindet. Und dies geschieht auf lakonische Weise; es findet quasi keine Beurteilung ihrer Aktivitäten statt, sondern wir werden mit einer minutiösen Aneinanderreihung der einzelnen *Rencontres* konfrontiert. Catherine als Erzählerin, Autorin und als physisch greifbarer Mensch ist präsent, ihr Körper wird uns vorgeführt. Struve geht in ihrer Arbeit auf diesen direkten Bezug weiblicher Körper-Textkörper im Kontext des Schreibprozesses ein. So stellt sie die These auf, dass abseits der abendländischen Hierarchie (Inferiorität des Körpers zum Geist) die emotionalen und psychischen Erfahrungen nicht mehr von der Körperlichkeit trennbar seien. Der Körper an sich wird zum Schreibhindernis, Potential für die Unterwanderung der phallozentristischen Ordnung und kann ebenso zur Ablehnung hermeneutischer Konzepte dienen, die sich literarisch auf das Geschlecht des Autors beziehen. Es ist Struve zuzustimmen, wenn sie in diesem Zusammenhang bemerkt, dass diese Körperkonzeptionen, orientiert an Barthes´ Materialisierung des Körpers, die Grundlage dafür darstellen, zwischenmenschliche Interpretationen losgelöst von jeglicher Emotion zu beschreiben. Jedoch bleibt das Motiv Millets unklar, und es bleibt die Möglichkeit bestehen, dass sie sich nicht allein am kommerziellen oder öffentlichkeitswirksamen Effekt ihres Werks orientiert haben mag. Sie will sich definitiv nicht in ihrer Sozialität verlieren, sondern muss etwas mit diesem Werk intendiert haben.

Warum wählt sie diese Herangehensweise? Um eine Wahrheit über ihre Sexualität zu publizieren? Will sie die fehlende Emotionalität im Bereich der Gruppensexualität brandmarken? Oder ist ihr der Schreibprozess bei der Erinnerung an die erlebten Szenen außer Kontrolle geraten, erleben wir sogar eine Vermischung von Fiktion und Realität, die Millet selbst nicht mehr steuern konnte, über deren Gratwanderungen sie sich, ähnlich wie Arcan, nicht bewusst ist?

Wie genau diese Emotionalisierung des Lesers von ihr beabsichtigt sein kann, gilt es im Folgenden anhand des Textes zu klären.

---

[181] In diesem Zusammenhang verweist sie auch auf Despentes; in der Beziehung der Figuren Manu und Karla spielt diese Differenzierung von Gefühl und der Ausübung des Aktes als solchen ebenfalls eine wichtige Rolle.

III.4.2. Literaturanalyse

III.4.2.1. Die Darstellung von Gruppensex- und Fellationsszenen als Bestandteil der sexuellen Entwicklung und Selbstdefinition

„Die Schaffung und das Niederschreiben einer Wahrheit/Authentizität ist bei Angot, Millet und Arnaux ein wichtiger Bestandteil der Texte und des Schreibaktes selbst." (Struve, p.58)

Innerhalb des Werkes von Millet kommt es zu einer Häufung von gleichzeitigen Sexualkontakten mit mehreren Männern oder Frauen, wobei die Beschreibungen an sich meist den unmittelbaren Sexualpartner betreffen. Soziologisch hat sich Gruppensexualität von der christlich-orientierten Ablehnung (Unmoralität im Vergleich zur präferierten ehelichen Sexualbeziehung) im Zuge der sexuellen Liberalisierung als allgemein akzeptierte sexuelle Devianz entwickelt (Pschyrembel, p.191). Dies lässt sich an Jingles von Swingerclubs im Radio oder an den entsprechenden Anzeigen in Wochenblättern oder Anzeigenforen im Internet ersehen, hierbei erweist sich Frankreich als Vorreiter im Vergleich zu Deutschland, im Süden Frankreichs, in Cap d´Agde[182] beispielsweise befand sich bis zu einem Brand 2008 die größte Swingerdisco Europas, die ca. 2000 Personen Platz gewähren konnte, ebenso gehören zum Areal ca. 50 Boutiquen, Restaurants und spezialisierte Läden. Die Konzentration auf Gruppensexszenen bei Millet ist daher zu begründen, dass in der aktuellen französischen Gesellschaft diese sexuelle Devianz einen enormen Zuspruch erfährt und somit als persönliche, wenn auch mit pornographisch-fiktionalen Elementen gespickte Wahrheit untersucht werden kann. Anders als in Deutschland gehört diese „Halbwelt" mehr und mehr zum Alltag. So zieht auch die Soziologin Deschamps in ihrem Werk über Prostitution eine Parallele zum Werk Millet (Deschamps, p.89); soziologische Untersuchungen stellen ihr Werk in direkten Zusammenhang hierzu, sie nimmt die Episoden Millets somit als realitätsgebunden wahr. Dies ist besonders wichtig im Zusammenhang mit der Emotionalisierungsstrategie Millets – ihr Ziel wird nicht der Schock des Lesers sein, vielmehr geht diese Autorin davon aus, dass alle diese Art von Sexualität ähnlich erleben oder zumindest als Form kennen und anerkennen. Doch wie geht sie nun vor, was stellt sie dar?

Für die Autorin Millet ist Promiskuität und die Anzahl der Sexualpartner, die auf dem Wege der Gruppensexualität leichter erhöht werden

---

[182] Informationen einzusehen unter http://fr.wikipedia.org/wiki/Club_%C3%A9changiste, zuletzt überprüft am 29.07.2009.

kann, gleichbedeutend mit ihrer sexuellen Attraktivität, die sie auf diese Weise messen kann. Gleich zu Anfang ihres Werkes spricht Millet von ihrer Manie, alles zu zählen; in diesem Zusammenhang nennt sie ein Gespräch zwischen ihrer Mutter und ihrer Großmutter, die sich über die Anzahl der Männer unterhalten, die eine Frau im Verlaufe eines Lebens haben könne: « Combien pouvait-elle « raisonnablement » en avoir : quelques-uns, de l´ordre de cinq ou six, ou bien un nombre beaucoup plus important, voire illimité ? » (Millet, p.10). Die Frage, was moralisch vertretbar ist, wird sofort durch Instanzen der Moral, noch dazu durch zwei Generationen von Frauen, erörtert, und stellt sich für uns heute nicht mehr. Tatsächlich hat sich infolge der sexuellen Revolution der Umgang mit diesem Thema im Vergleich zu Millets Eltern-/Großelterngeneration geändert; durch die neuen Medien kommt es zudem zu einer erleichterten Kommunikation: In der Tat genügen einige Clicks im Internet, um einschlägige Swingerclubs in der unmittelbaren Umgebung auszumachen, im Nachtprogramm des Fernsehens laufen Werbespots, die „tolerante Paare" zu „neuen Welten" einladen. Millet beginnt ihre Erfahrungen in diesem Bereich kurz nach ihrer Entjungferung, und unwillkürlich werden wir mit einer Fiktionalisierung ihres Erlebens konfrontiert. Die Ich- Erzählerin, mit der sich Millet identifiziert, nimmt es als quasi gottgeben an, dass der Zufall ihr Sexualpartner zugespielt hat, die Gruppensexualität bevorzugten und äußert Folgendes:

« (..) l´unique idée que j´avais de moi-même à ce sujet était qu´étant naturellement ouverte aux expériences, n´y voyant pas d´entrave morale, je m´étais volontiers adaptée à leurs mœurs. Mais je n´en ai jamais tiré aucune théorie, et je n´ai donc jamais été une militante. » (Millet, p.11/12)

Wir sollen demnach durch ihre Schilderungen Zeugen einer determinierten sexuellen Sozialisation werden, die von einer im Ursprung vorurteilsfreien und unwissenden Jugendlichen ausgeht, die ohne Vorwarnung in die Welt der Geschlechtlichkeit geworfen wurde. Im krassen Gegensatz dazu demonstriert diese Figur aber eine offensive Aufgeklärtheit, was an sich schon erstaunlich ist, denn kurz nach dem ersten sexuellen Kontakt Lust auf Promiskuität zu verspüren, ist an sich ein klassisch pornographisches Motiv, welches bereits bei de Sade genutzt wurde: Ein bislang unerfahrenes junges Mädchen „leckt Blut" und gibt sich fortan willenlos hin. Sie beeilt sich jedoch derart, eine Abwesenheit jeglicher Moral anzufügen, dass der Leser stutzig werden muss: Eine wirklich von der Natürlichkeit der sexuellen Form Gruppensexualität überzeugte Figur müsste das Fehlen eines militanten Verfechtens des Missbrauchs Einzelner, der zum Teil damit einherzugehen scheint, nicht derart betonen. Und schließlich stammt das Zitat von einer Figur, die uns im Anschluss als das Paradebeispiel einer exzessiven Gruppensexualität vorgeführt wird. So wird bereits zu Anfang des Romans klar, dass sich die Figur unbewusst entlarvt. Ein junges Mädchen, intelligent, wird entjungfert, mit einer Pilzinfektion angesteckt, auf alle erdenklichen Arten von allen Typen von Männern benutzt: Und sie reagiert gelangweilt, indifferent, schier ermüdet. Wut, Ekel, Diskussionen mit Dritten werden in pornographischer Manier ausgeblendet, dies berührt die Figur nicht, da die Handlung und somit ihre individuelle Wahrnehmung nur auf den sexuellen Aspekt ausgerichtet wird. Und die manische Zählerin kommt insgesamt nur auf 49 Männer (Millet, p.18), an die sie sich mit Namen oder anhand einer physischen Besonderheit erinnern kann: Der Rest ist laut ihrer eigenen Aussage anonym geblieben. Ein Interesse an den Partnern als Individuen ist nicht vorhanden, es handelt sich lediglich um Erfüller ihrer Bedürfnisse, deren Ursprung sie jedoch nicht klar zuordnen kann. Doch diese Zahlenmanie wird merkwürdig konkret an anderer, späterer Stelle: Bei einem Stop an einem Rastplatz bildet sich, als die Protagonistin an einem Baum uriniert[183], eine Schlange (Millet, p.32): Sie berichtet, dass sie insgesamt dort dreißig Männer „genommen" hätten, es hätte sich (groteskerweise) sogar eine Schlange gebildet, und trotz der starken Beschäftigung ist sie zudem in der Lage wahrzunehmen, dass es aufgrund des hohen Verkehrsaufkommens an dem Rastplatz zu einem Stau auf der Autobahn kommt. Spontane Assoziationen zu Schlangen in Supermärkten, an denen jeder geduldig wartet, bis er seine vorher ausgesuchte Ware kaufen kann, scheinen gewollt; die Frau präsentiert sich hier jedoch als kostenfreies Gut, die diese sie als Objekt reduzierende Situation gewollt hat. In sich ist der Text nicht kohärent, sie behauptet zunächst etwas, entlarvt sich später: Im Normalfall wäre dies ein klassischer Fall von Verdrängung von traumatisierenden Ereignissen. Diese Figur wird nie schwanger, ist anscheinend HIV-negativ und bleibt unbeeindruckt von Geruch, Geschmack und Schmerz. Über dreißig Penetrationen in Variationen erzeugen zwangsläufig körperliche Abwehrreaktionen, Müdigkeit oder Erschöpfungserscheinungen, gerade, wenn sie vorgibt, dabei Orgasmen zu haben. Doch diese Figur hält, einer pornographischen Heldin gleich, fast in Gonzo-Manier alles aus und definiert zudem daraus ihr

---

[183] Das Urinieren in der Öffentlichkeit scheint für Millet ein stark erotisierter Akt zu sein, der beinahe lächerlich oft wiederholt wird: Auch ihre erste Fellation, einer Figur André zugedacht, ereignet sich in diesem Rahmen (Millet, p.12): « Sur la route, comme j´avais demandé que l´on s´arrête pour faire pipi, André était venu me regarder et me caresser alors que j´étais accroupie ».

Selbst. Denn über den Umweg des Aufbaus einer neuen Moralität sucht Frau Millet, uns von der Attraktivität ihres promiskuitiven, sozialen Daseins zu überzeugen:

« De ces notations, je tire deux conclusions : La première est qu'au sein d'un couple chacun apporte ses désirs et ses fantasmes propres, que ceux-ci se combinent en des habitudes communes, et que, ce faisant, ils se modulent, s'ajustent les uns aux autres et, selon le degré de concrétisation attendu par chacun, traversent sans perdre de leur intentisité la frontière entre la rêve et la réalité.[...] La seconde conclusion est que l'espace naturel ne sert pas les mêmes fantasmes que l'espace urbain. Parce que celui-ci est par définition l'espace social, il est le terrain où s'expriment le désir de transgresser les codes et les pulsions exhibtionnistes/voyeuristes ; il suppose des présences, des regards inconnus et fortuits qui pourront pénétrer dans l'aura d'intimité qui émane d'un corps en partie dénudé ou de deux corps soudés. [...] En fait, je me demande si les hommes des bosquets et des parkings , de par leur nombre et leur statut d'ombres, ne sont pas faits de la même étoffe que l'espace, si je ne suis pas allée me frotter à des morceaux du tissu de l'air dont la trame est seulement, là, plus serrée. Plus spécifiquement : je n'ai pas mon pareil pour retrouver mon chemin sur des routes étrangères. Peut-être l'aptitude à passer, dans un groupe, d'un homme à autre, ou à naviguer, comme ce fut le cas pendant certaines périodes de ma vie, entre plusieurs relations amoureuses, appartient-elle à la même famille de prédispositions psychologiques que le sens de l'orientation » (Millet, p.113-114)

Durch ihr Lebensmodell, welches auch von ihrem Partner getragen wird, wird es ihr ermöglicht, Träume und Begierden auszuleben. Dies bedeutet in ihrem Sinne den Respekt vor der Eigenständigkeit und dem Begehren des Partners. Das Sich-Treiben-Lassen innerhalb eines Kreises von Männern wird mit ihren Partnerwechseln gleichgesetzt, wobei Grenzen verschwimmen und der Leser sich wiederum mit einer abstrusen Determination auseinandersetzen soll: Erst durch Gruppensexualität wird ihr eine Art Halt geboten. Es besteht keine Notwendigkeit, sich durch vernunftgesteuerte Überlegungen leiten zu lassen, Lust steht bei jeder Facette ihres Handelns im Vordergrund. Dies gilt ebenso für den Bereich der Fellation, eine Devianz, die im Werk von Michel Houellebecq ebenso von großer und sicherlich ähnlicher Bedeutung ist. So übt sie beispielsweise während einer Autofahrt eine Fellation aus und ihre einzige Not ist es « de rentrer mon corps au maximum pour ne pas le gêner lorsqu'il change de vitesse. » (Millet, p.60). Devoter und unreflektierter könnte man sich eine Pornodarstellerin nicht wünschen, und es sind gerade diese Leerstellen im Text, die eine tiefere Reflexion vermuten lassen. Denn es wird der Eindruck erweckt, dass sie eher von dem rollentypischen Klischee berührt ist, welches von einer Frau in dieser Situation erwartet werden könnte: Im Vordergrund steht der Orgasmus des Mannes als Demonstration ihrer Wertigkeit als Frau. Diese Banalität hätte ebenso mit einer Bemühung, den Mann die Zähne nicht fühlen zu lassen, einhergehen können und wirkt im Kern traurig. Nichts könnte konkreter ihre Unfähigkeit, ihre eigene sexuelle Identität auszubilden, schildern.

III.4.2.2. Zur Emotionalisierungstechnik Millets

An dieser Stelle wird Millets Strategie offensichtlich: Ohne die Berührung durch einen Sexualpartner würde ihr Begehren nicht existieren, selbst masturbatorische Gedanken sind ausschließlich dadurch konditioniert (Millet, p.113). Ihre Wirklichkeit ist durch die Sexualität der anderen geprägt, durch die sie glaubt, eine eigene zu entwickeln. Erst eine innere Berührung des Lesers mit dem Geschehen, sei es Gruppensexualität, sei es die Fellation, würde uns dieser Figur näher bringen, genau dies geschieht aber nicht. Struve definiert in ihrer Arbeit Folgendes: „In dem Maße wie das Schreiben ein kreativer Akt ist, der neue Realitäten schafft, so ist auch das Publikum in diesen Produktionsprozess einbegriffen." (Struve, p.90). Millet spricht den Leser aber direkt an, ohne dass dieser eine Chance hätte, sich selbstständig in den Produktionsprozess zu verorten und eigenständig zu werten:

« Le lecteur a compris que si, comme je l´ai exposé plus haut, j´assumais le libre arbitre de ce mode de vie sexuelle, et si, comme je viens de l´évoquer, je ménageais des échappées, cette latitude toutefois ne se mesurait que dans un rapport à son contraire, la fatalité des rencontres, le déterminisme d´une chaîne dont un maillon, un homme, vous relie à un autre maillon, qui vous réunit à un troisième, etc. » (Millet, p.61)

Was setzt sie hier voraus? Sie geht davon aus, dass wir ihre vorherige Darstellung uneingeschränkt teilen würden. Ihr Schicksal sei es, von einem Mann zu einem anderen weitergereicht zu werden, und es sei ihr unmöglich gewesen, selbst in diese „Fata" einzugreifen. Hier spielt Millet mit dem Determinismus der Pornographie, in der alles Handeln der Akteure originär als logisch und klar erscheint. Sie verlangt zusätzlich vom Leser, ihr innerhalb dieser Argumentation zu folgen, ja, setzt diesen Erkenntnisprozess des Lesers sogar ins *passé composé*, um die Abgeschlossenheit dieser Aktion zu untermauern. Somit baut sie eine direkte Beziehung auf, um eine Schockwirkung zu evozieren, denn in der Tat, man fühlt sich ertappt, ihr Räsonnement scheint logisch, unsere Zustimmung eine Formsache. Allein – wir kennen diese Mechanismen bereits. Die „chers lecteurs" tauchen immer in der klassischen erotischen Literatur Frankreichs auf, sei es im Préface, sei es mitten im Text. Die autobiographische Literatur, um mit

Rousseaus „Confessions" und Goethes „Dichtung und Wahrheit" nur zwei Vertreter zu nennen, arbeitet par excellence mit diesem Stilmittel. Scheinbar wird die Grenze zwischen dem fiktiven Text und der Realität des Lesers aufgebrochen, doch handelt es sich weder um eine freiwillige Integration des Lesers in Gedankenprozesse, noch um eine tatsächliche Auseinandersetzung des Autors mit der Wahrnehmung des Lesers. Schmeichelei und Zumutung wechseln sich ab, der Leser hat die Wahl zwischen Indifferenz, Empörung und Zustimmung; eine gezielte Lenkung ist aber gesichert, denn durch die Involvierung in den Text wird der Konsument der Lektüre gezwungen, sich mit ihrer These auseinanderzusetzen. So zieht Millet den Leser in ihre Wahrnehmung, bereitet ihn auf folgende Szenen vor, erreicht eine Relation des literarischen Körpers der fiktiven Catherine zur tatsächlichen Frau: Grenzen werden langsam verwischt, man glaubt mehr und mehr, sie selbst sprechen zu hören.

Dies wird besonders am Beispiel der Fellation deutlich. Niemand würde sich mehr für diese Vorliebe interessieren, doch durch die Lenkung des Lesers auf isolierte Bereiche ihres sexuellen Lebens wird diese Äußerung, so hofft sie, zu einer erotophilosophischen Doktrin (wobei es sich im eigentlichen Sinne um eine banale sexuelle Lust handelt, die sie schildert):

« J'aime beaucoup sucer le sexe des hommes. J'y ai été initiée quasiment en même temps que j'ai appris à diriger le gland décalotté vers l'autre entrée, la souteraine. Dans ma naïveté, j'ai 'abord cru qu'un pompier était un acte sexuel déviant. » (Millet, p.175)

Selbstverständlich erscheint einem modernen Leser die Fellation nicht als verabscheuungswerte sexuelle Praktik, sondern als Norm. Ihre folgende Erklärung der Praktik ist im Grunde unnötig, denn der Leser erfährt nichts Neues. Es folgt die Idee der Domination des Mannes, die Spezifizierung der Ausübung, die Besonderheit des besonders sensitiven oralen Kontakts, die physische Sensation des Gliedes im Mund sowie des Ejakulats als Geschmackserlebnis. Nur wird die Fellation für die Protagonistin zum Selbstläufer: Nichts anderes scheint einer Erwähnung wert zu sein, nur die eigene sensuelle Erfahrung. Nichts löst in irgendeiner Weise eine Hemmnis aus, und ihren Höhepunkt, im doppelten Sinne, erfährt unsere voyeuristische Erfahrung mit ihrem *récit* in der Weise, dass uns das klare und kurze « Ha » (Millet, p.177) ihres Mannes Jacques mitgeteilt wird. Und hier wird uns auch ihre Motivation verdeutlicht: Durch unser Lesen ihres Berichts wird in ihr bereits eine sexuelle Erregung ausgelöst, denn das Schreiben an sich, über diesen von ihr geliebten sexuellen Akt, spornt sie an: « Si je me laissais aller à la facilité, je pourrais en écrire des pages, d'autant que la seule évocation de ce travail de fourmi déclenche déjà les premiers signaux de l'excitation.» (Millet, p.177). Das ist neu. Pornographie ist, wie bereits definiert, darauf aus, den Leser zu erregen. Diese Literatur erregt allerdings die Schreiberin, so sehr, dass sie sich bremsen muss oder es zumindest vorgibt. Ziel scheint es ganz eindeutig zu sein, die Aufmerksamkeit des Lesers zu erregen, ihm ihre Innenwelt vorzuführen, wobei der Effekt nicht erreicht wird, nicht erreicht werden kann. Denn es ist bereits vorher bekannt gegeben worden, wie dieser Akt auf Ausübende und Objekt wirken, es wird keine Spannung aufgebaut, die im Leser den Wunsch aufkommen lassen könnten, in eine der Rollen zu schlüpfen: Es werden belanglose Fakten aneinandergereiht, und die einzige denkbare Emotion des Lesers, analog zu diesem fehlenden Spannungsaufbau, ist Empörung oder die Freude darüber, unfreiwillig Zeuge der ehelichen Fellation zwischen Frau Millet und ihrem Mann geworden zu sein. Zwischenmenschliche Interaktionen werden somit sehr wohl mit dem Körper verbunden, und die Nicht-Körperlichkeit des Lesers gerät in den Fokus.

Dessen Reaktion ist niemals direkter Gegenstand von Millets Schilderungen, wir erleben eine schier obsessive Darstellung eigener Gedanken, eigener Lust. Und bleiben indifferent, aufgrund der mechanisierten Darstellungsweise. Die Frage, die es sich in diesem Zusammenhang zu stellen gilt, ist die nach der Methodik Millets, die auf den Leser diesen Effekt hat.

III.4.2.3. Zur Methodik der Mechanisierung

Als geeignet für die nachfolgende Untersuchung erscheint der Beginn des dritten Kapitels *L'espace replié*, da sich dort anhand der Schilderung einer prostitutionsähnlichen Situation die völlige Abwesenheit jeglicher Emotion belegen lässt. In einer schier fiktiven Isolation, innerhalb der Pariser Randbezirke, befindet sich die Protagonistin in einem Gefährt der Stadt Paris, da einer der beteiligten Männer städtischer Angestellter zu sein scheint, und empfängt Männer in loser Folge: «J'étais accroupie pour les sucer ou couchée et repliée sur le côté, essayant de présenter au mieux mon cul pour faciliter leur prise» (Millet, p.131). Gleich zu Anfang fällt eine Leerstelle auf: Es wird weder beschrieben, woher oder wie dieser Kontakt entstand, sondern sofort auf die Räumlichkeit, die *Camionette, à deux pas de l'embassade de l'URSS* und die Position ihres Körpers in dem Lieferwagen verwiesen. Das Prozedere wird erläutert («Les hommes entraient à tour de rôle» (Millet, p.131)), der Ablauf der promiskuitiven Geschlechtsakte, welche bereits im Vorfeld mehrere Male geschildert wurden und auch hier keine neuen Aspekte beinhalten, kann beginnen. Doch wird nun scheinbar eine emotive Instanz sichtbar:

« Rien n´était prévu à l´arrière pour adoucir le contact avec la tôle ondulée et je souffrais assez des secousses. Mais j´aurais pu restée tapie toute la nuit, moins ankylosée à cause de la position pénible qu´engourdie par l´atmosphère de l´improbable niche où j´étais lovée et où je sombrais, comme il semble qu´on le fasse dans certains rêves opaques, en se regardant s´enfoncer. » (Millet, p. 131)

Diese beiden kontradiktorischen Sätze, welche unmittelbar aneinander gereiht werden, offenbaren, trotz der Inhaltsebene der Aussage, keineswegs die Opferidentität der Protagonistin. Zunächst ist nichts vorgesehen, um ihr das Erleben erträglicher zu machen, der Körper leidet, und schon ist man bereit, ihr emotionales Leiden mit vorauszusetzen. Doch scheint sie sich in dieser pornographischen Situation, wie in einem Kinofilm, wohl zu fühlen, erlebt sich selbst als losgelöst von ihrem Körper, der sich selbst bei dieser Strapaze beobachtet. Mechanisch agiert und funktioniert dieser, schlummert gleichsam, um seiner Inhaberin dieses Erlebnis zu ermöglichen, welches es ihr ermöglicht, sich als Idol wahrzunehmen: « Dans le petit véhicule brinquebalant, j´étais l´idole immobile qui reçoit sans ciller les hommages d´une suite de fidèles. » (Millet, p. 131). Dieser Körper dient lediglich zur Befriedigung von Reizen, die unmittelbar wahrgenommen und nicht hinterfragt werden; daraus wird Lust gewonnen, wobei sich die Mechanik des Vorgangs durch seine Quantität definiert. Diese Figur testet Grenzen aus, und ein Empören über die Frau, die ganz offensichtlich unter erbärmlichen Umständen vergewaltigt wird, da sie nicht Herrin des eigenen Bewusstseins ist, ja zu fassen, was mit ihr innerhalb des Auslebens dieser sexuellen Phantasie geschieht, wird undenkbar. Denn es fehlen Details. Diese Frau schildert ganz offensichtlich lakonisch einzelne Etappen ihres Wahrnehmungsverlusts, und weidet sich an typisch pornographischen, realitätsfernen Szenerien, ohne dabei die Bedeutung ihres Tuns zu realisieren: Ihre Sensibilität schwindet, es bleibt nur mechanisches Tun, ohne Reflexion. Doch ist diese Protagonistin bei vollem Bewusstsein, sie notiert jeden einzelnen Vorgang akribisch und handelt wohlüberlegt in ihrer Auswahl der Szenerien. Thomas Hettche erinnert dies an de Sade:

„Im Vergleich mit „Justine und Juliette" erkennt man mühelos hinter der rationalen Erzählerin Catherine M. die Sadesche Tribadin, die für den völlig abstrakten Rausch der Zahl den Körper wie die Sinne einer Disziplinierung unterwirft, die die Ausschweifung ermöglicht, weil sie die Auschweifung verhindert." (Hettche, 21.01.2003)

Es handelt sich um einen technisierten Vorgang zu einem klaren Zweck, und dieser löst kein Mitleid, keine Emotion, keine Identifikation aus. Doch ist diese sicherlich von der Autorin intendiert: Sie appelliert an die Phantasie des Lesers, sich in diesen *rêve opaque* einzufinden, doch der ist aufgrund ihrer zu indifferenten Schilderung der Abläufe dazu nicht bereit. Denn sie war es auch nicht, da sie es farblos schildern konnte. Es fehlt etwas. Die Beschreibung des Lieferwagens, der Farben, der Gerüche, der Geräusche, der vorherigen Aktivitäten, der Blickkontakte, der Physis der Männer... doch nichts von alledem wird uns geliefert. Sie ist einfach da und wird genommen, auf zwei, drei mögliche Arten, oral oder vaginal/anal, je nach goût. Funktion dieser Vorgehensweise ist eindeutig der Versuch, diese Fakten zu verarbeiten, den Leser in einem breiten Spektrum der Interpretationsmöglichkeiten zu lassen. Diese sind aber nicht interessant. Der literarische Körper, obwohl er nur zu pornographischen Akten genutzt wird, rührt den physischen Körper des Lesers wie auch seine Psyche nicht mehr an: Es herrscht Gleichgültigkeit, eine Art Unbefriedigtsein, fehlendes Verständnis der Figur und ihres Handelns. Es scheint unmöglich, die Ideen einer Protagonistin nachzuvollziehen, die diese Details ausspart, es aber nicht an seitenlangen Schilderungen ihrer Migräne (Millet, ab p.143) fehlen lässt. Lektüre gerät zur Zumutung. Doch auch durch minutiöse Schilderungen ihrer Sexualkontakte erreicht Millet keine Empathie des Lesers. Schildert sie einen „spontanen" Geschlechtsverkehr mit ihrem Mann in den Weinbergen, fühlt man gleichsam ihre Anstrengung:

« Comme Jacques a une prédilection pour les baises impromptues dans la campagne, je n´en suis pas privée. Dans la région où nous passons nos vacances, beaucoup de chemins se terminent en cul-de-sac dans les vignes. Parvenues à l´une d´entre elles, située en hauteur et abandonnée, nous nous approchons avec précaution, à cause des ronces, du mur de pierres sèches. Comme je crains de retirer mes tennis, j´écarte au maximum les bords de la culotte pour ne pas la salir quand j´y passe les pieds. Je porte une robe chemisier que j´ai déboutonné et que Jacques rabat sur mon dos. Les bras tendus, la culotte roulée dans une main, je prends un appui précaire sur les pierre branlantes. Dans ces conditions, il n´y a pas toujours de préliminaires ; Jacques s´engage dans la vulve qui s´écarte un peu, serrant très fort dans ses poings la chair disponible sous ma taille. » (Millet, p.103)

Diese Darbietung der organisatorischen Begleitumstände eines Sexualakts im Freien gleicht einer Schilderung eines ersten sexuellen Kontakts, bei dem Lust und Gefühle durch die außergewöhnliche Situation in den Hintergrund geraten. Sex ist gleichzusetzen mit anderen Aktivitäten, auf eine ähnliche Weise hätte Millet an dieser Stelle Jacques' Vorliebe für Rohmilchkäse und ihre Anstrengungen, diesen für ihn dekorativ auf einer Picknickdecke zu plazieren, schildern können. Es geht nicht um Begehren, es geht um einen mechanisierten Vorgang, bei dem weder die stinkenden Socken noch ein beim Ausziehen verschmutzter Slip eine Rolle spielen dürfen. Nicht der Kuss oder die Berührung des Geliebten stehen im Vordergrund der Beschreibung, sondern der Slip, der während des Akts zusammengeknüllt in der Hand gehalten wird. Sie ist *chair disponible*, mehr nicht. Wollust ist bei Millet nicht länger ein Effekt, ein spontaner Akt, sondern geplant: « L'orgasme est l'effet d'une décision. Si je peux dire les choses ainsi: Je le vois venir. » (Millet, p.212). Selbst die Onanie unterliegt mechanisierten Vorgängen und kann nicht ohne das mentale Bewusstsein gelebt werden:

« Je me branle avec la ponctualité d'un fonctionnaire. Au réveil, ou dans la journée, dos appuyé à un mur, jambes écartées, un peu fléchies, jamais au coucher. Je savoure également de le faire bien emmanchée par une verge tout de qu'il a de réelle. Dans ce cas, je suis plus longue à venir ; il m'est plus difficile de me concentrer sur mon récit fantasmatique, car le sexe installé en moi n'exclut pas celui que je me représente. Le vrai se sent prêt, immobile, patient, jusuq'au signal que je donne, le « hein » de l'acquiescement total, ou un renversement de la tête, et alors les spasmes que j'ai fait venir recontrent la charge du vit au plus fort de sa puissance. » (Millet, p.213)

Autoerotik wird misstrauisch beäugt, kann nicht zum sublimen Ziel führen, hängt mit Selbstdisziplin und Selbstbeobachtung zusammen. Masturbation wird ursprünglich als Zeichen sexueller Gesundheit gewertet (Pschyrembel, p.322), die mit dem natürlichen Bedürfnis nach sexueller Stimulation des eigenen Körpers einhergeht. Sie dient auch dem besseren Kennenlernen des eigenen Körpers und seiner Bedürfnisse, bei Millet tritt sie allerdings den Beweis an, dass ohne männliches Zutun der eigene Körper schwieriger zu befriedigen ist, erneut eine klassische pornographische Wendung. Die Protagonistin Millets schafft keine persönliche Identität, weder sexuell noch kognitiv, denn abseits mechanisierter, überlegter Handlungen kann sie selbstständig nicht zum Höhepunkt gelangen. Eigentlich handelt es sich bei ihrem Werk um die Schilderung ihrer Unfähigkeit, mit ihrer Sexualität für sie gewinnbringend umzugehen, so dass sie zu einer für sie gültigen Definition von persönlichem und sexuellem Glück kommt. Anstelle dieser Persönlichkeit entwickelt die Protagonistin eine Existenz als sexuelle Lustquelle für andere, ohne selbst sexuelle Lust in einer anderen als der rein körperlichen Dimension wahrzunehmen:

« Mon derrière, autre face de moi-même. Claude disait que j'avais «une tête pas terrible, mais quel cul!». J'aime que Jacques, dans l'action, désigne indifféremment du nom de cul toute la partie basse de ma personne qu'il pénètre, et qu'il accompagne les déclarations d'amour qu'il lui adresse de claques franches sur les fesses » Millet, p.180)

Es ist das Fehlen eines starken Ichs, welches sich durch die ermüdenden Schilderungen manifestiert. Sie ist im Sinne des Fleisches, der *chair disponible* nur *cul*, nichts weiter, und befindet sich in einem prä-pubertären Stadium der sexuellen Desorientierung. Geringschätzung, wie hier ihrer übrigen Physis und nun gar ihres Kopfes/Gesichts als prägenster Teil ihrer Identität, nimmt sie nicht mehr wahr. Millets Werk wird mit der Orientierung innerhalb einer pornographischen Ausrichtung völlig missverstanden. Ähnlich wie bei Arcan ist es im eigentlichen Sinne ein Hilfeschrei, ein Bedürfnis nach exhibtionistischen Schilderungen einer fehlgesteuerten Sexualität, die diese Figur überfordert. Sie befindet sich in dem gleichen intellektuellen Stadium wie die Enkelin eines ihrer Liebhaber, die ihr offenbart, vom Großvater missbraucht worden zu sein; hierbei ist es klassischerweise eher der Konkurrenzgedanke als der Fürsorgeinstinkt, der bei ihr dominiert:

« Le soir, dans le lit que je partageais avec une de ses petites-filles, je racontai l´épisode. Il lui était arrivé de la toucher elle aussi. Nous parlions en nous regardant droit dans les yeux pour mesurer dans le regard de l´autre l´ampleur de notre découverte. Nous nous doutions bien que le grand-père faisait là quelque chose qui n´était pas permis, mais le secret qu´il nous conduisait à partager avait bien plus de valeur qu´une morale dont le sens ne nous était, de toute façon, pas plus clair. » (Millet, p.184)

Die Mechanisierung des *récits* dient demzufolge auch dem Schutz vor nicht zu bewältigenden Fragen an ihr Begehren und der Moralität ihrer Sexualpartner; diese zu beantworten schlösse eine Reflexion über ihr Handeln und seinen Sinn ein, was der Figur innerhalb der uns vorliegenden Informationen über ihren Charakter nicht möglich ist. Der Egoismus der Figur geht soweit, Inzest und Kindesmissbrauch zu tolerieren, ähnlich einem Roboter nennt sie die Handlungen, wertet aber nicht, auch wenn sie es vorgibt und Zusammenhänge und Äußerungen von handelnden Figuren nennt. Ihre Meinung bleibt unausgesprochen, sie ist mehr Reaktion auf etwas, was mit ihr passiert, als Aktion. Eine tatsächliche Intimität gibt es nicht. Das sexuelle Leben der Catherine M. bleibt kryptisch.

III.4.3. Vorläufiges Fazit der Emotionalisierungsstrategien

Struve ging in einer gender-orientierten Analyse davon aus, dass die Körperdarstellung und Intimität der von ihr untersuchten Protagonistinnen einerseits erotisch sind (da sie psychologische Relevanz haben); andererseits verwendet sie den Begriff des erotischen Körpers, da sie die Körperdarstellungen der Autorinnen nicht als Körper autonomer Subjekte begreift. So nimmt sie an, dass die „Veröffentlichung der intimen Erlebnisse" (Struve, p.19) explizit den privaten Körper der Autorinnen zur Diskussion feilböte: Eine These, der zuzustimmen ist. Die Autorinnen Millet und auch Arcan bestätigten dies mehrfach in Interviews, es ist an entsprechender Stelle schon darauf hingewiesen worden. Jedoch geht Struve hierbei davon aus, dass hierbei das Lustprinzip und die Ideale der Libertinage im Vordergrund stünden. Für Millet trifft dies nun definitiv nicht zu, auch wenn ihre geistige Abwesenheit und körperliche Präsenz von der libertinen Szenerie ihres Romans im Sinne einer sadomasochistischen Anlehnung an Werke der Libertins erinnern. Doch die von der Autorin Millet kreiierte Figur erweist sich als dezidiert lustfeindlich und steht somit keineswegs in der französischen Tradition der idealisierten libertinen Philosophie, obwohl sie es vorgibt. Ihr fehlt zudem der Erfindungsreichtum eines Balzacs oder Laclos´. Der Leser wird zu banal mit der Situation konfrontiert, die letztlich Folge eines egomanen Exhibitionismus infolge sexueller Fehlsozialisation ist. Nicht ihre Promiskuität, nicht ihre Vorliebe für Fellation oder ähnliche Praktiken sind fehlgeschlagen, sondern ihre Verortung innerhalb ihres Tuns, sonst wäre kein Anlass, darüber in psychoanalytisch-autobiographischer Tradition zu schreiben. Interessant ist hierbei, dass sie dies auch dezidiert in ihrem Werk nennt, wenn auch im Zusammenhang mit dem Phänomen Eifersucht:

> « Ceux qui obéissent à des principes moraux sont sans doute mieux armés pour affronter les manifestations de la jalousie qui ceux que leur philosophie libertine laisse désemparés face à des explosions passionnelles. La libéralité la plus grande et la plus sincère dont un être fait preuve dans le partage du plaisir pris avec le corps de l´être qui lui est cher peut, sans qu´aucun signe ne l´ait annoncé, être traversée d´une intolérance exactement proportionnelle. »(Millet, p.71)

Ihre Definition von libertiner Lust, die vor allem im Teilen des Körpers mit anderen besteht, ist nicht das alleinige Prinzip des Libertins: Dieser setzt eigene Lust in den Vordergrund, kritisiert die herrschende Moralität seiner Epoche, würde niemals einräumen, dass das Problem der Eifersucht für ihn existent ist. Sie nutzt statt einer libertinen Einstellung dezidiert pornographische Schemata zur Darstellung der Erlebnisse und lässt sich nicht emotional auf ein Hinterfragen der Szenen ein, indem sie wichtige Informationen auslässt. Als eine Art letztmöglicher Tabubruch bietet sich somit bei Arcan, Millet und Despentes die Zerstörung des Verzauberungspotentials erotischer Literatur an: Die Botschaft lautet, dass durch die *Sexuelle Revolution* nun auch der männlich dominierte Aspekt des simplen Vergnügens an pornographischen Versprachlichungen ausgemerzt würde.

Die Passivität Millets scheint als sexuelle Positionierung frei gewählt und auch selbstbestimmt, da niemand sie zwang, ihr Erlebtes so offenzulegen und auch ihr Beschreiben ist nicht von Druck der Sexualpartner geprägt. Die dominante Lakonie als Symptom einer übersexualisierten Umwelt ist dennoch von den Grundlagen des eigenen Protests abhängig:

« Si l'on considère *La vie sexuelle de Catherine M.* de Catherine Millet, une récension objective de rapports sexuels dépourvue de pathos comme d'émotions [...], l'on peut douter de l'attraction érotique de la représentation neutre du sexe. » (Évrard bei Dadoun, p.79/80)

Der Zweifel an ihrer Darstellung ist ganz offensichtlich intendiert. Durch die offensichtliche unbewusste[184] Bewältigung eigener Frustrationen und Hassgefühle wird meiner Meinung nach jedoch die Möglichkeit zu einer weiblich dominierten, positiven Erotik verspielt: Wo Lust fehlt, stirbt erotisches Verlangen; und genau dies wird durch Millet deutlich:

« L'esprit de géométrie et la volonté de « définir des topiques » n'ont jamais quitté Catherine Millet. Une perspective unique, exclusive (foin de sentiments, de la morale et de toute idée de transgression), se dessine ainsi, en vue de laquelle, infiniment troublé, on de finit pas de méditer. »[185]

Es ist erstaunlich, wie häufig sexuelle Akte genannt werden und wie ermüdend sie wirken. Trotz des Erscheinens ihres Werkes in einschlägigen Reihen der Verlage[186] wird die erotisierende Wirkung des Werks nirgends erwähnt, es scheint fast so, als sei es ein Versehen, sie hierhin gruppiert zu haben, als könne man diesen Erfahrungsbericht, der an sich herrlich in die Sparte der Mutzenbacher-Erfahrungen passen könnte, nun nicht mehr dort entfernen. Nötig wäre es:

„Mein Traum hat keine Pointe, er ist eine Ansammlung von Gefühlen. Dieser Traum hat mich selbst erstaunt, weil es sehr, sehr viele Stimmungen, Atmosphären innerhalb des Traumes gab, eine ganze Folge von unterschiedlichen Gefühlen. Überrascht hat mich auch, dass ich beim Aufwachen in einer sehr, sehr friedlichen Stimmung war."[187]

Es bleibt im Text die Suggestion, erotisierend zu wirken, einen literarischen Anspruch kann man allerdings kaum erkennen.

---

[184] Millet bekannte sich selbst zu einer Psychoanalyse („Tatsächlich habe ich eine Zeit lang regelmäßig einen Psychotherapeuten aufgesucht (...)", Millet, Catherine, Reihe: *Ich habe einen Traum*, aus: Die Zeit, 20.02.2003, p. 64.
[185] Le Monde, P.K.: *Catherine Millet, études de mœurs*, 25.01.02.
[186] Wobei es sich bei Seuil sogar um cinen katholischen Verlag handelt!
[187] Millet, Catherine: Beitrag zur Reihe: *Ich habe einen Traum* in: Die Zeit, 20.02.2003, p. 64.

Für Pornographie aber bleibt es zu schwach, dennoch enthält der Text den Anspruch an die perfekte Darstellung sexueller Handlungen abseits der Realität. Dies ist aber nicht die ausschließliche Intention, da sie verknüpft ist mit persönlichen Bedürfnissen der Autorin. Die Person und Intention der Autorin sind fassbar, sie ist Teil des neuen Genres, wobei wohl immer im Unklaren bleiben wird, was die Autorin mit ihrer Selbstoffenbarung bezweckte. Trotz aller sexuellen Handlungen bleibt dieser Roman im Kern am asexuellsten, vergleicht man ihn mit den anderen Werken, ist seine literarische Qualität zudem am schwächsten, ihre Erzähltechnik am ermüdensten. Im eigentlichen Sinne gibt es kein „sexuelles Leben der Catherine M.".

Und doch ist auch dies eine Facette des neuen Genres. Jones-Gorlin steht mit seinem Thema außerhalb, ebenso wie Arcan mit ihrer Methodik: Doch treffen sie sich alle in ihren öffentlichen Anfeindungen, alle werden dem Vorwurf der Pornographie ausgesetzt, und jedes Werk definiert eine eigene pessimistische Prognose des Erotischen sexueller Devianzen.

Die bisher betrachteten Autoren genießen in der Öffentlichkeit heute, 2009, kaum noch Beachtung, Arcan veröffentlichte noch eine Fortsetzung gleichen Genres. Daher soll nun ein weiterer Blick auf das Werk von Michel Houellebecq gelenkt werden, dessen Romane einen weiteren Höhe-punkt des sexuellen Pessimismus darstellen, der allerdings immer noch in der aktuellen Diskussion präsent ist. Struve blendet Houellebecq bewusst aus, sicher, er ist keine schreibende Frau und passt als Autor nicht in ihre Analyse. Natürlich muss er getrennt beobachtet werden, allerdings denke ich, dass sich auch bei Houellebecq die bereits isolierten Elemente wiederfinden und dass sich trotz sozialkritischer Elemente Motive stoisch wiederholen, wie bei Millet. Das Phänomen, so soll gezeigt werden, ist nicht weiblich und Frankreich laut Houellebecq nicht das Heimatland aller Laster:

« Qui avait bien pu accréditer cette idée que la France était le pays de la gaudriole et du libertinage ? La France était un pays sinistre, entièrement sinstre et administratif. »[188]

---

[188] Houellebecq, Michel: *Plateforme*, Flammarion: Paris 2001, p71 (ab hier unter PT abgekürzt).

III.5. Michel Houellebecq: *Plateforme* (2001), *La possibilité d'une île* (2005)

III.5.1. Der Wandel um das Phänomen Michel Houellebecq und seiner literarischen Motive

« Restait la Pornographie, sur laquelle tout le monde s'était cassé les dents. »[189]

Am 11. Februar 2006 wurde Oskar Roehlers Film „Elementarteilchen" im Rahmen der 56. Berlinale uraufgeführt[190]. Beteiligt an diesem Projekt waren hochrangige deutsche Schauspieler wie Martina Gedeck, Moritz Bleibtreu, Nina Hoss und Christian Ulmen. Laut einem Eintrag in der freien Enzyklopädie Wikipedia handelt es sich hier um einen gleichnamigen Film, welcher zwar auf dem Roman Houellebecqs basiert, sich dessen Kulturpessimismus jedoch nur bedingt zu eigen mache. Dies ist sicher exemplarisch auch für den Wandel um das „Phänomen Houellebecq" zu sehen.

Der Autor Michel Houellebecq hat sich heute, nach den ersten Skandalen um seine Werke *Extension du domaine de la lutte* (EDL) und *Les particules élémentaires* (LPE) Ende der neunziger Jahre zunächst einen Sonderstatus genießend[191], innerhalb der europäischen Literaturszene als etablierter Romancier wohlsituiert.

Bereits im Jahr 2000 wurde er als « l'acteur français le plus médiatique des ces dix dernières années bezeichnet »[192]. Seine Werke werden inzwischen verfremdet: Roehler verlegte beispielsweise die Handlung von Paris nach Berlin, rückte anstelle der inneren Monologe für das breite Publikum interessante Swingerclubszenen in den Fokus (wobei dennoch bruchstückhafte Zitate Houellebecqs erhalten blieben) und harmonisierte das Ende zu-

---

[189] Houellebecq, Michel: *La possibilité d'une île*, Fayard: Paris 2005, p.159 (ab hier unter PI abgekürzt).
[190] http://de.wikipedia.org/wiki/Elementarteilchen_(Film).
[191] Durch die Verbindung der Motive Sexualität und Gewalt innerhalb seiner Prosa, welche auch Elemente des Satanismus, Sadismus und des Sextourismus als Ideallösung sexueller Devianzen einschließt, löste Houellebecq kontroverse Diskussionen aus. Es handelt sich bei seinen Werken vor allem um Milieustudien, welche die Hoffnungslosigkeit des modernen Individuums in der Konsumgesellschaft durch eine abstrakte Konzentration auf depressive, handlungsunfähige Männer fokussiert. Dies mündet letztendlich in einer Beschreibung der Leere unserer Existenz, deren Fluchtmittel Liebe, stets verbunden mit Sexualität, sein könnte, es jedoch nie wird.
[192] Masserey, Michel: *Michel Houellebecq chante le soleil, la plage, les vagues et les pics de pollution*, in: Le Temps, 17 mai 2000, p.22.

schauerfreundlich: So bietet seine Adaptation eine romantisch gefärbte Vision der Zukunft des Protagonisten Michel, der, eigentlich in Irland nach einer Möglichkeit der sexualitätsfreien Prokreation suchend, in Rosamunde-Pilcher-Manier seine Jugendfreundin Annabelle letztendlich bittet, mit ihr nach Irland zu gehen. Dennoch und vielleicht gerade durch diese Entwicklung nimmt Houellebecq nach wie vor eine Sonderrolle innerhalb der vorgestellten Autoren und ihrer Werke ein. Durch die starke Mediatisierung der Person Houellebecq ist es beinahe undenkbar, eine Aussparung seines Selbstbildes bei einer Behandlung seiner Texte zuzulassen, dies gilt gerade für den sexuellen Kontext. Er ist und er lebt das Bild des depressiven Antihelden, das Unwohlsein und die sexuelle Misere. Und doch, wie Jérôme Garcin in seiner Kritik zum Roman *Plateforme* anführt, sind nicht alle Protagonisten um die 40 mit Vornamen Michel der Autor selbst: « Le héros et narrateur se prénomme Michel et il a la quarantaine. (C'est donc l'auteur, s'écrieront ses conttempteurs avec la stupide jubilation des gagnants de « Qui veut gagner des millions ? » »[193]. Hier lohnt ein kurzer Blick auf seine Biographie, um seine Selbstdefinition zu verstehen.

Michel Houellebecq wurde am 26. Februar 1958 auf der Insel La Réunion[194] geboren, als Sohn eines Bergführers und einer Anästhestin, die jedoch bald das Interesse an ihrem Sohn verloren. Sie gaben ihren Sohn in die Obhut der Großmutter väterlicherseits, eine Kommunistin, deren Namen er annimmt.

Seine Jugend ist nach eigenen Aussagen von persönlichen Misserfolgen gekennzeichnet, gerade auf sexuellem Gebiet[195]. Nach einer siebenjährigen Internatszeit besucht er die Vorbereitungsklassen für die *Grandes Écoles*, schafft jedoch die Aufnahme nicht[196]. Laut Emiliy Eakin wird er mit achtzehn Jahren aufgrund seiner Morphiumsucht von der französischen Armee ausgemustert (vgl. Eakin), ein Detail, welches er gerne erwähnt. Er erwirbt zwei Jahre später dennoch sein Diplom als Agraringenieur, heiratet die Schwester eines Freundes. Er wird arbeitslos, sein Sohn Etienne kommt zur Welt, er lässt sich scheiden, trinkt, wird depressiv, unterzieht sich mehreren Therapien. Seine literarischen Ambitionen werden stärker: Bereits der Zwanzigjährige frequentierte mehrere literarische Zirkel, 1985

---

[193] Garcin, Jérôme: *Destination Bangkok*, in: Le Nouvel Observateur, 23-25 août 2001, p.49.
[194] Levy, Michelle: Houellebecq: Biographie, unter http://www.houellebecq.info/bio/php3, aufgerufen am 7.02.2002.
[195] Eakin, Emiliy: *Ich bin der Radikalste von allen. Interview mit Michel Houellebecq*, FAZ, 19.9.2000, Nr. 218, p.57.
[196] Kemmner, Ernst: *Nachwort*, in: Houellebecq, Michel: *Extension du domaine de la lutte*, Reclam: Stuttgart 2002, p.216.

boten sich durch Michel Bulteau, dem Herausgeber der *Nouvelle Revue de Paris*, erste ernsthafte Chancen; er veröffentlicht erste Gedichte und eine Biographie über Howard P. Lovecraft, wird Verwaltungssekretär in der *Assemblée Nationale*, der erste Essay-Band, *Rester Vivant*, erscheint. 1992 erhält er für den ersten Gedichtband, *La Poursuite du bonheur*, den Prix Tristan Tzara. Maurice Nadeau gibt 1994 den ersten Roman, *Extension du domaine de la lutte*[197] heraus, welcher den Erfolg Houellebecqs auch in Deutschland begründet und für den er den *Grand Prix National des Lettres* erhält. Bislang veröffentlichte Houellebecq noch drei weitere Romane, *Les particules élémentaires* (1998), *Plateforme* (2001) und *La possibilité d´une île* (2005), für den er den Prix Interallié 2005 erhält. Aufgrund des Skandals um *Plateforme*, der zahlreiche muslimische Gruppierungen in Frankreich zu Klagen aufgrund seiner islamophobischen Partien reizte[198], lebt er heute in Spanien. Zu seinen zwei weiteren Lyrikbänden, *Le sens du combat* (1996) und *Renaissance* (1999) bleibt zu vermerken, dass er diese auch vertont, unter dem Label Tricatel gab er 2000 die CD *Présence humaine* heraus[199]. Er situiert seine musikalischen Versuche, zu der sich eine Band gebildet hat, als *soul psychedélique*, sein Label Tricatel nennt es *rap mou*. 2002 erhält er für sein literarisches Werk zwei Preise, den Prix Impac in Dublin, den Schopenhauerpreis in Spanien[200]. Beinahe hätte er auch einen der begehrtesten Preise Frankreichs erhalten, doch nach dem Skandal um *Plateforme* wurde er aus der Vorauswahl des *Prix Goncourt* gestrichen, kurz vor dem Attentat in New York[201].

---

[197] Dieser erste Roman gilt als Schlüssel für die Gesellschaftswahrnehmung von Houellebecq, taucht doch hier erstmals der typische, einsame männliche Protagonist auf, der die Umwelt spiegelt: „Die Kampfzone, das ist die um die Sexualität erweiterte Arena, ist ein sozialer Bereich, der ebensosehr von der Ungerechtigkeit beherrscht ist wie der des Geldes. Doch nicht bloß die hässlichen Entlein (deren Los doch auch in früheren Zeiten nicht eben rosig war); alle Zeitgenossen leben in einer heillosen Welt, welcher in der sexuellen Freiheit und Herumtreiberei das einzig Wesentliche verlorenging, die Liebe.", aus: Zeltner, Gerda: *Im Selbstmordraum der westlichen Welt – Michel Houellebecqs zwei Romane*, in: Neue Zürcher Zeitung, 10./11.4.1999, p.15.

[198] *Plateforme* erschien vor dem 11. September, seither herrscht, lt. Jürgen Ritte (Neue Zürcher Zeitung), verlegenes Schweigen um dieses Thema.

[199] Auch im Bereich Film, wie bereits erwähnt, finden die Werke Houellebecqs Beachtung, neben den Romanverfilmungen existieren auch eigene Filme von Houellebecq, wie z.B. *La rivière.*

[200] http://www.houellebecq.info/bio.php3, aufgerufen am 19.07.2007.

[201] Altwegg, Jürg: *Romane zu Thesen lesen*, in:Frankfurter Allgemeine Zeitung, 27.10.2001, Nr.250, p.43.

Die dichte Folge der Werke, die öffentliche Beachtung und die bisherige intensive Produktivität des Dichters allein lassen vermuten, dass es sich bei seiner Selbstdarstellung vor allem auch um Marketing handelt. Äußerungen Houellebecqs, wie die bereits im Kapitel über Jones-Gorlin dikutierte, stellen bares Geld dar, da es bewusst nach Lücken der bereits sehr strapazierten Moralität sucht, die es zu füllen gilt: « J´ai quand-même été surpirs, devant l´incroyable bêtise des discours « politiquement corrects », qu´aucun intellectuel français ne se déclare partisan du Front national juste pour emmerder le monde. »[202] Dieses Marketing ist dadurch zu erklären, dass die Themen des Autors und seine Selbstdarstellung mehr Beachtung finden als sein Werk an sich, und dies scheint sich verselbstständigt zu haben[203].

Momentan ist er selbst an der Verfilmung seines letzten Romans beteiligt, die Photos[204] hierzu, die veröffentlicht wurden, zeigen größtenteils ihn und junge, makellose Darstellerinnen, deren Oberkörper nackt und mit Bodypaintings versehen sind. Weder zum Dreh noch zu inhaltlichen Aspekten sind Informationen zu finden, er nutzt innerhalb seiner Medienkritik geschickt ihre Mechanismen und es scheint, als verweile auch sein Blick auf den nackten Frauen, wenn wir die Fotos betrachten.

Auch bei öffentlichen Anlässen beobachtet der Antilinksliberale stets das Publikum, wie um sicherzustellen, dass seine Botschaft ankommt. Er scheint hierbei bewusst nachlässig, bei seiner inszenierten apokalyptischen Müdigkeit, die offen von Drogen und Alkohol zu rühren hat, kommt es ihm vor allem darauf an, dass klar wird, wie sehr er abseits der von ihm kritisierten Ideale steht[205]. Hierbei wirkt er unfreiwillig komisch, ist doch

---

[202] Houellebecq, Michel; in: *Les Inrockuptibles*, zitiert aus Lancelin, Aude; Pliskin, Fabrice: *Le syndrome Eminem*, in : Le Nouvel Observateur, 11-17 octobre 2001, p.53.
[203] Jens Jessen verglich Houellebecq mit Joris-Karl Hysmans, dem extrovertierten französischen Skandaldichter des Fin de siècle, den er als ersten „modernen Feind der Moderne" bezeichnet. Hierbei gelten als Vergleichsaspekte „Rituale der Jämmerlichkeit und des hochfahrenden Trotzes, der Rechtfertigung des Hasses aus dem demonstrierten Leiden.", in: Jessen, Jens: *Der große Jammer*, in: Die Zeit, 7.02.2002, aufgerufen am 25.07.2007 unter http://www.france-mail-forum.de/fmf25/lit/25jessen.htm. Houellebecq ist nicht allein sein Bild, dass er von sich erschaffen hat, er wird in seiner Inszenierung als blasiert wahrgenommen, jedoch dennoch als exzentrisch akzeptiert.
[204] http://newsfernandoarrabal.blogspot.com/2007/06/photos-du-premier-film-de-houellebecq.html.
[205] „Er kennt seinen Text fast auswendig, er kann ins Publikum schauen, während er vorträgt, und aufmerksam schaut er, ob der Vortrag den Zuschauern gefällt. [...] Er wirkt ein wenig schläfrig, wenn er liest, wie eine müde Eidechse – wenn da diese Augen nicht wären, mit denen er die Menschen beim Zuhören betrachtet.", aus:

sein Protest gegen die uniformierte Schönheit ein Rekurs zu einer sehr bizarren Ästhetik des Ekels. Beinahe wirkt er pubertär, als trotziges einsames Elend, welches am liebsten ein schwarzgekleideter Existenzialist wäre, in einen Sessel gekrümmt der Welt seine Hässlichkeit zu präsentieren. Rita Schober nennt seinen Weg der Verweigerung *destruierenden Aktionismus*: „[...] nicht absolute Verweigerung, aber dezidierte Absage an jegliche Form von „art utile" im Sinne sozialer Beruhigung."[206] Nicht nur die sexuelle Ebene, sondern auch die Anfeindung des Wettbewerbsgedankens, der Kompetition um die Jugend, Schönheit und Makellosigkeit bleibt präsent, er selbst drückt dies unter Einsatz der eigenen Körperlichkeit aus, was er beispielsweise Emily Eakin spüren ließ, die 2000 ein frühes Interview mit ihm führte, bei dem er ihr übrigens eindeutige sexuelle Angebote machte:

„Ein Wochenende in seiner Gesellschaft zu verbringen heißt zwangsläufig, an einem Experiment in Stimulanzienabbau teilzunehmen. Alle Außenreize werden auf ein absolutes Minimum reduziert. Körperliche Bewegungen gelten als unangemessen, ebenso Reden, Essen und jegliche andere Aktivität, die vom großen Ziel ablenken könnte: die Zeit von Samstagmorgen bis zum Sonntagabend mit geringstmöglicher Bewusstheit durchzustehen." (vgl. Eakin)

Äußert er sich zu eigenen Werken oder zu seiner Intellektualität, so schließt er sogleich Hinweise auf seine sexuelle Aktivität[207] mit ein. Houellebecqs Begriff von Sexualität als wesentliche Seinserfüllung ist eher ambivalent: In einem Interview, welches zusammen mit Tomi Ungerer geführt wurde, äußerte er, dass Sex einen terrorisieren würde, man sich aber dennoch danach sehne[208].

Sein Tabubruch besteht zunächst vordergründig darin, dass er moderne emanzipatorische Werte, welche fast ein halbes Jahrhundert nach der „Sexuellen Revolution" inzwischen allgemein anerkannt sind, drastisch umwertet. Dieter Wellershoff definiert die Idee Houellebecqs folgendermaßen:

Steinfeld, Thomas: *Da lacht die kleine, wache Eidechse*, in: Süddeutsche Zeitung, 9./10.02.2002.

[206] Schober, Rita: *Weltsicht und Realismus in Michel Houellebecqs utopischen Roman Les particules élémentaires*, RZLG, 25, 1/2 , 2001, p.181.

[207] Bereits 1998 erwähnte er: « Mon terrain intellectuel est très variable, parfois extrêmement fort, parfois nul. Il en est de même pour mon intérêt sexuel. Par bien de côtés je corresponds au portrait du maniaco-dépressif. »; Argand, Catherine: *Interview mit Michel Houellebecq*, Lire, September 1998.

[208] Karcher, Langmann: *Vom Ende der Erotik – Interview mit Michel Houellebecq und Tomi Ungerer*, Focus, Nr.5/2002, p.83.

„Die Befreiung der Sexualität aus dem bürgerlichen Moralkorsett, das die Stützung der lebenslangen monogamen Ehe dient, und ihre Anerkennung als autonome Lustquelle und Medium der Selbsterfahrung, Prozesse also, die dem aufgeklärten Bewusstsein als ein über Generationen erkämpfter Fortschritt galten, werden von diesem eigenwilligen Außenseiter als ein Absturz in die darwinistische Barbarei beschrieben."[209]

Houellebecq belässt es nicht bei einem solchem Absturz, sondern er formuliert auch eine eigene These zur Parallelität des Sexuallebens und der freien Wirtschaft, dies äußert er beispielsweise in seinem Aufsatz über Lovecraft: « [...] le libéralisme s´est étendue du domaine économique au domaine sexuel.»[210]. Ähnlich wie in der freien Marktwirtschaft gäbe es nach Houellebecq also sogenannte „Pauperisierungsprozesse", nur dass dort der zu beobachtende Arm-Reich-Konflikt sich nicht auf kapitales Vermögen, sondern auf die Häufigkeit von sexuellen Kontakten bezieht. Mancher habe viele, eine anderer nie einen Sexualpartner zur Verfügung, der dies darüber hinaus aus freiem Willen sei, und so ergäbe sich eine Realität, in der für manch einen kein anderer Ausweg als Masturbation und Einsamkeit bestünde.

Diese Idee kann, abseits der Äußerungen Houellebecqs in Interviews, vorbehaltlos auf sein fiktionales Werk übertragen werden. Und gezielt arbeitet er mit seiner propagierten Geisteshaltung und möglichen Vernetzungen zu seinen Werken[211]. Den Erfolg seines Erstlings galt es zu verfolgen: « Imaginons que Michel Houellebecq, auteur exagérément louangé, ait interrompu sa carriére (il n´y a pas d´autre mot) juste après la publication de son premier roman (Extension du domaine de la lutte), il en aurait survécu l´image d´un petit maître. » (Waldberg, p.29).

Wir erleben in den Medien einen nun zurückgezogenen, scheinbar in Zweisamkeit[212] und Harmonie, mit einem Hund in Irland lebenden Au-

---

[209] Wellershoff, Dieter: *Der verstörte Eros. Zur Literatur des Begehrens*, Kiepenheuer und Witsch: Köln 2001, p.304.

[210] Houellebecq, Michel: *H.P. Lovecraft. Contre le monde, contre la vie*. Éditions J´ai lu: Paris 1999, p.144.

[211] Will man seinen Aussagen glauben schenken, so befindet sich der Autor Houellebecq in einem Zwiespalt der eigenen Identität und seinem Werk, welches ihm als Ventil dient, ihn allerdings gleichzeitig aus der Gesellschaft ausgrenzt, ein Effekt, den er gerade kritisieren wollte: „Ich sage Dinge, die zu sagen sich nicht schickt, und auf diese Weise zerstöre ich nach und nach mein Image. Aber gleichzeitig brauche ich das.", Michel Houellebecq in: Traub, Rainer/Wellershoff, Marieanne: *„Überall Bilder von perfektem Sex" – die Autoren Bret Easton Ellis und Michel Houellebecq über Moral, Gewalt und Schönheitsterror*, in: Der Spiegel, 25.10.1999.

[212] Sybille Berg notierte über den Umstand, dass Houellebecq aus dieser Zweierbeziehung Kraft und Positivität gewinnen könnte, in literarischer Verfremdung Fol-

toren²¹³: Wir werden im jüngsten Werk *La possibilité d'une île²¹⁴* (LPI) mit einen entsprechenden Protagonisten konfrontiert: einem isolierten, in Spanien lebenden Comedian samt Frau, und Hund. Der typische Houellebecq'sche Protagonist ist scheinbar also wirklich grundsätzlich männlich, um die vierzig, und sexuell ermüdet. Das reale Paar jedoch erlebt die Fiktion nicht, laut der Homepage des Autors sind diese weder getrennt noch lebt der Autor andere Vorlieben seiner Protagonisten.

Diese leiden nach vollendeter sexueller Frustration im Jugendalter unter bleibendem sexuellem Misserfolg. Wohl kannte der typische Protagonist eine Phase unerklärlichen Glücks mit Frauen, welche seine sexuellen Vorlieben, die stellvertretend für eine an widersprüchlichen Moral- und Glücksvorstellungen gekoppelte Liebe stehen, mit ihm teilten, doch nun sind sie verschwunden. Als Möglichkeiten bietet der Erzähler Flucht vor den Erscheinungen des Alterns (LPI: gebunden an dem Altern einer Frau und deren Rückzug, sei es durch den Rückzug einer jungen Frau vor dem Alter des Protagonisten; Alter bedeutet immer den Rückzug vom Glücksempfinden), Suizid (LPE) oder auch Mord durch Terroristen (Plateforme, i.F. PL abgekürzt) an. Die Verbindung zu sexuellen Praktiken, vorherrschend der Masturbation, jedoch auch von Gruppensexualität, Sextourismus und die schleichende Vergesellschaftung von Sado-Masochismus stellt hierbei für Houellebecq einen durchaus legitimen Ausgleich für affektiven und sozialen Mangel dar. Doch trotz detailliertester erotischer Schilderungen wird kein Lustgewinn durch die Lektüre angestrebt. Der Leser bleibt indifferent gegenüber lakonischer Schilderungen: « [...], la stricte succession d'épisodes amoureux, sans présence suspensive de discours hétérogènes, moraux, philosophiques ou sociaux, ne suffit pas, pour que se produise l'effet de lecture érotique. » (Goulemot, p.83).

Mehr noch, viele Leser reagieren gelangweilt und angewidert, der Boom um die Texte Houellebecqs ist abgeebbt: « Emoustillé ou écoeuré par une personnalité caricaturée alternativement en provocateur obscène ou en prophète des temps nouveaux, le public adule ou déteste ce personnage

---

gendes: „[...] und wenn man nicht wüsste, dass er eine Frau gefunden hat, die ihn hält und dass er doch gar nicht mehr so traurig sein muss, aber wir schon, die wir immer noch alleine sind mit uns und der Traurigkeit und den schönen geschriebenen Tränen des Herrn Houellebecq.", in: Steinfeld, Thomas (Hg.): *Das Phänomen Houellebecq*, Dumont, Köln: 2001, p.221.

²¹³ seine Homepage informiert den Leser regelmäßig über seine aktuellen Aktivitäten: http://www.houellebecq.info/actu.php3.

²¹⁴ Houellebecq, Michel: *La possibilité d'une île*, Fayard: Paris 2005.

déjá culte.»[215] Als besonders quälend kann die Wiederholung des klassischen Parcours von Berührungen, gegenseitiger oraler Stimulation und finaler Penetration gewertet werden. Denn Houellebecq nutzt beinahe ausschließlich diesen recht traditionellen Weg sexueller Begegnungen: Varianzen sind spärlich gesät. Der Leser ist auf diesen Aufbau inzwischen gefasst, erfährt nur geringfügige Variationen. Sex ist scheinbar das einzige Medium zweier Individuen, Nähe zuzulassen. « Plume elle-même trempée dans du bran, quand elle ne l´est pas dans du sperme, tant l´obsession du sexe est constante chez Houellebecq.» (Waldberg, p.41).

Interessant ist aber eine Neuerung, die gerade am neuen Werk LPI spürbar ist und eine andere Sichtweise auf die literarischen Motive Houellebecqs zulässt: Wir erleben hier eine Zweiteilung des Romans in eine futuristische, mit Chat-Elementen gespickte Wirklichkeit und einer chronologischen Schilderung des typischen Handlungsablaufs (Liebe zu einer idealen weiblichen Figur, Trennung, Einsamkeit, Extrema sexueller Devianzen, Verzweiflung über eigene Unfähigkeit zu lieben). Ein Klon, genannt *Néo-humain*, berichtet von seiner Lektüre des Werkes seines Urvaters Daniel 1, der, als simpler Mensch, innerhalb seines Lebens mit einer Sekte, den Elohimiten, in Kontakt geriet, die im Klonen den Ausweg aus der Falle des menschlichen Verfalls suchte. Daniel 25, sein genetisch leicht variiertes Ebenbild, sucht in einer durch 24 Generationen getrennten Wirklichkeit, in der die Menschen nur als Wilde existieren, die durch penetranten Geruch und sadistische Riten[216] (Kannibalismus etc.) Ekel erregen und eine seltsame Leere spiegeln, in diesem *récit* die Bedeutung des Begriffes Liebe. Dieses stilistische Mittel gleicht meiner Meinung nach einer Traumwelt im Sinne Freuds, wobei zwischen dem konkreten Trauminhalt (das, was man wirklich wahrnimmt, hier also das tatsächlich Geschriebene) und den Traumgedanken (den Aussparungen und die darin enthaltene Metaphorik) unterschieden werden kann.

Führt man diesen Gedanken fort, so wird deutlich, dass wie bei der Traumbildung eine Übertragung und Verschiebung der psychischen Intensitäten[217] der einzelnen Elemente (hier der typischen Erzählmuster) stattgefunden hat. Durch die Parallelwelt, die sich innerhalb der Zweiteilung

---

[215] Fredet, Jean-Gabriel: *L´affaire Houellebecq*, in : Le Nouvel Observateur, 13-19 septembre 2001, p.40.
[216] « L´importance incroyable que prenaient les enjeux sexuels chez les humains a de tout temps plongé leurs commentateurs néo-humains dans une stupéfaction horrifiée.», LPI; p.326.
[217] Eckard Rolf: *Metaphertheorien. Typologie. Darstellung. Bibliographie,* Walter de Gruyter: Berlin, New York 2005.

des Romans offenbart, wird es erstmals einem Protagonisten möglich, seine bislang abstrakt gebliebenen Motivationen, Wunschvorstellungen und/oder Ziele zu formulieren. Der Vorwurf, den man Houellebecq bislang machte («[...] : il ´y a, dans ces ouvrages, ni grâce, ni style, ni hauteur.» (Waldberg, p.14)), ist möglicherweise durch die Aussparung der Einbeziehung dieses Teilbereichs der Metaphorik begründet. Folgt man der Argumentation Rolfs, so weisen Metaphern Momente der Verdichtung bzw. der Auslassung auf. „Auch Metaphern sind anschaulich, sie haben in der Regel, wie die Träume, einen hohen visuellen Gehalt." (Rolf, p.100).

Aus diesen Zusammenhängen heraus möchte ich folgende These aufstellen: Die sich wiederholenden Elemente Houellebecqs, wie beispielsweise die Häufung des Oralverkehrs ohne nachvollziehbaren Anlass können, betrachtet man sie als Metaphern, durch eine bewusste Auslassung der Verbindung zum Inneren über das Bewusstsein über die eigene Leere Auskunft geben.

Demzufolge sind sie als traumhafte Darstellungen der Wirklichkeit anzusehen, die bewusst abrupt durch die Realität gebrochen werden sollen, um die Schönheit der Liebe, die eigentlich im Vordergrund stehen soll, darzustellen. Lacan, auf den Rolf verweist, geht davon aus, dass der Gebrauch der Sprache erst von dem Moment an bedeutungsfähig wird, wo es möglich wird, metaphorisch zu sprechen, „das heißt, einzelne Signifikanten metaphorisch zu verwenden und sie dabei ihren herkömmlichen lexikalischen Verbindungen zu entreißen." (Rolf, p.108). Houellebecqs Schreiben lebt von dieser Symbolik.

Um diese These zu belegen, möchte ich innerhalb der Werke PL und LPI zwei Kernthemen auf ihren metaphorischen Gehalt hin untersuchen, um eine definitive Aussage über die Bedeutung Houellebecqs innerhalb dieser Arbeit machen zu können: Masturbation und Fellation, analog zu Millet.

III.5.2. Literaturanalyse

III.5.2.1. Aspekt der Darstellung der Masturbation im Werk Plateforme

„Die Welt scheint sich für nichts anderes als Onanie zu interessieren."[218]

Das exponierte Ziel pornographischer, aber auch erotischer Literatur ist die Selbstbefriedigung des Lesers bei der Lektüre, sei es kognitiv oder physisch. Diese kann auch direkt Thema dieser Literaturform sein, wobei hierbei eine Wechselwirkung erreicht werden kann, aber nicht muss.

An besonders exponierter Stelle stehen nun auch in Houellebecqs Werk die zahlreichen Masturbationsszenen, und dies ist auch kausal zur exponierten Stellung der Fellation zu sehen, die im Anschluss daran betrachtet werden soll.

Doch ist Masturbation bei Houllebecq keine lohnende, Seligkeit spendende Beschäftigung. Masturbation erscheint als notwendiges Übel, wenn es an der heilsspendenden Frau mangelt. Dieses Motiv ist an sich in der Literatur natürlich nicht neu. Dennoch sind in früherer erotischer Literatur, wie beispielsweise bei Sade, Masturbationen keineswegs einsame Aktionen, sondern integrierbar in eine sexualbejahende, libertine Gesellschaft[219] des 18. Jahrhunderts.

Houellebecq prägt nun ein neues, von Selbsthass geprägtes *âge masturbatoire de la littérature*. Onanie ist für ihn nichts anderes als eine Totalverwiegerung, ein Aushilfsmittel, ein Zeichen der sexuellen Hilflosigkeit. Zurück bleiben saft- und kraftlose Ruinen.

Doch die Masturbation, als sehr verbreitete Form der Autoerotik, bezeichnet allgemein die sexuelle Stimulation von erogenen Zonen des eigenen Körpers (Pschyrembel, p.322), ist medizinisch gesehen sogar ein Ausdruck sexueller Gesundheit und per definitionem durch eine hohe Kreativität und Varianz geprägt. Bei Houellebecqs Texten jedoch ist vornehmlich die klassische manuelle Reizung der männlichen Geschlechtsorgane Penis und Hoden ohne Masturbationsinstrumente gemeint, welche sich allerdings durch visuelle Reize, wie weibliche Figuren/Bilder intensiviert.

---

[218] Lütkehaus, Ludger: *Freud zum Vergnügen „Genug von meinen Schweinereien"*, Reclam: Stuttgart 2006, p.56.

[219] Meyer, Ronald: *Sexualität und Gewalt – Formen der Sexualität und Gewalt in der Fiktion und Biographie des Marquis de Sade*, Röhrig Universitätsverlag: St. Ingbert 1999, p.178.

Im Folgenden soll anhand des Motivs Masturbation bewiesen werden, dass auch der männlich dominierte Begriff[220] der Selbstbefriedigung als symptomatisch für Houellebecqs traditionelle Darstellung der Sexuali-tät angesehen werden kann. Dabei möchte ich bewusst werkchronologisch vorgehen, da sich das Motiv analog zu der Entwicklung des Protagonisten entwickelt.

Im Fokus des Romans steht ein Ich-Erzähler, ein Houellebecq-typischer Mann; Beamter, vierzigjährig, unverheiratet, einsam, auf der Suche nach Glück:

« C´est un peu un regret, dans la vie, le célibat. C´est surtout gênant pour les vacances. » ; (PF, p.11) « Je n´avais ni partenaire sexuelle régulière, ni véritablement d´ami intime (…) »(PF, p.20) ; « Je n´étais pas heureux, mais j´estimais le bonheur, et je continuais à y aspirer. » (PF, p.22)

Die Gewohnheiten des Mannes führen automatisch in den Bereich der Masturbation: Nach der Arbeit im Büro besucht er für gewöhnlich eine Peep-Show, es handelt sich anscheinend um eine Kabine, die im Minutentakt abrechnet. Im Zentrum der Inspiration stehen direkt die Vaginas der Frauen, nichts anderes. Es handelt sich laut dem Bewusstsein der Figur um eine Art biologisch notwendigen Zeitvertreib, den er dümmlich-direkt mit der Fresslust seiner Kollegin vergleicht: « Je vidais gentiment mes testicules. À la même heure, Cécilia se bourrait de gâteaux au chocolat dans une pâtisserie proche du ministère ; nos motivations étaient à peu près les mêmes. » (PF, p.25) Doch bereits hier erscheint diese Aktivität in Bezug auf ihre Effektivität limitiert und nur durch einen teureren Besuch in einem Bordell kann die Tristesse der einsamen Onanie gemildert werden; der Penis wird als « petit appendix exigeant, inutile, qui sentait le fromage ; j´avais besoin alors qu´une fille la prenne dans ses mains, s´exastasie même faussement sur la vigeur du membre, la richesse de sa semence. » (PF, p.25). Spürbar wird hier ein sehr geringes Selbstwertgefühl, ein gewisser Ekel vor seinem Geschlecht/Körperflüssigkeiten, der ausschließlich durch die Berührung einer Frau geadelt werden kann. Dennoch ist ein nahtloser Übergang zum tristen Alltag möglich: Gleich im Anschluss kehrt er nach Hause zurück und sieht die Quizsendung « Questions pour un champion ». Die Masturbation steht symbolisch für den Mangel an Passion in seinem Leben, welches determiniert erscheint. Doch warum wird dies so in den

---

[220] siehe hierzu auch: Lütkehaus, Ludger: *"O Wollust, O Hölle" - in der Onanie – Literatur*, aus: Freiburger literaturpsychologische Gespräche, Bd.10: *Literatur und Sexualität*, Königshausen und Neumann: Würzburg 1991, p.178.

Vordergrund gerückt? Houellebecq kritisiert durch diese sexuelle Praktik darüber hinaus die sogenannte „Neosexualität". Volkmar Sigusch[221] definiert die kontemporäre Sexualität Jugendlicher und junger Erwachsener folgendermaßen:

„Ihre Neosexualität, die zur Allgemeinen werden wird, ist eher Wohllust als alte triebhafte Wollust. Sie ist selbstoptimiert und selbstdiszipliniert, könnte wegen ihres hohen Anteils an Egoismus auch Sefsex genannt werden. Dazu passt die enorme soziale und seelische Aufwertung der Selbstbefriedigung in den letzten Jahrzehnten. Als einzige Sexualpraktik ist sie im Verlauf des 20. Jahrhunderts nicht nur von einer verpönten und verfolgten zu einer von Männern wie Frauen Selbstpraktik geworden, sondern hat auch insgesamt quantitativ an Bedeutung gewonnen."[222]

Durch den Mord an seinem Vater, der von einem Bruder seiner muslimischen Geliebten getötet wurde, beginnt seine Suche nach Gründen für diese fehlende Passion (vgl. PF, p.33): Er entscheidet sich für eine Reise nach Thailand, findet zunächst durch seine Schüchternheit keinen Anschluss an die Gruppe der Mitreisenden, doch wird von der sich unterordnenden Valérie zum Reisepartner erkoren, die gleich im Sinne der Fellation definiert wird: «(...) elle devait avoir une bouche bien chaude, prompte à avaler le sperme d´un ami véritable.» (PF, p.51). Sie stellt auch gleichzeitig, nach einem Besuch bei einer Prostituierten, das Objekt einer Masturbation dar: «Décidément, j´aimais bien Valérie. Je me masturbai légèrement pour aborder la lecture avec sérénité ; il y eut quelques gouttes.» (PF, p.57). Die Ausrichtung der Masturbation wandelt sich nun langsam, es kehrt beim Rekurs auf eine Frau eine Art Entspannung ein, die den bislang eher mechanischen Charakter der Masturbation nivelliert; dennoch bleibt dabei Raum für Lektüre. Diese Lektüre, der Bestseller *Die Firma* von Tom Clancy, taucht innerhalb der Masturbationen des Protagonisten nochmals auf, hier allerdings als pseudoerotisches Sujet: Beim Lesen des Werkes stößt er auf ein erotisches Rencontre, bei dem „Tom Cruise", der von Michel als Schauspieler mit dem Protagonisten des Werkes gleichgesetzt wird, «entendit un bruit sec et vit la jupe glisser jusqu´au chevilles d´Eilene, découvrant un string retenu par deux cordelettes.» (PF, p.95). Diese Ankündigung löst sofort in Michel Anspannung aus: «Je défis la fermeture éclair de ma braguette» (PF, p.95). Die simple Vorstellung eines

---

[221] Sexualforscher, Arzt und Soziologe. Ehemalig. Direktor des Instituts für Sexualwissenschaft am Klinikum der Goethe-Universität Frankfurt am Main. Begründer der Kritischen Sexualwissenschaft.

[222] Sigusch, Volkmar: *Was heißt Neosexualität?*, in: Geo Wissen, „Sünde und Moral", Nr.35: 2005, p.140.

Strings, selbst in einer als mäßig spannend erscheinenden Lektüre, löst die Erektion aus; ein klassisches Motiv erotischer Literatur, doch wird der Leser hier hinters Licht geführt. Hier masturbiert niemand, der direkt von einer Beschreibung gereizt wird und sie in die eigene Erfahrungswelt integriert. Tödliche Langeweile ist das Motiv der Masturbation, die Unfähigkeit, sich eine eigene Phantasiewelt aufzubauen, wird manifestiert, denn nur Bruchstücke der Wirklichkeit scheinen zur Selbstbefriedigung geeignet: « Je me branlais avec sérieux, essayant de visualiser des métisses vêtues de maillots de bain minuscules, la nuit. J´éjaculai avec un soupir de satisfaction entre deux pages. » (PF, p.96). (Im Anschluss wird bemerkt, dass das Ejakulat daran verbleiben würde, dies mache aber nichts aus, da dieses Buch nicht ein zweites Mal gelesen werden würde. Diese spontanen, fast witzig erscheinenden Bemerkungen sind Teil der Lakonie Houellebecqs; auf einer Inhaltsebene im Sinne Schulz von Thuns erhält der Leser Informationen über Gedankengänge des Protagonisten, die völlig im Widerspruch zu seinem Interesse stehen, über deren Ridikülität er sich gleichsam ärgert und amüsiert.)

Masturbation dient nur als Notlösung, und selbst nächtliche Pollutionen im Kontext von Träumen über tatsächliche Penetrationen (hier: in der Metro, mit einer maghrebinischen Frau) werden als « le rêve ridicule d´un homme déjà âgé » klassifiziert. Es bleibt ein schier sakrales, undefinierbares Empfinden der perfekten Sexualität mit der gottgleichen Frau, welches zunächst noch versagt ist. Dem Protagonisten gelingt es auch in der Folge nicht wirklich, diese Beziehung zu Valérie, der Musterkandidatin, aufzubauen. In Thailand selbst sucht er zunächst weiter Massagesalons auf, ohne rechte Befriedigung, und vor allem ohne jede Verantwortung für sich oder andere, die innere Langeweile immunisiert ihn in Bezug auf tatsächliche Gefahren: « D´après les rapports de Médecins du monde, un tiers de prostitués thaïies étaient séropositives . Je ne peux pourtant pas dire que je ressentis un frisson de terreur, j´étais juste légèrement ennuyé. » (PF, p.124). Die eigene Existenz wird nur noch durch die Erektion wahrgenommen, und daher auch der letzte Impuls, Valérie zu erobern, der jedoch scheitert. Der Protagonist wird ähnlich einer modernen Umdeutung der Descarteschen Philosophie, im Sinne von „Ich habe eine Erektion, also bin ich", zu menschlicher Bindung hingeführt. « Je bandais, c´était déjà quelque chose ; ça pouait constituer une motivation. Par ailleurs, il faut vivre, et avoir des realtions humaines. » (PF, p.130). Wenn es ihm auch zunächst nicht gelingt, so wird wieder das Prinzip der sich hingebenden, selbstlosen Göttin angewendet, die, obwohl diese Figur sich in keinster Weise dessen würdig zeigt (und sich darüber hinaus dessen bewusst ist), ihm in Paris eine Zuflucht bietet, obwohl er sich wieder auf einsame Masturbationsorgien («J'achetai un poulet rôti, deux bouteilles de graves et le dernier numéro de *Hot Video*. Cela constituait une option peu ambitieuse pour mon week-end; je n'avais pas l'impression de mériter plus» (PF, p.143)) besinnt. Valérie tritt nun auf, erlöst ihn, er wird nie wieder in diesem Roman masturbieren, die Mission ist erfüllt: «Je suis là, un type usé pas très liant, plutôt résigné à une vie ennuyeuse. Et puis tu viens vers moi, tu es amicale et affectueuse, et tu me donnes beaucoup de plaisir» (PF, p.143).

Worum handelt es sich hier? Houellebecq appelliert an den Leser, sich mit einer Figur zu identifizieren, die nie geliebt wurde. Sich an dem nun herrschenden Glück zu freuen: Es fehlt nur noch an einem erlösenden: „Und sie lebten glücklich...." Doch diese Figur erlebt im Folgenden, wie zu erwarten, eine Katastrophe: Nach dem Aufbau einer Sextourismushotelkette, die als naiver Gegenentwurf zu einer von Gewalt und Qual dominierten Welt fungiert, stirbt Valérie infolge eines terroristischen Anschlags. Die Formel, dass aus Sex Glücksmomente der Liebe entstehen könnten, die auf einer inneren Verbundenheit basieren, geht nicht auf: „Radikalstes Gegenstück zu dieser glücklichen Auflösungsphantasie in der reinen Immanenz sind Gebot, Verbot, Kalkül, Leistungsdruck und was der Monotheismus sonst an Härten aufzuweisen hat."[223] Mit ihr stirbt die Lebenslust, er nennt innerhalb der Spurensuche und seiner Trauer nochmals kurz die Masturbation als Freudenbringer («Il y avait aussi quelques photos érotiques, que j'avais prises dans l'appartement : j'aimais bien la regarder masturber, je trouvais qu'elle avait un joli geste» (PF, p.352), doch mit diesem letzten Blick auf Masturbation vergeht die Lebenslust. Er lässt sich in Pattaya nieder, um seine Geschichte niederzuschreiben, meidet sogar den Kontakt zu Massagesalons, da sie den Nachteil beinhalten, menschliche Kontakte anzubieten, und nur in dieser sexuellen Isolation kann er an seiner Situation festhalten:

«Je sais seulement que, tout autant que nous sommes, nous puons l'égoïsme, le masochisme et la mort. Nous avons créé un système dans lequel il est devenu simplement impossible de vivre; et, de plus, nous continuons à l'exporter» (PF, p.352)

Zu vermuten ist der Selbstmord des Protagonisten, und es erscheint auch kein anderer Ausweg, da die Figur in sich keine Entwicklung zulässt. Die soziale Brisanz, die Gründe für den Anschlag auf dieses Feriendomizil

---

[223] Hanimann, Joseph: *Mit dem Gabelstapler ins Paradies*, in: Frankfurter Allgemeine Zeitung, 4.09.2001.

werden nicht genannt, eine Auseinandersetzung mit einer anderen als der persönlichen Ebene fehlt. Seine Sehnsucht nach Liebe ist gescheitert, die Darstellung der Dominanz des Liebesbedürfnisses ist hier analog zu Siguschs Einschätzung der modernen Gesellschaft:

„Über allem aber thront die Liebe. Sie ist selbst als fetischisierte eine einzigartige Kostbarkeit, weil sie nicht produziert und nicht gekauft werden kann. Sie ist stabiler als alle Sexualformen, widersteht dem Zwang zur Vielfalt, beweist, dass es nicht nur um Wandel geht, sondern ebenso um Kontinuität." (vgl. Sigusch)

Ohne Liebe ist eine Progression nicht möglich, das Individuum versinkt in der Isolation. Eine komplexere Analyse der Probleme scheint undenkbar, der Leser muss sich mit dieser Formel begnügen. Es bleibt nur eine Ahnung, dass dieses Ende determiniert schien.

Eine ähnlich düstere Perspektive bietet sein aktuellstes Werk, doch werden wir hier noch deutlicher mit Houellebecqs naiver Glücksvision konfrontiert; dies möchte ich am Beispiel der Fellation aufzeigen.

III.5.2.2. Aspekt der Darstellung der Fellation im Werk La possibilité d´une île

Ein Akzent der Darstellung der Verbindung von Sexualität und seiner persönlichen Definition des Begriffes Liebe im Werk von Michel Houellebecq liegt auf der Exposition des Oralverkehrs.

Eine Frau ist nur dann als gleichwertig zu betrachten, wenn sie aus freien Stücken zur Glücksfindung des Mannes beiträgt; dies geschieht auch oder vor allem dann, wenn keine entsprechende Atmosphäre herrscht. Ähnlich einer modernen Maria erscheint sie und vollzieht einen Akt der Gnade an einem psychischen/physischen Außenseiter[224]. Es ist kein Zufall, dass sich die Körperlichkeit wiederholt auf den Penis und nun im Speziellen auf die Fellation bezieht. Pierre Bourdieu[225] definiert die männliche Erektion vor allem in Hinblick auf den Ausdruck der Vitalität und der Reproduktion:

« En associant l´érection phallique à la dynamique vitale du gonflement qui est immanente à tout le processus de reproduction naturelle (germination, gestation etc.), la

---

[224] Ein Beispiel liefert hierfür die Figur der Christiane in den PE, welche sich der Figur Bruno nach seiner gescheiterten Kontaktaufnahme in einem Nudistencamp ohne weiteres zur Verfügung stellt, darauf abzielend, ihn glücklich zu machen (PE, p.139).

[225] Houellebecqs Werk enthält erstaunlich häufig Parallelen zu Bourdieus Thesen. So Hettche in seinem Artikel vom 21.01.03: „Houellebecq entwickelt analog zu Bourdieu in seinen Romanen so etwas wie die Vorstellung eines sexuellen Kapitals, das wie soziales, kulturelles und ökonomisches Kapital gerade im Zeitalter des Kapitalismus zu besonders ungebremster Akkumulation neigt."

construction sociale des organes sexuels enregistre et ratifie symboliquement certaines propriétés naturelles indiscutables; [...] »[226]

Die weibliche Beschäftigung mit diesem Phänomen ist demnach auch eine Wertschätzung dieses Reproduktionsorgans, innerhalb einer feministischen Theorie würde man soweit gehen, zu behaupten, es wäre eine Art Huldigung und Unterwerfung vor der männlichen Dominanz, die jedoch gleichzeitig eine Machtposition innehält:

« [...]des pratiques apparement symétriques (comme la *fellatio* et le *cunnilingus*) tendent à revêtir des significations très différentes pour les hommes (enclins à y voir des actes de domination, par la soumission ou la jouissance obtenue) et pour les femmes. La jouissance masculine est, pour une part, jouissance de la jouissance féminine, du pouvoir de faire jouir; [...] » (Bourdieu, p.37)

Die Fellation als Lustgewinn für die Frau steht für Houellebecq im Zentrum des männlichen Orgasmus und dient als sublimes Ziel der Masturbation.

Sein oft schier domestiziertes, kindliches Frauenbild ist eng an diesen Akt geknüpft, wobei es sich hierbei um eine Königsdisziplin der klassischen Pornographie handelt:

« La fellation est depuis toujours la figure reine des films pornos, la seule qui puisse servir de modèle utile aux jeunes filles ; c'est aussi la seule où l'on retrouve parfois quelque chose de l'émotion réelle de l'acte, parce que c'est la seule où le gros plan soit, également, un gros plan de visage de la femme, où l'on puisse lire sur ses traits cette fierté joyeuse, ce ravissement enfantin qu'elle éprouve à donner du plaisir. » (LPI, p.200)

Interessant hierbei ist die Idee der reinen Liebe während der Ausübung des Aktes. Allerdings wird bei diesem Liebesakt und der Verschmelzung geistiger und körperlicher Nähe Praxis des Cunnilingus konsequent ausgespart: Gegenseitig ist diese Hingabe nicht, die anscheinend als einzige den emotionalen Part spiegelt, in der devoten, gütigen Rolle verharrt die Frau. Ist es doch auch sie, die als einzige diese Liebe geben kann, würde ihre Hingabe erwidert, fiele Houellebecq aus seinem typischen pessimistischen Muster.
Wie jedoch wird die Metaphorik nun sprachlich gestaltet?

Innerhalb des utopischen Romans LPI trifft der Protagonist Daniel 1 nach seiner gescheiterten Beziehung zu einer Altersgenossin, die, Anfang vierzig, Alterserscheinungen unterworfen war und sich zurückzog, auf die junge Esther. Der Protagonist selbst spürt Verfallserscheinungen, hilft sich aber, beispielsweise bei der Problematik von Erektionsproblemen oder vor-

---

[226] Bourdieu, Pierre: *La domination masculine*, Éditions du Seuil: Paris 1998, p.27.

zeitigen Ejakulierens, mit einer sogenannten *crème allemande* aus, die dies regelt.

Im zwanzigsten Kapitel wird ein typischer Sexualkontakt dargestellt. Die Figur Esther erscheint hier, ironischerweise am Tag der Jungfrau (15. August), als konzentrierte sexuelle Kraft, welche ihr Tun einzig in den Dienst der Bündelung der Sensibilität des Protagonisten auf sein Geschlechtsteil richtet. Dieser spürt nichts außer dieser Fokussierung, es handelt sich folglich um eine ähnliche Ausschließlichkeit wie in pornographischen Filmen, die sich ebenso durch eine störungsfreie Realitätsferne bemühen. Klassische pornographische Motive reihen sich aneinander: Esther « contractait et détendait sa petite chatte qu'elle venait d'épiler » (LPI, p.333) und « caressa d'une main ses seins luisants » (LPI, p.333). Durch die extreme Anspannung scheint der Protagonist zu ejakulieren, Esther gelingt es jedoch, dies eine Stunde lang, zur Steigerung des Vergnügens des Protagonisten, der sich « à la limite de la déflagration » (LPI, p.333) befindet, zu verhindern.

Hier wird auch das erste Mal direkt vom Begriff der Gnade[227] gesprochen: « et ce fut finalement moi qui lui demandai grâce, qui souhaitait jouir dans sa bouche. » (LPI, p.333). Minutiös wird der Leser gelenkt, selbst die Position Esthers wird verändert, damit der Protagonist sie besser bei der Ausübung des Akts beobachten kann. Die Frau beherrscht den Mann hierbei nur scheinbar, da dieser sofort seinen Willen bekommt und ihr Spiel nur seiner Lust diente. Der Orgasmus wird begleitet von einem explosionsartigen Rausch (« et ce fut alors comme si tout mon corps irradié par le plaisir s'évanouissait, aspiré par le néant, dans un déferlement d'énergie bienheureuse. » (LPI, p.333)), der Körper Daniels verfällt ins Nichts, und dies ist gleichsam eine Vision: Denn trotz des Opfermuts Esthers, trotz ihrer Freude an den *hurlements de bonheur* (LPI, p.334) liebt sie nicht, kann sie nicht lieben. « Esther n'aimait pas l'amour, elle ne voulait pas être amoureuse, elle refuait ce sentiment d'exclusivité, de dépendance, et c'est toute sa génération qui le refusait avec elle. » (LPI, p.340). Der Akt der Fellation steht metaphorisch für wahres Glücksempfinden, bedingungslose Liebe. Nun kann dieser auch durchaus von einem Wesen ausgeübt werden, welches diese Prämisse nicht teilt, sie ignoriert: Als logische Konsequenz sucht Daniel, nach der Trennung von Esther, den Suizid.

---

[227] Der Begriff der Gnade in Bezug auf Fellation ist bereits im Werk *Les particules élémentaires* von großer Bedeutung. Die Figur Christiane gewährt dem Protagonisten Bruno ohne erkennbaren Grund, mariengleich, diesen Dienst; erscheint gleichsam wie ein Engel.

Die herkömmliche Bedeutung der Fellation als simpler sexueller Akt wird durch die Gleichsetzung mit wahrer Liebe erst bedeutungsfähig im Sinne Lacans.

Die psychische Intensität, die Daniel beeinflusst, gilt nur für ihn. Die Fellation ist hierbei für Houellebecq ein Mittel zur Verdeutlichung dieser innerlichen Einsamkeit, denn in Wahrheit wird die Fellation nicht als Glücksquelle der Frau empfunden, jedenfalls nicht für die Frauenfigur, die Houellebecq jetzt in seine Romane integriert.

Man kann vermuten, dass es sich letztendlich um ein Plädoyer für die konservative Zweierbeziehung handelt, die immer mehr verfällt, Moden unterworfen ist, wie aktuell dem Streben nach ewiger Jugend. Der Körper wird geliebkost, nicht die Seele. Bourdieu erklärt dies soziologisch:

« Le monde social construit le corps comme réalité sexuée et comme dépositaire de principe de visions sexuants. Ce programme social de perception incorporé s´applique à toutes les choses du monde, et en premier lieu *au corps lui-même*, dans sa réalité biologique conformément aux principes d´une vision mythique du monde enracinée dans la relation arbitraire de domination des hommes sur les femmes, elle-même inscrite, avec la division du travail, dans la réalité de l´ordre social. » (Bourdieu, p.23)

Die Dominanz der Männer über die Frauen wird aufgehoben, ihre Sexualität existiert völlig unabhängig von der männlichen Lust, und dies gibt in der Erzählwelt Houellebecqs Anlass zur Depression.

Nicht der Partner steht mehr im Vordergrund, sondern der eigene Körper, was der Aufgabe der Liebe gleichkommt. Und auch Daniel 25 erkennt am Ende des Romans innerhalb der idealen Einsamkeit, und hier wird das Motiv des Traums explizit genannt, dass die Rückkehr zur Emotionalität die einzige Zuflucht darstellt: « Mes rêves étaient peuplés de présences émotives : J´étais, je n´étais plus. La vie était réelle. » (LPI, p.485).

Hierdurch wird meines Erachtens nach, neben dem mystischen[228] Charakter[229] der Einsamkeit explizit ein klassisches pornographisches Mo-

---

[228] Wegbereiter hierfür, im metaphysischen Sinne, war die Figur des Michel in *Les particules élémentaires*, wobei dieser von der Utopie der Lösung der Menschheitsprobleme durch die Schaffung einer neuen Spezies träumt (vgl. Schober). Letztlich handelt es sich in diesem vierten Roman um eine Realisierung dieses Gedankens, im Fokus steht hier allerdings die Isolation des Einzelnen.

[229] Houellebecq, nach eigenen Aussagen betont areligiös, klagt die monotheistischen Religionen an, weniger den Katholizismus als den Islam: „Der Glaube an den „Einen Gott" habe einen Bildersturz ausgelöst und eine große Leere über die Welt gebracht. Was in der Wüste geboren wurde, hat die Welt zur Wüste gemacht.", in: Assheuer, Thomas: *Macht euch die Erde untertan*, in: Die Zeit, 18.7.2002, aufgeru-

tiv kritisiert: Die Vorhersehbarkeit des Aktes. Durch eine völlige Isolation des Protagonisten, einem Rückzug ins Ich, wird die Lebensweise seines Vorfahren negiert: Definiert durch langweilig gewordene sexuelle *rencontres*, die in sich bereits durchgespielt/innerlich abgedreht waren, bevor sie begannen, ähnlich einem Pornofilm, dessen Handlungsstränge, soweit man davon reden kann, klassisch auf die abschließende Ejakulation des Mannes hinzielen. Emotion, so lautet Houellebecqs simple Schlussfolgerung, ist der Schlüssel aus der sexuellen Misere der Neuzeit.

Es ist demnach zu vermuten, dass sich der Autor Houellebecq innerhalb seiner Figuren weiterentwickelt hat und dies auch durch sein letztes Werk propagiert. Es bleibt abzuwarten, wie sich der nächste Roman positioniert.

Houellebecq bietet als einziger der bislang vorgestellten Autoren eine Suggestion, die sich neben dem sexuellen mit gesellschaftskritischen Komponenten befasst. Dies publiziert er auch: So stimmt er der These zu, dass der kontemporäre Roman im Sinne einer wachsenden Privatisierung immer mehr Collagen von Stimmungen liefert, die Personen, Orte, Ereignisse, Werbung oder auch Vorlagen anderer Autoren vereint[230].

Er erhebt keinen Anspruch an die perfekte Darstellung sexueller Handlungen, ist demnach kein pornographischer Autor, wie beispielsweise Jürgen Ritte in der Neuen Zürcher Zeitung[231] behauptete, setzt sich selbst von dieser Begrifflichkeit auch zu Recht ab, formuliert dabei allerdings auch unbewusst Parallelen: „Die Pornographie ist ein anderes Genre. Sie ist ein System ständiger Enttäuschung. Ihr Ziel ist es, Gewöhnung zu erzeugen, damit die Leute immer neue Pornos konsumieren. Sie will begehrenswerter sein als die wirkliche Welt."[232] Houellebecq hat bereits diese von ihm an der Pornoindustrie kritisierte Gewöhnung erzeugt, auch seine Kritik will begehrenswert sein. Er spielt gern mit diesem Klischee, nutzt diese Technik:

„Selbst Houellebecqs Romane delektieren sich explizit an den Strukturen pornographischen Erzählens, weil die Figuren, von denen er schreibt, immer vor dem Hintergrund

---

fen am 25.07.2007 unter http://images.zeit.de/send/2002/30/200230_handke_houellebe_xml.

[230] Houellebecq, Michel : *La privatisation du monde*, in : Le nouvel observateur, 31 août - 6 septembre 2000, p.58.

[231] Ritte, Jürgen: *Sex und andere Katastrophen – der französische Bücherherbst*, in: Neue Zürcher Zeitung, 23.Obtober 2001, p.17.

[232] Houellebecq, Michel, in Steines, Susanne: *Man muss den Tod abschaffen*, in: Die Zeit, 39/2000, aufgerufen am 12.2.2002 unter www.zeit.de/2000/39/kultur/200039_1-houelleb.inte.htm.

eines Verschwinden des Sexus agieren. Es ist, als ob die Körper geradezu beschworen werden müssten, weil es sie bald schon nicht mehr geben könnte." (vgl. Hettche, 21.01.03)

Sein Bestreben, sich selbst und seine pessimistische Weltanschauung in sein Werk zu integrieren macht ihn zum Vorreiter des neuen Genres, er schafft allein dadurch jedoch keine Qualität, was gerade durch sein letztes Werk deutlich wurde.

So deckte Rita Schober bereits für *Les particules élémentaires* auf, dass die feststellbaren Folgen der Subsumierung der Individuen unter die Bedürfnisse der Marktentwicklung und der fortschreitenden Beeinflussung durch die Medien Houellebecqs Figurenaufbau wenig konsistent sein kann, mehr noch:

„So eindrucksvoll Houellebecqs Fähigkeit ist, disparate Erscheinungen auf den verschiedensten Gebieten, sich abzeichnende soziale Tendenzen, erkennbare Entwicklungstrends in einem wechselseitigen Interpretationszusammenhang zu bringen, so entgeht er in seinem Bemühen, vor möglichen negativen Folgen erkennbarer Veränderungen zu warnen, nicht immer der Gefahr vereinseitigender Darstellung. Er bietet der Kritik damit entsprechende Angriffsflächen. Seinem destruierenden Aktionismus aber sind solche Zuspitzungen zuträglich." (Schober, p.182/183)

Die Qualität, die Houellebecq erreichen kann, liegt hinter ihm, die weltanschaulichen Kritikpunkte sind genannt und nun dem Publikum bekannt, dies wurde bereits 1999 deutlich, und seitdem hat sich letztlich nichts in seinem Stil, seinen Themen oder Ideen geändert:

„Sein Sex-Text, der das lustlose Treiben in Swingerclubs und Brutalo-Pornos in aller Härte zeigt und in manchen Lesern verständlicherweise Übelkeit erregt hat, ist indes hinter dieser skandalösen Oberfläche ein philosophisches Pamphlet gegen das Projekt der Moderne und noch mehr der Postmoderne."[233]

Durch die Fokussierung auf aktuelle Themen, auf sexuelle Devianzen wird er aber wohl weiter Objekt der schärfsten Kritik bleiben – was auch seine Absicht zu sein scheint. Es ist unmöglich, dem Phänomen Houellebecq gegenüber gleichgültig zu bleiben, denn seine Provokationen berühren trotz aller Fiktionalität unsere Emotionen. Alain Robbe-Grillet ließ sich in seiner Empörung dazu hinreißen, den Titel *Plateforme* mit dem Adjektiv „platt" kausal in Verbindung zu bringen und das Werk nicht als Literatur, sondern

---

[233] Zweifel, Stefan: *Depressive Dekadenz – Sänger des Ressentiments: Michel Houellebecq*, in: Neue Zürcher Zeitung, 23.10.1999.

als „Bravo" für junge Mädchen zu bezeichnen[234]. Und so bewegen sich die Beurteilungen seiner Werke zwischen metaphorischen Spott (« Quels que soient les obscurs méandres de la pensée (?) de Monsieur Houellebecq, on se demande de quelle circonvolution de son alambiqué cerveau il a bien pu se servir pour accoucher d´un raisonnement assimilant ainsi victimes et bourreaux. »[235]) und dem respektvollen Nennen seiner soziologischen Bedeutung zum Einstieg in Artikel, wie in diesem über das Frankfurter Institut für Sexualwissenschaft:

> „Ausweitung der Kampfzone" und die nachfolgenden Romane Houellebecqs, „Elementarteilchen" und „Die Möglichkeit einer Insel", lassen sich verschieden lesen: als Bildungsgeschichten von den abendländischen Schlachtfeldern des Glücksverlangens, als ins Barbarische gewendete Fortsetzungen des romantischen Reflexionsromans – oder als Abrechnungen mit dem modernen Menschen, dessen letzte Epoche 1968 begann."[236]

So behält Rita Schober sicher recht, wenn sie formuliert, dass Houellebecq im Endeffekt ein Nachdenken darüber implizieren möchte, wie auf dieser Welt ein menschenwürdiges Dasein für alle geschaffen werden könnte.

Im Bereich der Sexualwissenschaft ist ihm diese Aufmerksamkeit bereits gelungen, er verarbeitet auch ohne Zweifel aktuelle Analysen, als hätte er sie vorbereitend zu seinen Werken studiert:

> „Die Entmystifizierung des Sexuellen sei aber nicht über Nacht gekommen, sagt Gunter Schmidt[237]. Schon Ende der 1970er Jahre – bald nach der Euphorie über die sexuelle Revolution – sei in die Schlafzimmer der Blues eingezogen. Mit der Befreiung ging nicht Glückseligkeit einher, sondern Überforderung. Danach kam die Verunsicherung durch die Frauenbewegung und Aids-Gefahr. Der Mann musste sich erklären und dem Selbstbestimmungsrecht der Frau Rechnung tragen. In einer Langzeitstudie über das Sexualverhalten Jugendlicher ermittelte Schmidt, dass sich der Umgang zwischen den Geschlechtern in diesen Jahrzehnten dramatisch verändert hatte. Sagten 1970 noch etwa 80 Prozent der 15- bis 16-jährigen Mädchen, die bereits Geschlechtsverkehr hatten, „ich hab´s ihm zuliebe getan", erklärte dies 1990 fast keines der Mädchen mehr. Hingabe als

---

[234] Meister, Martina: *Der aufrechte Dinosaurier*, Interview mit Alain Robbe-Grillet, Frankfurter Rundschau, 5. Januar 2002, p.4.

[235] Alonso, Isabelle : *Une chienne en garde contre Houellebecq*, (Leserbrief), in : Le Nouvel Observateur, 28 septembre – 4 octobre 2000, p. 18.

[236] Franzen, Günter: *Schöne Aussicht*, Frankfurter Allgemeine Zeitung, 20.07.2007, Nr.166, p.9.

[237] ehem. Mitarbeiter des Instituts für Sexualforschung und Professor für Sexualwissenschaft an der Universität Hamburg.

weibliches Sexualverhalten hatte sich ebenso überlebt wie der männliche Chauvinismus, Sexualpartnerinnen als Beute zu betrachten."[238]

Die Themen Masturbation und Fellation nutzt Houellebecq, um das seiner Meinung nach menschenunwürdige Dilemma der männlichen Sexualität aufzuzeigen: Selbst die Adaption an den Fokus Liebe, Zärtlichkeit und Nähe scheitert, es gibt keinen männlichen Chauvinimus mehr, an den sich ein Mann dann klammern könnte, aktuelle Forderungen der Gesellschaft an den Mann sind nicht erfüllbar.

In diesem Sinne ist Houellebecq Recht zu geben, er entwickelt, analog zur Entwicklung „katholisches Arbeitermädchen vom Lande → muslimischer Großstadtjunge mit Migrationshintergrund" innerhalb der Soziologie, eine neue sexualliterarische Notion. Das klassische Heldenbild, der Protagonist im Konflikt mit dem, was die Welt im Innersten zusammenhält, hat ausgedient, es gibt nummehr den Antihelden, der, von der Weiblichkeit erdrückt und verlassen, sein Ich nicht finden kann und soll: Männlich, um die 40, masturbierend, hässlich, ewig gefangen auf der Suche nach der „wahren Liebe".

---

[238] Berger, Michael: *Ihr immer mit eurem Sex!*, in: Geo Wissen, „Sünde und Moral", Nr.35: 2005, p.139.

IV. Zusammenfassung der Emotionalisierungsstrategien

Was bleibt von der bislang erfolgten Diskussion der einzelnen Werke? Sie gehören einer neuen Strömung an, sicher. Als extrem problematisch, dies wird durch diese exemplarische Analyse deutlich, gestaltet sich jedoch eine Wertung.

Denn beurteilt man die Werke als Leser für sich selbst offen, ehrlich und möglichst ausführlich, wird man in eine Positionierung gedrängt, welche die Definition der Begriffe Liebe und Sex als sexuellen Akt einschließt. Dies schließt die Gefahr der Banalisierung ein. Man beginnt unwillkürlich, allgemein gültige Werte als moralische Werte als Norm für eine begründete Kritik anzusehen, und begibt sich so in eine eigene, innere Zensur: « Il y a dans toute censure une exaltation des pouvoirs de l'imprimé et une dénégation, tout à fait extraordinaire, des capacités de résistance de l'esprit humain à ces formes de subversion » (Goulemot, p.65).

Laut Victoria Bahle unterscheidet man Bücherzensur in zwei Formen, Präventiv- und Nachzensur (vgl. Bahle). Diese können religiös, politisch und moralisch motiviert sei. Mit dem für uns interessanten Bezug zur Moral geht die sogenannte „Sittenlosigkeit" einher, welcher laut Bahle seit Beginn der Zensur verwendet worden ist. Und genau diese Sittenlosigkeit ist es, die wir unablässig anprangern, ohne es zu wollen. Ein interessanter Effekt. Der Leser wird im Roman Jones-Gorlins mit einem sympathischen Pädophilen konfrontiert: Er flieht vor seinem Verständnis von dessen Nöten in den Protest. Er erkennt bei Arcan Zusammenhänge der Prostitution, die ihn anwidern – und protestiert. Er sieht Vergewaltigungen ohne subjektualen Zugang (Despentes), weibliche Phlegmatik im Umgang mit Gruppensexszenen (Millet) und naive Ideen einer Konzentration auf althergebrachte Frauenideale bei Houellebecq, immer gespickt mit pornographischen wie erotischen Elementen. Und er situiert sich, bewusst oder unbewusst, gibt sich den intendierten oder unbewussten Emotionalisisierungsstrategien, wie sie bislang untersucht wurden, hin.

Es ist zu bemerken, dass innerhalb der französischen Tradition erotischer Literatur die untersuchten Werke das Charakteristikum einer „negativen Erotika" erfüllen. Es gilt zu vermuten, dass einer in Bezug auf eine so stringent negativen Sexualität kein fühlender Leser indifferent bleibt, doch fehlen Untersuchungsergebnisse über tatsächliche Gewohnheiten und Veränderungen innerhalb einer immer stärker sexuell geprägten Mediengesellschaft.

Es handelt sich hierbei, so möchte ich feststellen, um einen neuen sexuellen Realismus, welcher sich (bewusst?) von der Intention erotischer Literatur (Reizung von Geist und Körper als Einheit) entfernt, jedoch typische Muster und Strukturen aufweist, nach der man sie in diese literarische Sparte klassifizieren kann: so u.a. die Negierung althergebrachter Definitionen von Pornographie und erotischer Literatur, wie wir sie bislang definiert haben (vgl. II.2). Hierbei ist der Trend zu beobachten, dass eine Hinwendung zu einer Literatur der Frustration und des Hasses gegenüber einer übersexualisierten Gesellschaft erfolgt.

Asholt irrt, wenn er dieser neuen Gattung einen fehlenden theoretischen Unterbau attestiert. Konzepte müssen nicht immer auf den ersten Blick erkennbar sein, um zu existieren: Und innerhalb dieser Gruppe von Autoren scheint es zudem so, als ob sich die Autoren dessen selbst nicht bewusst sind. Sie spiegeln gemeinsam eine soziale Entwicklung und folgen so einem gemeinsamen Konzept einer *malaise sexuelle*. Évrard meint in seinem Aufsatz *Quels habits neufs pour l'érotisme*, dass diese neue Erotik unfähig sei, neue Formen des Erotischen zu erfinden. Ich denke doch. Es ist die Erotik der Gegenwart, die so vielfältig und eigenständig ist wie in den fünf vorgestellten Romanen, und doch immer sowohl vom Pessimismus und dem gleichzeitigen Verlangen nach Glück und der Sehnsucht nach der Realisierung (oft kitschbeladener) Liebesbeziehungen geprägt ist. Besonders charakteristisch für die neuere erotische Literatur erweist sich zudem, dass das sogenannte *tableau érotique* Goulemots umgekehrt wird: Ist pornographische Literatur bislang davon geprägt gewesen, dass die Figuren abseits vom Bewusstsein agierten, dass ihr Denken und Tun beobachtet würden, so wandelt sich der aktuelle erotische Roman hin zum Voyeurismus/Exhibitionismus. Es soll gefühlt und gesehen werden.

Hierdurch spiegelt sich wiederum die starke Mediatisierung unserer Umwelt, die es dem Einzelnen ermöglicht, sich von der Realität völlig zu isolieren und dennoch alle Devianzen des Sexuellen zu studieren. Durch die kritische Darstellung der aktuellen Gesellschaft ist eine Zensur dieser Werke grundsätzlich abzulehnen, denn sie spiegelt die Hilflosigkeit der Gesellschaft, die mediale Flut von an sexuellen Varianten reichen Darstellungen der Wirklichkeit, aber auch an Sexualität gekoppelte Verbrechen klar einzuordnen und sich von leidbringenden Ideen zu lösen. Böses fasziniert.

Allerdings sollten die Tabubrüche nicht zwangsläufig dazu führen, dass diese Literatur auch Jugendlichen frei zugänglich ist. Doch wie sollte man dies umgehen? Der Wunsch, Jugendliche hiervor zu bewahren, steht nicht in Bezug zum bereits erwähnten Gesetzestext des §184 des Strafgesetzbuchs, da es keine gesicherten Erkenntnisse darüber gibt, was sexuell „gesund" ist und auch abnormste Spielarten bei Einverständnis aller Partner ihre Legitimation haben. Es ist aber klar, was mit Gesetzestexten kollidiert: Am deutlichsten sind es Spielarten der Sexualität, die gegen das Recht des Einzelnen, das heißt seinen freien Willen verstoßen, und dies trifft gerade auf Pädophilie und auf Tiere als Sexualpartner zu. Dieses Gut der individuellen Freiheit[239] und moralische Normen wie der Schutz von Kindern und Tieren gilt es zu bewahren, doch wird dies gerade durch den Kontakt mit dieser Art von Literatur gefährdet. In unserer Gesellschaft ist es unmöglich, frühe Kontakte mit devianten Ideen oder Verhaltensweisen zu verhindern. Es wäre vielleicht wünschenswert, Jugendliche daran zu hindern, sich mit Pädophilen à la Jones-Gorlin zu identifizieren, bevor sie eine stabile Beziehung zu einem Partner aufgebaut und die Wertschätzung des Sexualpartners gelernt haben. Garantieren kann aber niemand, dass dies auch geschieht.

Und es ist auch höchst unwahrscheinlich, dass ein Jugendlicher, der diese Art von Roman liest, innerlich pervertiert: Gerade dadurch, dass er liest und nach der Beantwortung von Fragen sucht, ist eine intellektuelle Auseinandersetzung mit den Themen gesichert, und eine Grundbildung darf als vorausgesetzt angesehen werden, sonst würde er das Buch nach einigen Seiten, auch weil ihm eventuell die visuelle Untermalung fehlt, aus der Hand legen.

Es ist eine ganz andere „Gefahr", die von der neuen französischsprachigen Erotik ausgeht: Da durch die Maxime dieser neuen Bewegung Sexualität den Reiz des Glückes verliert und nur mehr als Teil der Konsumgesellschaft begriffen wird, drängt sich die Frage auf, ob nicht insbesondere Jugendliche, die noch mitten in der Ausrichtung ihres sexuellen Selbstverständnisses sind, durch unreflektierte Lektüre beispielsweise in Praktiken der Pädophilie oder Sodomie gängige Spielarten der sexuellen Möglichkeiten erblicken, die dem tristen Alltag einen Reiz verleihen und mit deren Hilfe sich ertragen lässt, wie glücklos sich die Realität präsentiert.

Der Leser lernt mit dem Erzähler, er findet konkrete Anhaltspunkte, die sein eigenes Leben betreffen, was durch die Witzigkeit oder die Grenzüberschreitungen der Texte unterstrichen wird: So erhalten einige Texte,

---

[239] Es geht vor allem darum, ob die sogenannte Subjektqualität des Menschen in Frage gestellt wird. Holger Neumann formuliert hierzu: „Geschützt wird hier also das selbstbestimmte Verhalten des Menschen zur Ausbildung seiner eigenen Persönlichkeit.", in: Neumann, Holger: *Pornographieverbot im Fernsehen und Verfassungsrecht*, 15.06.2000; Seminararbeit zum Rundfunkrechtlichen Blockseminar Prof. Dr. Hubertus Gersdorf/Jobst Plog, Universität Rostock.

ähnlich wie Filme, Kultcharakter, was die Verkaufszahlen belegen. Doch diesen Prozess kann man nicht aufhalten, da er sich nicht allein auf den Bereich der Literatur ausdehnt, und zudem ein Verbot eine Reflexion über Missstände, wie sie geboten zu sein scheint, unmöglich machen würde.

Noch ein anderer Grund spricht gegen zensurielle Methoden: Die gängige Praxis eines Verbots der Werbung für Pornographie hat zur Folge, das ein Buch, welches zum Schutze der Jugend indiziert wurde, auch für die erwachsenen Interessenten praktisch nicht mehr zugänglich ist. Realisierbar wäre eine generelle Legalisierung meiner Meinung nach jedoch auch nicht, da sich zu viele Interessengruppen durch diese Art von Kunst direkt angegriffen fühlen und sich immer zusammenschließen werden, um einzelne Werke, die ihre Aufmerksamkeit erregt haben, zu indizieren. Freiheit ist dann einzuschränken, wenn die Rechte anderer massiv eingeschränkt und bedroht werden. Doch muss man sich eingestehen, dass wir auf diese moderate Definition einer Moralität bereits den Einfluss verloren haben.

Es wurde der Fehler begangen, Darstellungen von Vergewaltigungen oder SM-Szenen unreflektiert zu verbieten – gerade Werke wie die *Histoire d'O* sind als Schlüssel zum Verständnis dieser Devianzen zu betrachten – dadurch wurde die Subtilität, welche die Verbindung von Verbrechen und Erregung ausmacht, ausgeschaltet. Es gibt zum Beispiel dieser Devianz nach, und dies erscheint als sehr gewagte These, Situationen, in denen Verbrechen wie Missbrauch erlaubt sind: Wenn es die Zielperson in ihren tiefsten Inneren möchte und dies vorher artikuliert wurde, innerhalb eines klar definierten Kodex. Nun könnte man auf den Gedanken kommen, die Zugänglichkeit zu diesen Gedankenwelten, wie bei harten Alkoholika auch, auf die Volljährigkeit zu beschränken[240]. Diese Grenzen werden aber im Alltag nun überschritten, und der Aufruhr, den die angesprochenen Texte auslösen, ist nichts als eine Hilflosigkeit vor einem selbst verschuldeten Symptom, und als solche ist diese neue Art Literatur einzuordnen. Die behandelten Werke sollten als Kunst im klassischen Sinne (sei es nun „schlechte" oder „gute") allgemein öffentlich zugänglich gehalten werden. Denn welches Potential verbirgt sich dahinter noch?

Das Unbewusste, welches sich durch die analysierten Werke offenbart, bietet ebenso die Chance, die Symptome der neuen Freiheit im Sinne Marzanos zu verarbeiten. Indem die Autoren bewusst oder unbewusst die Ebene Erzähler-Autor vermischen, liefern sie uns einen ehrlicheren Appell an

---

[240] Wobei dies, gerade durch die Unüberschaubarkeit der Internets, nie garantiert werden kann.

Werte (ehrlicher als unser erster empörter Impuls), die hinter diesen fokussierten Themen stehen, denn ich behaupte, niemand möchte letztendlich eine dieser Figuren sein. Unsere ersten Emotionen, die, im kulturellen Diskurs verortet, Produkt unserer Erziehung sind, sind zum Teil auch heuchlerisch.

Wir erschrecken vor unseren eigenen Phantasien. Die Texte spiegeln nicht nur gesellschaftliche Verhältnisse im Sinne Struves, sie spiegeln den Leser. Dieser erkennt durch die Lektüre seine eigene individuelle Verortung innerhalb dieser Themenbereiche, wird in die Lage versetzt, nicht nur den Textkörper als solchen zu diskutieren, sondern seine eigene Moralität. Formulierte Struve in ihrer Arbeit bereits, dass die von ihr untersuchten Autorinnen, „Exhibitionistinnen", der Gesellschaft einen Zerrspiegel vor (vgl. Struve, p.92), in der sie ihre eigene Intimität erkennen könnte, so ist für die Gruppe der hier untersuchten Autoren dieser Gedanke auszuweiten: Die Fiktion der Autoren wird zum Teil der eigenen Wahrnehmung des gesellschaftlichen Umgangs mit Sexualität, ist nicht nur Teil der eigenen Intimität des Lesers, sondern karrikiert sie.

Daher wäre es falsch, die Werke durch eine Indizierung ausmerzen zu wollen, dies wäre darüber hinaus zum jetzigen Zeitpunkt auch unmöglich.

Unverständlich jedoch bleibt, warum unter Einbeziehung neuer Formen/Gegebenheiten sich die Erotika nicht auch im klassischen Sinne weiterentwickeln. Die Motive wiederholen sich bis ins letzte Detail. Bewusst wurde Houellebecq ans Ende dieser Reihe gestellt, denn er ist das Paradebeispiel: Er „kann" nur einsame Männer. Und gerade die eigentlich als außerordentlich erscheinenden Motive verblassen erstaunlich schnell – Catherine Millets Gruppensexszenen langweilen schon nach einigen Seiten und verlieren ihren Reiz. Viele der Autoren bleiben „Eintagsfliegen" oder veröffentlichen wie Arcan[241] zunächst müde Abklatsche ihres ersten Werks, in denen zentrale Motive ihres Erstlings unverständlicherweise nachträglich aufgeklärt werden.

Obszönität wird vor allem dazu gebraucht, Phänomene der Übermediatisierung zu charakterisieren, nicht, um die eigene literarische Sozialisation voranzutreiben. Ein gewisses Limit von Pornographie scheint erreicht, eine eigene Erotik, die wirklich erregt, ist zu schwer zu erreichen. Es

---

[241] Nelly Arcan veröffentlichte 2004 bei Seuil *Folle*, in der sie in logischer Konsequenz zu ihrem ersten Werk eine Paarbeziehung ohne Perspektive schildert, der Stil blieb zunächst gleich. Erst ihr aktueller Roman schildert eine Art Progression, da sie sich sprachlich weiterentwickelt, doch auch das aufgegriffene Motiv zweier Frauen im Korsett des kontemporären Frauenbildes ist bereits bei Despentes zu erkennen.

scheint möglich, hier von misslungener Pornographie im Sinne Goulemots[242] zu sprechen:

„Wird ein erotisches Buch dagegen im privaten Bereich allein gelesen, so verhilft es nur zu sexuellen Phantasien oder verstärkt bereits bestehende. Nur wenige Bücher veranlassen den Leser zu einer irgendwie gearteten offenen Handlung, und das erotische Buch bildet dabei wahrscheinlich auch keine Ausnahme." (Simon/Gagnon, p.120)

Es fehlt letztlich die wahre Intimität zum Leser: Er erkennt sich, entwickelt sich aber nicht progressiv weiter. Ferner ist festzuhalten, dass die aktuell veröffentlichten Texte, die einen minimalen erotischen Bezug oder eine dem Bereich der Erotik verhafteten Wortwahl aufweisen, nicht unbedingt gleich erotische Texte sein müssen. Es gilt nach den benannten Kriterien zu differenzieren: Nicht jede Kurzgeschichtensammlung zum Thema Homosexualität entspringt diesem neuen Genre, nicht jede arabische „Offenbarung" (vgl. „Die Mandel" von Nedjma[243]) ist Teil dieser Kulturkritik. Geradezu tyrannisch erscheint der Zwang der Buchindustrie, sich diesem Thema zu widmen, als ein Beispiel sei nur die Buchreihe[244] des Spiegels aufgeführt, in der sowohl Réage als auch Millet ihren Platz haben.

Diese Erscheinung ist jedoch auch symptomatisch: Die Gattung beginnt, sich auch im Reprintbereich der Bestseller zu etablieren, es handelt sich vielleicht um eine neue Hinwendung zu ursprünglich romantischen Idealen[245], allerdings eher im Stile Rosamunde Pilchers unter dem Deckmantel der Erotik, da dieses Genre ausgeschöpft scheint. Die Cover zeigen beinahe ausnahmslos Körperteile im Stile einer Dessouswerbung, meist schwarz-weiß. Der subtile Charakter der Erotik, in der meist das Verborgene, nicht unmittelbar Sichtbare erregt, soll so dargestellt werden, und doch handelt es sich meist um einen „biographischen" Tatsachenbericht. Jean-Marie Goulemot stellte diesen Niveaubruch bereits für das 18. Jahrhundert klar, und es hat nichts an Aktualität eingebüßt: « À lire les textes

---

[242] Goulemot, p.75: « Il existera donc des textes pornographiques ratés, c´est-à-dire ne produisant pas l´effet de désir ».

[243] L´amande in der französischen Ausgabe, Éditions Plon, Paris: 2004.

[244] Meldung vom 21.08.06: *BILD und Random House starten BILD EROTIK-BIBLIOTHEK*, aufgerufen am 22.08.06 unter http://www.buchmarkt.de/index.php?mod=subpage&page=22111.

[245] Fabrice Pliskin beobachtete bereits romantische Ideale in dem Protagonisten des Werks „Lanzarote": « Ce texte bref et séduisant confirme qu´il faut classer Houellebecq parmi les auteurs romantiques. Dans un premier temps, le romantique se voudrait unique, secret, authentique. », Pliskin, Fabrice: Romantique Houellebecq – bon baisers des Canaries, in: Le Nouvel Observateur, 19-25 octobre, p.77.

du XVIIe siècle, on a l'impression que hors du contexte médical, on entend par érotique tout ce qui a trait aux choses de l'amour, ce qui prête au mot une extension majeure et une grande imprécision.» (Goulemot, p.15).

Dennoch, trotz aller Kritik, ist die beobachtete Gattung ernst zu nehmen und weiter zu beobachten, auch wenn es langweilt, auch wenn es verstört, auch wenn es letztlich nur auf den höchsten Verkaufswert geht.

Am klarsten sollte die Bitte de Sades in Bezug auf Rousseaus *Confessions* den idealen Umgang mit unserem Phänomen benennen:

> „So erfahrt denn, dass die eigene Beschaffenheit eine Sache gut oder schlecht macht, nicht die Sache selbst. Russische Bauern heilt man mit Arsenik vom Fieber; der Magen einer hübschen Dame hingegen würde ein solches Heilmittel nicht ertragen. Das beweist, daß alles relativ ist. Geh von dieser Vorraussetzung aus, meine Herren, und seid vernünftig genug, mir das verlangte Buch zu schicken und zu verstehen, daß Rousseau vielleicht ein gefährlicher Autor ist für schwerfällige Mucker eurer Art, daß seine Bücher für mich aber ausgezeichnet sind."[246]

Und „ausgezeichnet" sind die analysierten Werke für den modernen Leser, mit ihrer Hilfe schließt sich ausgezeichnet eine Lücke, die in der westlichen Gesellschaft zu Beginn des 21. Jahrhunderts entstanden ist: Der Mangel an individualisierter Liebe.

Vielleicht erleben wir momentan bereits den Verfall der Richtung, in einigen Jahren muss es so sein, denn progressives Potential bieten die Texte nicht. Es bleibt eine Art Trauer über diese Literatur[247].

Robbe-Grillet bringt es im Interview mit Martina Meister in Bezug auf Houellebecq zur Sprache:

> „Es gibt viele Menschen, die sich selbst für mittelmäßig halten. Endlich haben sie ihren Schriftsteller, der das Loblied auf die Mittelmäßigkeit singt. Es spielt sicher auch eine Rolle, dass er sich selbst als Versager und armen Idioten inszeniert. Er hat sein kleines, mittelmäßiges Leben, verbringt mittelmäßige Ferien mit mittelmäßigen Menschen,. Er kultiviert eine allgemeine Missachtung allen anderen und sich selbst gegenüber. Das

---

[246] Lely, Gilbert: *Leben und Werk des Marquis de Sade*, Albatros-Verlag, Düsseldorf 2001; p.253; Originalausgabe bei Gallimard: Paris 1957.

[247] Selbst innerhalb der Boulevardzeitschriften, die beispielsweise Arcans Werk rezensierten, wurde die Abwesenheit jeglicher Erotik bemerkt: So notiert Natali Michaely: „Ich lese. Lesen soll Spaß machen. Erotik auch, aber das hier hat mit Erotik nichts zu tun, und wenn doch, dann will ich nie wieder etwas damit zu tun haben.", aus: Michaely, Natali: *Belle de jour*, in: Allegra, 9/2002, p.124-126. Die Autoren wurden allesamt auch bei ähnlichen Formaten, wie z.B. *Bild*, *Woman*, oder *Neue Revue*, interviewt; daraus ergibt sich, dass sie nicht bewusst mit ihrem Status als anspruchsvolle Autoren spielen, die nur in renommierten Zeitungen/Zeitschriften publizieren.

gefällt ihnen! Da wird endlich der Masochismus des Publikums bedient. Ich finde das absolut erschreckend, sich gemeinsam in der Vorstellung zu wiegen, dass man nichtig und bedeutungslos sei. Aber das funktioniert. Endlich haben sie ein Recht darauf, nutzlos zu sein." (Robbe-Grillet, bei Meister, Martina)

So bleibt dieses Genre, was es vielleicht auch intendiert: « un symptome difficile à décrypter » (Marzano, p.15). Die Autoren erfinden eine neue Metaphorik und zerstören sie zugleich wieder:

„Die Metaphern „sterben", Informationen und Wissen enteignen die symbolische Wahrnehmung, Linguisten würden sagen: Weil die Hintergrundsemantik entfällt, gibt es keine welterschließenden Metaphern mehr, in deren Licht die Romanfiguren ihre Welt als eine sinnvolle erfahren könnten." (vgl. Assheuer)

Zu lösen ist dieses Problem erst, wenn man die tatsächlichen Folgen und vielleicht eine neue literarische Strömung beobachten kann. Ob es sich allein um Mittelmäßigkeit, allein um das Verlangen nach Liebe handelt, ist nicht zu beantworten.

Perspektivisch am realististischsten sieht es vielleicht Franck Évrard:

« Cette dialectique du montré et du caché, de la révélation et de la dissimulation, ce jeu métonymique et métaphorique entre la peau et le tissu apparaissent comme l'horizon d'attente du Néo-libertin du XXIe siècle. A une époque qui oscille entre le retour à un ordre moral et la surenchère dans la crudité pornographique, l'homme contemporain semble vouloir renouer avec un art d'aimer et un regard du XVIIIe siècle. » (Évrard, bei Dadoun, p.89)

Es bleibt zu hoffen, dass dieser literarische Neo-Libertinismus nicht einst der Einzige sein wird, den man im 21. Jahrhundert beobachten konnte. Diese Form der Erotik scheint gescheitert, doch ist Thomas Hettche Recht zu geben, wenn er behauptet, dass der pornographische Text in sich das eigentliche Konstituenz von Literatur in sich trägt:

„Dass dieses Spiel der Erfindung nun an sein Ende zu kommen scheint, sagt wenig über ein erlöschendes Interesse an den pornographischen Phantasmen aus, viel jedoch über ein erlahmendes Interesse aus, Fiktion mit mit der Wirklichkeit und das Wort mit der Sache zu vertauschen." (Hettche, 21.01.03)

Das Potential, welches in der erotischen Literatur liegt, ist von den gesellschaftlichen Konditionen abhängig, die neue Spielarten erlauben oder alte in moderner Sprache neu mit Leben füllen. Sexualität ist nicht neu denkbar: Zu divers scheinen alle Spielarten, Neues ist allenfalls im Bereich Cyber-Sex zu suchen, doch auch dieser zielt letztlich auf kognitive oder physische Orgasmen.

Die Kunst der Umschreibung, der Hinführung des Lesers scheint ausgereizt, doch auch Wiederholungen im neuen Gewand können ästhetisch sein. Die vorgestellten Werke bedienen zum Teil ein breites Publikum, nutzen zum Teil aber eine „billige" Erregung, die sich auf Dauer nicht durchgesetzt hat.

Aussterben wird erotische Literatur trotz der kurzzeitigen Blüte eines düsteren Neo-Libertinismus, der letztlich wahrscheinlich die Jahre 1990-2010 umfassen wird, nicht.

Alles, was folgt, wird vom Publikum freundlich aufgenommen werden, denn, da ist Dominique Béguin[248] zuzustimmen:

„Die Geheimen und Unbekannten [Adressen] verweisen auf Türen und Tore, hinter denen sich das abspielt, was sonst nur hinter gerunzelten Stirnen geschieht:hier werden Kopfbilder Wirklichkeit. Hier wird die Fantasie zum wahren Leben, und niemand erahnt es, der an den Türen vorbeigeht. Hinter diesen Türen regiert eine Welt, die für die meisten nicht existiert. Aber sie ist da! Vielleicht sogar intensiver und lebendiger als die scheinbar alltägliche, jedem bekannte und belegbare Welt."[249]

---

[248] Béguins Werk „Nur für sie" befasst sich mit der SM-Szene in Paris, wobei die Innensicht eines jungen Medizinstudenten offenbart wird, der sich als Sklave zur Verfügung stellt und sich später dieser Surrealität nicht mehr entziehen kann.
[249] Béguin, Dominique: *Nur für sie*, Edition Caprice: Stuttgart: 2007.

V. Bibliographie

1) Primärliteratur

a) Textausgaben der behandelten Werke
Arcan, Nelly : *Putain*, Éditions du Seuil : Paris 2001
Despentes, Virginie : *Baise-moi*, Éditions Florent-Massot : Paris 1994
    Filmmaterial: **Despentes/Trinh Thi:** *Baise-moi*, C 2000 Pan-Européenne Production Ciné Valse PAN-Européene Distribution
Houellebecq, Michel :
    Plateforme, Flammarion : Paris 2001
    La possibilité d'une île, Fayard : Paris 2005
Jones-Gorlin, Nicholas : *Rose bonbon*, Gallimard: Paris 2002
Millet, Catherine : *La vie sexuelle de Catherine M.*, Éditions du Seuil : Paris 2001

Filmmaterial:
Despentes/Trinh Thi : *Baise-moi*, C 2000 Pan-Européenne Production Ciné Valse PAN-Européene Distribution

b) Hinzugezogene, für die Einordnung der Werke relevante Primärliteratur
Arcan, Nelly: *À ciel ouvert*, Édition du Seuil: Paris 2007
Angot, Christine:
    Sujet Angot, Librairie Arthème Fayard: Paris 1998
    L'inceste, Éditions Stock: Paris 1999
d'Aurevilly, Barbey: *Les diaboliques*, Librairie générale Française: Paris 1999
Baudelaire, Charles: *Notes et documents pour mon avocat*, in :
    Baudelaire, Charles: *Les fleurs du mal*; Ausgabe der Librairie Générale Française : Paris: 1972
Béguin, Dominique: *Nur für sie*, Edition Caprice: Stuttgart 2007
Bernfeld, Karin: *Alice au pays des femelles*, Éditions Balland : Paris 2001
Cusset, Catherine: *Jouir*, Éditions Gallimard : Paris 1997
Ellis, Bret Easton: *American Psycho*, deutschsprachige Ausgabe erschienen bei Kiepenheuer&Witsch: Köln 1991
Nedjma: *L'amande*, Éditions Plon : Paris 2004
Miller, Henry: *Opus Pistorum*, aus dem Amerikanischen von A. Fehringer und V. Heilmann, Rowohlt: Hamburg 1986
Moix, Yann: *Partouz*, Éditions Grasset & Fasquelle : Paris 2004

Réage, Pauline : *Histoire d'O* suivi de *Retour à Roissy*, Pauvert : Paris 1954

Redonnet, Marie : *Rose Mélie Rose*, Minuit, 1987

Robbe-Grillet, Alain : *L'ordre et son double*, in : **Robbe-Grillet, Alain** : *Le voyageur – textes, causeries et entretiens (1947-2001)*, Christian Bourgeois Éditeur: Paris 2001, pp.85-90

de Sade, D.A.F. : *La philosophie dans le boudoir*, Éditions La Musardine : Paris 1997

ungen. Verfasser (Anm.: **Salten, Felix**): *Josefine Mutzenbacher – Die Lebensgeschichte einer wienerischen Dirne, von ihr selbst erzählt*, Rowohlt: Hamburg 2002

2) Sekundärliteratur

Abramovici, Jean-Christophe: *Le livre interdit – De Thèophile de Vian à Sade*, Éditions Payot et Rivages: Paris 1996

Abramovici, Jean-Christophe: *Le repérage du livre interdit au temps des Lumières*, in: **Baillard, Bernard; de Gramont, Jérôme ; Hüe, Denis (Hrsg.)**: *Censures et interdits* – Cahiers Diderot no.9, Presses Universitaires de Rennes et Association Diderot : Rennes 1997

Alonso, Isabelle : *Une chienne en garde contre Houellebecq*, (Leserbrief), in: Le Nouvel Observateur, 28 septembre – 4 octobre 2000, p. 18

Altwegg, Jürg: *Romane zu Thesen lesen*, in: Frankfurter Allgemeine Zeitung, 27.10.2001, Nr.250, p.43

Anz, Thomas: *Literatur und Lust – Glück und Unglück beim Lesen*, Beck: München 1998

Argand, Catherine: Interview mit Michel Houellebecq, Lire, September 1998

Asmuth, Nicole: *Zu viel Sex in der Literatur?*, in: Rhein-Neckar-Zeitung, Nr.224, 29.09.2002

Assheuer, Thomas: *Macht euch die Erde untertan*, in: Die Zeit, 18.7.2002, aufgerufen am 25.07.2007 unter http://images.zeit.de/send/2002/30/200230_handke_houellebe_xml

Bahle, Victoria: *Zensur in der Literatur*; aufgerufen am 24.2.2003 unter www.censuriana.de/texte/literatur.htm

Baillard, Bernard; de Gramont, Jérôme ; Hüe, Denis (Hrsg.): *Censures et interdits* – Cahiers Diderot no.9, Presses universitaires de Rennes et Association Diderot : Rennes 1997

Baumgartl, Annette: *Hunger nach Liebe*, in: Neue Gesellschaft Frankfurter Hefte, 1 + 2/2003

Beilharz, Alexandra: *Die Décadence und Sade – Untersuchungen zu erzählenden Texten des französischen Fin de Siècle*, M&P, Metzler: 1997

Berger, Michael: *Ihr immer mit eurem Sex!*, in: Geo Wissen, „Sünde und Moral", Nr.35:2005, p.134-139

Benoit-Jeannin, Maxime : *La corruption sentimentale – Les rentrées litteraires*, Le Cri Édition: Brüssel 2001

Bougard, Roger S.: *Érotisme et amour physique dans la littérature française du XVIIe siècle*, Éditeur Gaston Lachurié : Paris 1986

Bourdieu, Pierre: *La domination masculine*, Éditions du Seuil : Paris 1998, p.27

Bradeau, Michel: *„Rose Bonbon", la fiction au pilori*, in : Libération, 5.9.2002, p.7

Brockmeier, Peter/Kaiser, Gerhard R.(Hrsg.): *Zensur und Selbstzensur in der Literatur*, Königshausen und Neumann: Würzburg 1996

Cédelle, Luc: *Des textes mises à nu pour s'habiller de mots*, in: Le monde de l'éducation, no. 336, Mai 2005, p.34-35

Chartrand, Robert: *Romans québécois : La solitude natale des sexes*, unter www.le devoir.com, aufgerufen am 15.9.2001

Couture, François: *Nelly Arcan 3D (2)*, Interview mit Nelly Arcan, in: Le papier pressé, Volume 1, no.19,24 janvier 2002, Montréal, p.11

Craveri, Benedetta: *Königinnen und Mätressen*, Carl-Hanser-Verlag. München 2008

Deblitz, Thorsten: *Die Strafbarkeit der Werbung für erotische Schriften* (Dissertation zur Erlangung der Doktorwürde der Christian – Albrechts – Universität zu Kiel), Papyrus-Druck: Berlin 1995

Deleu, Xavier: *Le consensus pornographique*, Éditions Mango Document, Paris : 2002

Delon, Michel: *Du danger de la littérature*, in: « Sade, le grand guignol », Europe, 76ᵉ année, No.835-836, Novembre/Décembre 1998, Europe: Paris 1998

Deschamps, Catherine: *Le sexe et l'argent des trottoirs*, Hachette Édtions: Paris 2006

Diller, Christiane: *Aufruhr um die „Hure"*, Interview mit Nelly Arcan, in: Müncher Merkur, 23.09.2002

Dubost, Mathieu: La tentation pornographique, Ellipses : Paris 2006

Dugast, Jacques; Langler, Irène; Mouret, François (Hrsg.): *Littérature et interdits*, Presses Universitaires de Rennes : Rennes 1998

Dury, Maxime: *Du droit à la métaphore: sur l'intérêt de la définition juridique de la censure*, in: **Ory, Pascal**: *La censure en France*, Éditions Complexe: Brüssel 1997, pp.13-25

Duval, Jean-François: *Faut que je me lave*, Interview mit Michel Houellebecq, Construire45, 7 novembre 2000, p.53

Duval, Jean-François:*« La maman et la putain ne font qu'un ! »,* Interview mit Nancy Huston, in: Construire 8, 17 février 2004 p.69-71

Eakin, Emiliy: *Ich bin der Radikalste von allen.* Interview mit Michel Houellebecq, FAZ, 19.9.2000, Nr. 218, p.57

Eckard, Rolf: *Metaphertheorien. Typologie. Darstellung. Bibliographie*, Walter de Gruyter: Berlin New York 2005

Encke, Julia: *Provozierte Körper- Porno und Bekenntnis: Eine Begegnung mit der Schriftstellerin Virginie Despentes*, in: Frankfurter Allegemeine Sonntagszeitung, 30.09.2007, Nr. 39, p.29

Englisch, Paul: *Geschichte der erotischen Literatur*, Julius Püttmann: Stuttgart 1927

Évrard, Franck: *De la fellation dans la littérature*, Le Castor Astral : Bordeaux 2001

Évrard, Franck: *Quels habits neufs pour l'érotisme ?*, in :**Dadoun, Roger:** *Sexyvilisation – Figures sexuelles du temps présent*, Punctum Éditions: Paris 2007, p.71-90; cit. p.71

Faligot, Roger; Kauffer, Rémi: *Porno Business*, Librairie Arthème Fayard: Paris 1987

Faust, Volker: Psychiatrie heute: Seelische Störungen erkennen, verstehen, verhindern, behandeln, aufgerufen am 27.2.06 unter www.psychosoziale-gesundheit.net

Feustel, Gotthard: *Käufliche Lust: Eine Kultur- und Sozialgeschichte der Prostitution*, Edition Leipzig: Leipzig 1993

Franzen, Günter: *Schöne Aussicht*, in: Frankfurter Allgemeine Zeitung, 20.07.2007, Nr.166, p.9

Fredet, Jean-Gabriel: *L'affaire Houellebecq*, in: Le Nouvel Observateur, 13-19 septembre 2001

Freud, Sigmund: *Drei Abhandlungen zur Sexualtheorie. I Die sexuellen Abirrungen (1905)*, Reprint Fischer, Sigmund Freud Studienausgabe, Frankfurt/M 2000, p. 71

Freuler, Regula: *Lust? Aber immer! Porno? Danke, nein!*, in: SonntagsZeitung (Zürich), 22.9.2002

Garcin, Jérôme: *Destination Bangkok*, in: Le Nouvel Observateur, 23-25 août 2001

Glaser, Horst Albert: *Die Unterdrückung der Pornographie in der Bundesrepublik – der sogenannte Mutzenbacher-Prozeß*, in: **Brockmeier, Peter/Kaiser, Gerhard R. (Hrsg.)**: *Zensur und Selbstzensur in der Literatur*, Königshausen und Neumann: Würzburg 1996. pp.289-307

Guyenot, Laurent: *Le livre noir de l'industrie rose – De la pornographie à la criminalité sexuelle*, Éditions Imago : Paris 2000

Gabriel-Robinet, Louis: *La censure*, Hachette : Paris 1965

Godard, Jean-Luc: *Deux ou trois choses que je sais d'elle*, aus : **Dufraisse, Anthony**: *Les écrans du désir*, aufgerufen am 27.7.04 unter www.fluctuat.net/livres/chroniques/ecrandesir.htm

Goulemot, Jean-Marie: *Ces livres qu'on ne lit que d'une main – Lecture et lecteurs de livres pornographiques au XVIIIe siècle*, Éditions ALIENA : Aix-en-Provence 1999

Gumbrecht, Hans Ulrich: *Strom ohne Ursprung. Stimmung lesen – die Zukunft der Literaturwissenschaft?*, FAZ, 27.06.2007, p.N3

Herkströter, Dirk: *Redefreiheit, Kunstfreiheit und Jugendschutz – Zu den Auswirkungen der "Mutzenbacher – Entscheidung" des Bundesverfassungsgerichts vom 27. November 1990 auf die Jugendschutzbestimmungen im Rundfunkrecht*, in: Archiv für Presserecht, Jahres – Inhaltsverzeichnis 1992/1993, Düsseldorf 1993

Hesse-Fink, Evelyne: *Études sur le thème de l'inceste dans la littérature française (Thèse présentée à la faculté des lettres de l'Université de Zurich)*, Éditions Herbert Lang & Cie SA : Bern und Frankfurt/Main: 1971

Hettche, Thomas: *Die neue Keuschheit der Pornographie*, in: Frankfurter Allgemeine Zeitung, 21.01.2003

Houellebecq, Michel: *H.P. Lovecraft. Contre le monde, contre la vie*. Éditions J'ai lu, Paris : 1999, p.144

Houellebecq, Michel: *La privatisation du monde*, in : Le nouvel observateur, 31 août-6 septembre 2000, p. 58

Jaton, Anne-Marie: *Libertinage féminin, libertinage dangereux*, in : Publications du centre d'études du roman et du romantique, Université de Picardie (Hg.) : *Laclos et le libertinage (1782-1982 actes du colloque du bicentenaire des Liasions dangereuses)*, Presses Universitaires de France : Paris 1983, p.151-162

Jessen, Jens: *Der große Jammer*, in: Die Zeit, 7.02.2002, aufgerufen am 25.07.2007 unter http://www.france-mail-forum.de/fmf25/lit/25jessen.htm.

Jung, Ina: *Nelly Arcan: Hure*, aufgerufen am 14.Oktober 2002 unter www.br-online.de/kultut/literatur/lesezeichen

Jurgensen, Manfred: *Beschwörung und Erlösung – zur literarischen Pornographie*, Verlag Peter Lang: Bern 1985

Karcher, Langmann: *Vom Ende der Erotik – Interview mit Michel Houellebecq und Tomi Ungerer*, Focus, Nr.5/2002, p83

Kemmner, Ernst: *Nachwort*, in: Houellebecq, Michel: *Extension du domaine de la lutte*, Reclam: Stuttgart 2002, p.216

Knoll, Joachim H.: *Medienpädagogisches Gutachten zu Filmen aus dem Programm von Beate-Uhse-TV*, Hamburg/Bochum 2001

Kramberg, H.K.: *Steckbrief Mutzenbacher*, in: (ungen. Verfasser: *Josefine Mutzenbacher – Die Lebensgeschichte einer wienerischen Dirne, von ihr selbst erzählt*, Rowohlt: Hamburg 2002

Krause, Tilman: *Der Dreckspatz in Paris – eine Begegnung mit Michel Houellebecq, dem Dark Star der französischen Gegenwartsliteratur*, in: Die Welt, 25.9.1999, zit. aus Steinfeld, Thomas(Hg.): Das Phänomen Houellebecq, Dumont: Köln 2001

Krzywkowski, Isabelle: *Entre tabou et idéal – L'inceste fin-de-siècle*, in: **Dugast, Jacques; Langler, Irène ; Mouret, François (Hrsg.)**: Littérature et interdits, presses Universitaires de Rennes: Rennes 1998

Laclavetine, Jean-Marie: *„Rose bonbon", noire logique*, in: Le Monde, 5.09.2002, p.15

Lahaie, Brigitte: *Le cinéma pornographique*, aufgerufen am 12.03.2003 unter www.ifrance.com/shortmovies/porno.retour29.htm

Lancelin, Aude; Pliskin, Fabrice: *Le syndrome Eminem*, in: Le Nouvel Observateur, 11-17 octobre 2001, p.52-54

Le Monde: *Poursuivi pour injure, Michel Houellebecq est relaxé*, Ausgabe vom 22.10.2002, aufgerufen am 23.10.2003 unter www.lemonde.fr/recherche_article web/1,9687,295252.ht..

Le Monde, vendredi 16 mai 2003, supplément Le monde des Livres: *Pas de poursuites pour « Rose Bonbon »*, p.2

Le Monde: *Pédophilie: opposition et majorité émettent des réserves sur les mésures annoncées*, Lemonde, 21.08.2007, aufgerufen unter www.lemonde.fr/web/article/0,1-0@2-3224,36-946079@51-628859,0.html

Leick, Roman: *Ruf des Wolfes*, in: Der Spiegel, 42/2002, p.166

Lély, Gilbert: *Leben und Werk des Marquis de Sade*, Gallimard: Paris 1957

Levy, Michelle: *Houellebecq: Biographie*, unter http://www.houellebecq.info/bio/php3, aufgerufen am 7.02.2002

Liesching, Marc/ von Münch, Maximilian: *Die Kunstfreiheit als Rechtfertigung für die Verbreitung pornographischer Schriften*, in: Archiv für Presserecht, Jahresverzeichnis 1999, 30. Jahrgang, Düsseldorf 1999

Lütkehaus, Ludger: *Freud zum Vergnügen „Genug von meinen Schweinereien"*, Reclam: Stuttgart 2006

Lüttkehaus, Ludger: *O Wollust, o Hölle – in der Onanie-Literatur*, aus: Freiburger literaturpsychologische Gespräche, Bd.10: *Literatur und Sexualität*, Königshausen und Neumann: Würzburg 1991

Lutz, Cosima: *Weiblichkeit ist Anpassung*, in: Die Welt, 23.11.2002, p.24

Marcuse, Ludwig: *Obszön – Geschichte einer Entrüstung*, Diogenes: Hamburg 1884, Reprint der Erstausgabe Paul List Verlag: München 1962

Marzano, Michela : *Malaise dans la sexualité – Le piège de la pornographie*, Éditions Jean-Claude Lattès: Paris 2006

Masserey, Michel : *Michel Houellebecq chante le soleil, la plage, les vagues et les pics de pollution*, in: Le Temps, 17 mai 2000, p.22

Mayer, Susanne: *Ich bin doch kein Tier*, in: Die Zeit, aufgerufen am 31.10.2005 unter www.zeit.de/2005/13/SM-Dutroux

Meister, Martina: *Der aufrechte Dinosaurier*, Interview mit Alain Robbe-Grillet, Frankfurter Rundschau, 5. Januar 2002, p.4

Mertner, Edgar/Mainusch, Herbert: *Pornotopia – Das Obszöne und die Pornographie in der literarischen Landschaft*, Athenäum Verlag: Frankfurt am Main 1970

Meyer-Cording, Ulrich: *Das literarische Portrait und die Freiheit der Kunst*, in: Juristenzeitung, 31. Jg.,Nr.23/24, 10.12.1976, p.737-745

Meyer, Roland: *Sexualität und Gewalt: Formen und Funktionen der Sexualität und Gewalt in der Fiktion und Biographie des Marquis de Sade*, Röhrig Universitätsverlag: St. Ingbert 1999

Michaely, Natali: *Belle de jour*, in: Allegra, 9/2002,p.124-126

Millet, Catherine, Reihe: Ich habe einen Traum, aus: Die Zeit, 20.02.2003, p. 64

Navarro, Pascale: Nelly Arcan, Journal intime, aufgerufen am 25.07.2007 unter http://www.voir.ca/livres/livres.aspx?iIDArticle=17468

Née, Patrick: *1857: Le double procés de Madame Bovary et des Fleurs du Mal* , in: **Ory, Pascal** : *La censure en France*, Éditions Complexe: Brüssel 1997

Neumann, Holger: *Pornographieverbot im Fernsehen und Verfassungsrecht*, 15.06.2000; Seminararbeit zum Rundfunkrechtlichen Blockseminar Prof. Dr. Hubertus Gersdorf/Jobst Plog, Universität Rostock

Ory, Pascal: *La censure en France*, Éditions Complexe: Brüssel 1997

Paiement, Géneviève: *No bed of roses*, Interview mit Nelly Arcan, in: Mirror, Montréal, 4.04.2002

Pasquier, Etienne-Denis: *Mémoires*, Bd.I, 1893; in **Beilharz.Alexandra**: *Die Décadence und Sade: Untersuchungen zu erzählenden Texten des französischen Fin du siècle*, M&P, Metzler: Stuttgart 1997

Pauvert, Jean-Jacques: *Présentation*, aus: **D.A.F. de Sade**: *La philosophie dans le boudoir*, Éditions La Musardine: Paris 1997, pp.5-10

Pauvert, Jean-Jacques: *La littérature érotique*, Flammarion: Paris 2000

Pauvert, Mathias & Jean-Jacques : *Anthologie du coït*, Éditions La Musardine: Paris 1997

Péan, Stanley: Nelly Arcan : *Les hommes qui passent, maman*, in : Le magazine, aufgerufen am 26.06.2002 unter www.librairiepantoute.com/magazine7rencontres/arcan.asp

Peter, Franz-Wilhelm: *Staatliche Eingriffe in die Literaturfreiheit*, Frankfurt, den 2.10.1986, herausgegeben von: Börsenverein des deutschen Buchhandels e.v.; Deutsche Akademie für Sprache und Dichtung, Deutscher Bibliotheksverband e.V., P.E.N. – Zentrum Bundesrepublik Deutschland, Verband Deutscher Schriftsteller in der IG Druck und Papier

Pliskin, Fabrice: *Romantique Houellebecq – bon baisers des Canaries*, in: Le Nouvel Observateur, 19-25 octobre, p.77

Poulin, Richard: *Abolir la prostitution*, Éditions Sisyphe : Montréal, Québec 2006

Radelmaier, Steffen: *Liebe, Lust und Literatur*, Interview mit Nelly Arcan, in: Nürnberger Nachrichten, p.19

Rathgeb, Eberhard: *Knoten im Kopf*, Frankfurter Allgemeine Zeitung, 5.03.2007, p.33

Riess, Curt: *Erotica! Erotica! - Das Buch der verbotenen Bücher*, Hoffmann und Campe Verlag: Hamburg 1967

Ritte, Jürgen: *Sex und andere Katastrophen – der französische Bücherherbst*, in: Neue Zürcher Zeitung, 23.Obtober 2001, p.17

Robbe-Grillet , Alain: *L'ordre et son double* (1967), in: **Robbe –Grillet, Alain:** *Le voyageur-Textes, causeries et entretiens (1947-2001)*, Christian Bourgeois Éditeur: Paris 2001

Robitaille, Louis-Bernard : *Le diamant noir*, in: Cyberpresse.ca vom 9.9.2001

Salles, Alain : *Mobilisation contre la censure littéraire*, in: Le Monde (supplément *Le monde des livres*), 4.04.2003, 59e année, no.18100, p.2

Schober, Rita: *Weltsicht und Realismus in Michel Houellebecqs utopischem Roman Les particules élémentaires*, RZLG, 25, 1/2 , 2001, p.177-211

Schostack, Renate: *Nur für den Dienstgebrauch*, in: Frankfurter Allgemeine Zeitung, Nr.259, 7.11.2002, p.35

Schwarzer, Alice: *Die Antwort*, Kiepenheuer und Witsch, Köln:2007, zit.aus: Frankfurter Allgemeine Zeitung, Nr.127, 4.06.2007, p.34

Sgard, Jean : *Crébillon fils – le libertin moraliste*, Éditions Desjonquères, Paris: 2002

Sigusch, Volkmar: *Was heißt Neosexualität?*, in: Geo Wissen, „Sünde und Moral", Nr.35:2005, p.140

Simon, Jeannine: *Die Wirkung von Bildern in den Medien*, aufgerufen am 22.08.2007 unter http://www.lehrer-online.de/dyn/9.asp?url=393200.htm

Simon, W./Gagnon, J.H.: *Sexuelle Außenseiter – Kollektive Formen sexueller Abweichungen*, Rowohlt: Hamburg 1970

Sollers, Philippe : *L'érotisme français*, in : Le Monde des livres, 2.04.2004, p.1

Sontag, Susan: *Die pornographische Phantasie*, in: Akzente, Zeitschrift für Literatur, Heft 2, April 1968, p.77-95

Steines, Susanne: *Man muss den Tod abschaffen*, in: Die Zeit, 39/2000, aufgerufen am 12.2.2002 unter www.zeit.de/2000/39/kultur/200039_1-houelleb.inte.htm

Steinfeld, Thomas (Hg.): Das Phänomen Houellebecq, Dumont: Köln 2001

Steinfeld, Thomas: *Da lacht die kleine, wache Eidechse*, in: Süddeutsche Zeitung, 9./10.02.2002

Stora-Lamarre, Annie: *Plaisirs interdits : L'Enfer de la Bibliothèque Nationale*, in: **Ory, Pascal** : *La censure en France*, Éditions Complexe: Brüssel 1997, pp.43-53

Struve, Karen: *Les artistes de l'intime – erotische Körper im Spannungsfeld zwischen Intimität und Öffentlichkeit bei Christine Angot, Catherine Millet und Annie Arnaux*; Forum Literaturen Europas 2, Lit Verlage: Münster 2005

Terkessidis, Mark: *Wie weit kannst du gehen?*, taz 18.8.2006, aufgerufen am 18.8.2006 unter www.taz.de/pt/2006/08/18/a0167.1/textdruck

Thimm, Katja: *Lust im Land der Liebe*, Der Spiegel, nr.15 vom 8.04.2002, aufgerufen am 22.05.2003 unter www.genios.de/cgi-n/websearch?SH....

Thomas, Jochen: *Die sprachliche Schönheit des Widerwärtigen*, in: Holsteiner Courier, 14.09.2002, p.SS/oben links

Tiedemann, Aileen: *„Der erste Leser war mein Psychiater"*, Interview mit Nelly Arcan, in: Hamburg Pur, 29.08.2002, p.15

Traub, Rainer/Wellershoff, Marieanne: *„Überall Bilder von perfektem Sex" – die Autoren Bret Easton Ellis und Michel Houellebecq über Moral, Gewalt und Schönheitsterror*, in: Der Spiegel, 25.10.1999

Vignale, Fréderic: *A qui l'Angot?*, aufgerufen am 24.2.2003 unter www. Lmda.net/ecritures/vignalangot.html

Waldberg, Michel: *La parole putanisé*, SNELA La différence: Paris 2002

Weigend, Thomas: *Strafrechtliche Pornographieverbote in Europa*, in: **Becker, Jürgen (Hrsg.)**: *Pornographie ohne Grenzen – Herbsttagung des Instituts für Urheber- und Medienrecht in Zusammenarbeit mir MEDIENTAGE MÜNCHEN am 13.Okt.1993*, Nomos Verlagsgesellschaft: Baden-Baden 1994

Weitzmann, Marc; Bourmeau, Sylvain (Hrsg.): *Dix – Virginie Despentes, Lorette Nobécourt, Michel Houellebecq, Caroline Lamarche, Eric Faye, Marie Ndiaye, Lydie Salvayre, Stéphanie Zagdanski, Dominique Meens, Marie Darieussecq, Bernard Grosset*, Les Inrockuptibles : Paris 1997

Wellershoff, Dieter: *Fesselung und Entfesselung – Über Liebesroman und Pornographie*, in: (Ders.): Literatur und Lustprinzip – Essays, Kiepenheuer und Witsch: Hamburg 1973

Wellershoff, Dieter: *Der verstörte Eros. Zur Literatur des Begehrens*, Kiepenheuer und Witsch: Köln 2001, p.304

Wellershoff, Marianne: *Die bitterböse Schlumpfine*, in: Der Spiegel 40/2002, p.186-188

Wenk, Dieter: *Verführung, nein danke*; aufgerufen am 13.04.07 unter http://www.textem.de/baise-moi.0.html

Winko, Simone: *Über Regeln emotionaler Bedeutung in und von literarischen Texten*, in: KulturPoetik, Zeitschrift für kulturgeschichtliche Literaturwissenschaft, BD. 5 (2005), Heft 2, p.329-348

Zeltner, Gerda: *Im Selbstmordraum der westlichen Welt – Michel Houellebecqs zwei Romane*, in: Neue Zürcher Zeitung, 10./11.4.1999, p.15

Zweifel, Stefan: *Depressive Dekadenz – Sänger des Ressentiments*: Michel Houellebecq, in: Neue Zürcher Zeitung, 23.10.1999

3) Lexika

a) all. Lexika/Suchseiten

Brockhaus, *Die Enzyklopädie in vierundzwanzig Bänden*. Zwanzigste, überarbeitete und aktualisierte Auflage. Siebzehnter Band, F.A. Brockhaus: Leipzig, Mannheim 1998

Dressler, Stephan; Zink, Christoph: *Pschyrembel Wörterbuch Sexualität*, Walter de Gruyter: Berlin, New York 2003

Duden – *Die deutsche Rechtschreibung*; 24.Auflage, Bd.1, Mannheim 2006

Dufour, Paul (Dufour, P.S., Jakob, P.L.): *Weltgeschichte der Prostitution – von den Anfängen bis zum Beginn des 20.Jahrhunderts*, Reprint der fünften Aulage bei Langenscheidt (Groß-Lichterfelde-Ost:1901/1902), [Bis zur Neuzeit erg. von Franz Helbing. Dt. von Adolf Stille ; Bruno Schweigger], 1. von 2 Bänden, Eichborn: Frankfurt/Main 1995

Grimme, Matthias T.J.: *Das SM-Handbuch*. CHARON-Verlag Grimme KG: Hamburg 1996/2002

Grundgesetz für die Bundesrepublik Deutschland: Ausgabe des Bundesministeriums für Verteidigung (Hrsg.), St. Augustin 1994

Guiraud, Pierre : *Dictionnaire érotique*, Payot : Paris 1978
Hoffmann, Arne: *Lexikon des Sadomasochismus*, Lexikon Imprint Verlag: Berlin 2001
Kopp, Robert (Hrsg.) : *Dictionnaire des œuvres érotiques – Domaine français*, ÉditionsRobert Laffont : Paris 2001
Masson, Nicole : *Panorama de la littérature française*, Marabout : Aller 1990
Mermet, Gérard : *Francoscopie 2006 – Pour comprendre les français*, Larousse : Paris 2006
www.planet-wissen.de
Schweikle, Günther und Irmgard (Hrsg.): *Metzler Literatur Lexikon – Begriffe und Definitionen*, 2.überarbt. Auflage, J.B. Metzlersche Verlagsbuchhandlung, Stuttgart: 1990
www.onmeda.de/sexualitaet_und_partnerschaft/lexikon:der_sexualitaet/
www.wikipedia.de

b) Gesetzesvorlagen

BPjS (Bundesprüfstelle für jugendgefährdende Schriften, Hrsg.): *Die Bundesprüfstelle für jugendgefährdende Schriften informiert*, Stand: Februar 2002, Bonn 2002

Code pénal Édition 2003, Centième Édition, Éditions Dalloz: Paris 2003

Déclaration des droits de l'homme – Déclaration des droits de l'homme et du citoyen, 26 août 1789, Imprimerie Nationale: Paris 1989

Favoreu, Louis; Gaïa, Patrik ; Ghevontain, Richard ; Mestre, Jean-Louis; Pfersman, Otto; Roux, André, Scoffoni, Guy: *Droit Constitutionnel*, Éditions Dalloz: Paris 2001

www.legifrance.gouv.fr

Tröndle/Fischer: *Strafgesetzbuch und Nebengesetze*, Reihe: Beck'sche Kurz-Kommentare, 51. Auflage, Bd.10; Beck: München 2003

GJS: http://www.jugend.rlp.de/fileadmin/downloads/recht/jugendgef% E4hrdende Schriften.pdf; http://www.straubing.de/wmnews/wmview.php?ArtID=155

Das Menschenbild im Werk Michel Houellebecqs
Die Möglichkeit existenzorientierten Schreibens nach Sartre und Camus
(Forum Europäische Literatur 11)
Von Julia Pröll
2007, 608 Seiten, Hardcover, Euro 68,00/107,00 CHF, ISBN 978-3-89975-642-5

Die erste deutschsprachige Gesamtdarstellung zum Werk Houellebecqs zeigt, dass der Autor das optimistische Menschenbild des existenzorientierten Denkens in sein Gegenteil verkehrt. Die Untersuchung verharrt jedoch nicht beim nihilistisch-destruktiven Moment seines Oeuvres, sondern widmet sich möglichen Rekonstruktionsstrategien von Subjektivität.

Strategien inszenierter Inauthentizität im französischen Roman der Gegenwart
Marie Redonnet, Patrick Deville, Jean-Philippe Toussaint
(Forum Europäische Literatur 9)
Von Nicole Brandstetter
2006, 272 Seiten, Paperback, Euro 32,90/56,00 CHF, ISBN 978-3-89975-568-5

In den 1980er Jahren fand ein viel kommentierter und analysierter Umbruch in der Literatur Frankreichs statt: eine Rückkehr des Erzählens. Die Arbeit entwickelt anhand von Romanen der drei zeitgenössischen französischen Autoren Marie Redonnet, Patrick Deville und Jean-Philippe Toussaint eine Analysekategorie, die diesen Paradigmenwechsel hin zu einem postmodernen Schreiben strukturell erfasst.

Der diskrete Charme der Prokrastination
Aufschub als literarisches Motiv und narrative Strategie
(insbesondere im Werk von Jean-Philippe Toussaint)
(Forum Europäische Literatur 16)
Von Anja Kauß
2008, 602 Seiten, Hardcover, Euro 69,90/122,00 CHF, ISBN 978-3-89975-672-2

Diese Studie macht im Rahmen von Ästhetik und Rhetorik mit einem bislang kaum beachteten Phänomen vertraut – der Ästhetik des aufschiebenden Erzählens. Die Prokrastination erscheint vor dem Hintergrund postmoderner Theoriebildung als analytisch weitreichendes Konzept zur Erfassung insbesondere der Literatur nach der Dekonstruktion traditionell-narrativer Kategorien.

Ihr Wissenschaftsverlag. Kompetent und unabhängig.

Martin Meidenbauer »

Verlagsbuchhandlung GmbH & Co. KG
Erhardtstr. 8 • 80469 München
Tel. (089) 20 23 86 -03 • Fax -04
info@m-verlag.net • www.m-verlag.net